安徽科技学院人才引进项目（项目代码：830146）资助

拉德布鲁赫：
新康德主义法学的鬼才

田野 ◎ 著

西南交通大学出版社
·成都·

图书在版编目（CIP）数据

拉德布鲁赫：新康德主义法学的鬼才 / 田野著. —成都：西南交通大学出版社，2020.1
ISBN 978-7-5643-7323-8

Ⅰ. ①拉… Ⅱ. ①田… Ⅲ. ①拉德布鲁赫 – 法哲学 – 哲学思想 – 研究 Ⅳ. ①D909.516

中国版本图书馆 CIP 数据核字（2020）第 004573 号

Ladebuluhe: Xin Kangde Zhuyi Faxue de Guicai
拉德布鲁赫：
新康德主义法学的鬼才
田野　著

责 任 编 辑	赵玉婷
封 面 设 计	阎冰洁
出 版 发 行	西南交通大学出版社 （四川省成都市金牛区二环路北一段 111 号 西南交通大学创新大厦 21 楼）
发行部电话	028-87600564　028-87600533
邮 政 编 码	610031
网　　　址	http://www.xnjdcbs.com
印　　　刷	成都蜀通印务有限责任公司
成 品 尺 寸	170 mm × 230 mm
印　　　张	20
字　　　数	273 千
版　　　次	2020 年 1 月第 1 版
印　　　次	2020 年 1 月第 1 次
书　　　号	ISBN 978-7-5643-7323-8
定　　　价	128.00 元

图书如有印装质量问题　本社负责退换
版权所有　盗版必究　举报电话：028-87600562

前　言

　　哲学家的任务，是整理凌乱的世界使之有序。

　　最早接触哲学，是在中学的思想政治课堂，通过课本接触了唯物论和唯心论、辩证法和形而上学。当时打心底里认同唯物主义，鄙视唯心主义。大学时期渐渐地读了一点书，思路略微打开了一些，尽管继续承认世界的本原是物质，但由此出发，也步入了日益丰美的精神花园。只是世界还是混沌的，法律知识的凌乱使我无暇思考，在无尽的迷惑中不能自拔。直到有一天，我为了形成一点分析思辨能力接触了德国哲学，为了读懂拉德布鲁赫的著作，迫不得已地也开始啃起康德的"三大批判"，一些新词纷乱涌现并和生活纷纷对应起来，我开始体验哲学，体验思考的过程，哪怕只是黑漆漆的山洞中豆大的一点火光，也足以照明无知的暗夜了。

　　拉德布鲁赫是一位生活在19世纪后期至20世纪上半叶的德国法学家，是法学博士、教授、社会民主党人，曾担任德国司法部长。但在他的几乎全部作品中，他是一位哲学家。由于他的晚近，我也有幸得他梳理了几乎整个西方法哲学史，从他的旁征博引和有条不紊中受益。拉德布鲁赫是20世纪初新康德主义海德堡学派的代表人物，而康德是先验哲学的阐发者，拉德布鲁赫对法学的整理恰恰验证着先验哲学：以先验的认识去整理凌乱的物自体，使客观世界获得形塑的作用，他把错综复杂的法律世界依据正义、合目的性、法的安定性进行三分法的整理，再依据个人主义、超个人主义、超人格主义进行三元论的解构，随后法律规则和学说变得富有条理，使读者伴随着一种神奇感而豁然开朗。

　　"日本最了解拉德布鲁赫的人"尾高朝雄评价："拉德布鲁赫法哲学内容极其丰富，不仅有丰富的理论，也有高度的艺术气息。用精密哲学方法条分缕析地展开，是典型的德国风格；在全面多彩的主题中不时注入文学表达，则是法国式的；以敏锐的现实感处理实定法现象的各种问题，又是英美式的。由此看来，拉德布鲁赫不愧为当代一流法哲学家。"一位学者有何魅力堪当如此评价呢？本书将分章探寻。

第一章追溯拉德布鲁赫传奇的人生轨迹，梳理他一生的学术著作，并介绍作为他法哲学出发点的德国新康德主义哲学。

第二章介绍拉德布鲁赫关于法哲学的核心问题的论述，包括法哲学的本质、法的三大理念，以及三理念之间的二律背反及其解决。该章是本书的核心，对理解后面各章的内容起基础性作用。

第三章介绍拉德布鲁赫围绕法哲学边缘问题的论述，包括法与道德、法与习俗、法与宗教、法的历史哲学、法的心理学、法的美学等问题。

第四章介绍拉德布鲁赫对法科学的界定和分析，包括法科学的本质、历史及其基本的思维形式，其中包括对"事物本性"的专门阐释。

第五章介绍拉德布鲁赫对部门法哲学、部门法学的讲授内容，具体包括法的一般样式，以及公法、私法、社会法和国际法等方面的部门法。

第六章介绍拉德布鲁赫对英美法的描绘，其中论述了英国法的精神、英国法学者和大陆法学者心目中的英国法，以及英国衡平法思想在国际关系中的运用。

第七章介绍拉德布鲁赫对社会主义文化的探讨，其中包括对社会主义意识形态的考察和对社会主义文化理念的剖析，从民主、民族、法律、家庭、宗教各方面搭建其社会主义的政治思想框架。

第八章围绕拉德布鲁赫对德国二战前后涉及的法律问题的思考展开介绍，其中涉及相对主义、纽伦堡审判、反人道罪、拉德布鲁赫公式等法哲学的时代问题。

尾声部分，针对拉德布鲁赫在二战前后的思想是否经历过从实证主义到自然法的所谓"大马士革转向"发表管窥之见。

另外，尽管本书只有两章以"法哲学"命名，但法哲学思考几乎贯穿于各章。

本书的任务是尽可能忠实地传达拉德布鲁赫论著的思想，让中国读者对他有更多的了解。因为拉德布鲁赫论著体系极为宏大，为尽可能全面地展现拉德布鲁赫近 50 年著作生涯中的思想广度和纵线，这里挑选了不同时期法哲学、比较法、法文化领域的专著或论文。由于拉德布鲁赫的著述表达典雅精致、旁征博引，体系庞大而自洽，在本书的述论中将更多地以解读和呈现拉德布鲁赫本人的观点为使命，尽可能少附我自己的评述。这一方面固然是由于本书作者学识浅薄、见识有限，由此而深感惭愧和遗憾；另一方面我们若是站在巨人的肩膀上，即使凭一己之力暂时无法超越巨人，即使仅仅窥得其精髓的一点皮毛，也具有了超越常人的视界，因此也不宜过多地自责，只好静待有识之士在此基础上做进一步的阐发论述。

最后谈谈本书副标题"新康德主义法学的鬼才"。拉德布鲁赫每以"边缘间的鬼才""边缘的冒渎"（Grenzfrevel）[①]自嘲。他的衣钵传承者考夫曼则指出："当人们把拉德布鲁赫打上新康德主义者、实证主义者、相对主义者、现代主义者、自然法学者或其他什么印鉴时，就决不会获得完整的拉德布鲁赫形象，这样的框框不适合放在他的品格上。"视野开阔的拉德布鲁赫从不把自己囿于某个狭窄领域，哲学、伦理学、社会学、美学、宗教学、历史学、心理学与法律交界处碰撞而迸出的火花，正是拉德布鲁赫学说的魅力所在。有不少学者痴迷拉德布鲁赫，称他为"20 世纪德国最伟大的法哲学家"，伟大与否这里不敢妄议，静待未来漫长时代的检验，但毫无疑问，他是一位难以再得的"鬼才"。

著　者

2019 年 5 月 30 日

[①]《刑法的优雅》的原定标题词，见 Der innere Weg，德文全集卷 16，第 194 页。

目 录

第一章

边缘间的鬼才：拉德布鲁赫的生平和著述 001
  第一节 从"全优生"到"一等亮星"：拉德布鲁赫的一生 001
  第二节 法律家的优雅和哲思：拉德布鲁赫作品回顾 011
  第三节 新康德主义哲学：拉德布鲁赫学术思想的起点 020

第二章

法的本质和理念：拉德布鲁赫论法哲学的核心问题 025
  第一节 法哲学的本质：学科界定、基石及历史流派 026
  第二节 法哲学的基本问题——法的三理念 040
  第三节 法理念的二律背反："从直面矛盾"到"优先次序" 066

第三章

边缘间的游走：拉德布鲁赫论法哲学的边缘问题 071
  第一节 法与其他文化形式：道德、习俗和宗教 072
  第二节 法的历史哲学：法形式与法质料、水成论与火成论 095
  第三节 法的心理学：法律人、法感情、为权利而斗争 101
  第四节 法的美学：逃离法学院？ 107

第四章

法科学的本质和历史：拉德布鲁赫论法科学 114
  第一节 价值关涉：法科学的本质 114
  第二节 世代交替：法科学的历史 129
  第三节 事物本性：法科学的一种思维形式 140

第五章

拉德布鲁赫论部门法 153
  第一节 总论：法的一般样式 153

第二节　公法：宪法、行政法、法院组织法、程序法、刑法　163
  第三节　私法：人法、物法、债法、商法、家庭法　186
  第四节　社会法：经济法和劳动法　202
  第五节　国际法：法哲学观、战争和世界法　205

第六章

拉德布鲁赫论英美法　215

  第一节　撞见智慧：论英国法的精神　215
  第二节　"法律是最坚固的盔甲"：英国学者论法的安定性　233
  第三节　从事实产生法：大陆学者眼中的英美法理学　240
  第四节　超越双方的正义：国际关系中的正义与衡平　247

第七章

拉德布鲁赫论社会主义文化　252

  第一节　社会主义意识形态：共同体伦理　252
  第二节　社会主义的文化理念：共同体文化　257
  第三节　社会主义各领域意识形态：民主、民族、法律、家庭和宗教　262

第八章

拉德布鲁赫的选择：法哲学的时代问题　276

  第一节　相对主义法哲学：莺鸟妈妈的宽容？　277
  第二节　法律家的悲剧：纽伦堡大审判　281
  第三节　反人道罪之争：法律的不法　287
  第四节　拉德布鲁赫公式：超法律的法　291

尾声

实定法与自然法：转向还是连续　297

参考文献　304

后记　309

第一章

边缘间的鬼才：拉德布鲁赫的生平和著述

第一节 从"全优生"到"一等亮星"：拉德布鲁赫的一生

古斯塔夫·拉德布鲁赫（Gustav Lambert Radbruch，1878—1949），德国法学家、法哲学家、教授和社会民主主义者。介绍拉德布鲁赫生平的论著有自传《心灵之路：我的生活片段》、阿图尔·考夫曼《古斯塔夫·拉德布鲁赫传》[①]、埃里克·沃尔夫《古斯塔夫·拉德布鲁赫的生平和著作》[②]、碧海纯一《ラートブルフの人と作品》[③]、米健《拉德布鲁赫的生平及其思想历程》[④]等。

一、学生时代（1878—1901）

1878年11月21日，古斯塔夫·拉德布鲁赫出生于吕贝克一个商

[①] 考夫曼著，舒国滢译，法律出版社，2004。Arthur Kaufmann, Gustav Radbruch: Rechtsdenker, Philosoph, Sozialdemokrat. 中義勝、山中敬一、グスタフ・ラートブルフ，成文堂，1992。

[②] 见拉德布鲁赫著，舒国滢译，《法律智慧警句集》，中国法制出版社，2001，第178-271页。

[③] ラートブルフ著作集，別卷 ラートブルフの法哲学，東京大学出版会，1960，第169-197页。

[④] 见拉德布鲁赫著，米健、朱冰译，《法学导论》，中国大百科全书出版社，1997，第185-220页。

人家庭，父亲海因里希·拉德布鲁赫（1841—1922），母亲爱玛·普拉尔，有哥哥赫尔曼和姐姐艾琳，他是家里的小儿子。

吕贝克是德国北部传统悠久的商业港口城市，政治氛围比较保守，但不同于普鲁士，吕贝克商人和律师地位比军人或官员还高。父亲1872年从基尔迁居吕贝克，经营"拉德布鲁赫商会"。他正直、墨守古风、乐天，偏爱美术和文学，对音乐和宗教不太感兴趣，是崇拜俾斯麦的国民自由主义者。母亲爱玛是有法国血统的吕贝克人，就像"雷诺阿画中的女子"。在母亲的呵护下

高中时代的拉德布鲁赫

长大的古斯塔夫自小是个模范少年。他1884年起就读于布赛纽斯博士小学，1892年进入卡塔琳娜文科中学。父亲起初希望儿子成为军官，后来鼓励他学法律，因为这是立身出世的热门专业，但爱好文学和美术的古斯塔夫是很不情愿的。尽管他高中时代的诗人梦未能实现，但诗和戏剧始终是他的至爱，他著作中的文学色彩也正源于此。1898年他以"甲等全优"成绩中学毕业，进入德国南部的慕尼黑大学法学院。

巴伐利亚首府慕尼黑的感性气质深深吸引着拉德布鲁赫。在慕尼黑大学的一学期，经济学家布伦塔诺的国民经济学课程为他的社会主义信仰种下根基；他在法学课上印象深刻的就只有鲁道夫·佐姆的《罗马法提要》；他的主要精力都放在文学、美术和戏剧上，阅读荷马、歌德的全集，学习剑术和舞蹈，还和一位名叫玛丽的姑娘去远足，但害羞的他没有抓住这次恋爱的机会。

此后三学期他在萨克森州莱比锡大学法学院度过，印象深刻的是卡尔·宾丁的刑法课和鲁道夫·佐姆的教会法课。宾丁对弗兰兹·李斯特教育刑、目的刑主张的诟病引起了他的兴趣，他开始读李斯特的

刑法教科书，并很快成了他的热情支持者。此外他还旁听其他学院教师的课，包括哲学家冯特、经济学家卡尔·比希尔、历史学家兰普雷克特。至此法学仍不是拉德布鲁赫的兴趣点，他甚至曾想改学经济，但由于父亲的希望，依然将法学作为本行坚持着，这种苦恼使他一度接近叔本华的悲观主义。

最后两学期拉德布鲁赫来到柏林大学——宾丁警告的"危险书籍"作者李斯特所在地。这段时期拉德布鲁赫对非专业的涉猎比以前还深，在存在主义的忧郁气息中，遇见"高尚的无政府主义者"埃利希·米萨姆、诗人彼得·希勒等。而在法学院，他则为新派刑法领袖李斯特开阔的视野、敏锐的洞察和温和的人格所折服，在李斯特的影响下，刑法学终于成了拉德布鲁赫的长期兴趣点。此外通过法哲学家施塔姆勒的课程和研讨，他开始接受源自康德的"方法二元论"，后来成为他法哲学的两大支柱之一。1901年，他一次性通过国家司法考试，大学毕业。

二、候补司法官、私讲师、编外教授时代（1901—1914）

1901年8月拉德布鲁赫回到故乡吕贝克，成为候补（实习）司法官，在实务之余继续从事刑法学研究。与实务相比，他更喜欢一般的、抽象的、概念的、暗含性的理论研究。于是他回到柏林参加李斯特刑事政策研讨班，于1902年提交了《相当因果关系论》，由此获得柏林大学博士学位。在卡尔·利林塔尔的鼓励和推荐下，他告别实务，来到海德堡，并于1903年向海德堡大

候补司法官时代的拉德布鲁赫在基尔

学教授会提交了申请教授资格论文《刑法体系意义上的行为概念》。12月，25岁的他获得海德堡大学法学院的刑法、诉讼法、法哲学授课许可，成为私讲师[①]。此后海德堡成了他长期定居的第二故乡。

这所古老的大学当时云集了文德尔班、李凯尔特、拉斯克、韦伯等巨匠。但拉德布鲁赫的日子过得并不舒坦，私讲师既无固定薪水，又无教授那样稳定崇高的社会地位，年轻学者往往处于愤世嫉俗和神经过敏的状态，即所谓的"讲师病"。在这种症状笼罩下，胆怯、拘谨和内向的他蓄着褐红色的大胡子，带着自由法倾向，有时还穿着运动服、短裤上课，很不受同事待见；他甚至回绝当时民法学巨擘贝克尔教授的宴请。这些对社交礼数的无谓反抗也许预示着"对市民阶级的背叛"（考夫曼）。1907年他和一位高中老师的女儿琳娜·格茨结婚，但第二年就离婚了，这使情况变得更糟。

1905 私讲师时期的拉德布鲁赫

尽管拉德布鲁赫在法学院人缘不好，也不愿融入"枢密顾问社交界"，但他和海德堡另一个社交圈过从甚密，其中有韦伯夫妇、耶利内克夫妇、戈特英夫妇、利维、拉斯克，他还与雅斯帕斯夫妇，尤其是坎托罗维茨夫妇结成了持久的友谊。赫尔曼·坎托罗维茨（1877—1940）秉性宁静、克制，对后辈宽容亲切，是自由法运动的斗士、法社会学方法论的奠基人和渊博的法史学家，与拉德布鲁赫同样信奉二元论和相对主义，他1906年的《为法学而斗争》就是在拉德布鲁赫周旋安排下匿名出版的。韦伯对拉德布鲁赫影响最大，他的相对主义同样限于理论理性，在实践理性上则是有确信的绝对主义者。文德尔班的学生

[①] 德国大学职称序列：教授、编外教授、私讲师。私讲师（Privatdozent）只有授课许可，没有大学的固定薪酬，只收学生听课费。

利维经常向拉德布鲁赫灌输"西南学派"的应然与存在二分法。拉斯克把李凯尔特的文化科学方法论在法学领域加以展开，奠定了法解释学、法社会学的方法论，可惜这位热情的思想斗士在第一次世界大战战场上英年早逝。

私讲师期间的拉德布鲁赫由于讲课任务繁重，学术著述进展不大，但仍有两部杰作《法学导论》和《法哲学纲要》问世。前者使他声名鹊起，该书影响力持久并被译为多种文字（虽被柯勒教授评价为"平庸肤浅"）。

十年私讲师生涯的煎熬，加上婚姻的破裂使拉德布鲁赫萌生去意。1914 年 3 月，他接受了柯尼斯堡大学的聘请任刑法编外教授，来到康德曾执教的地方[①]。这里环境友好得多，人际关系更为简单轻松，但也带来某种陌生和失落，好在他在这里遇见了他的第二任妻子吕迪亚·申克。

三、第一次世界大战、基尔教授、政治活动时代
（1914—1926）

来柯尼斯堡仅半年，第一次世界大战爆发了。1914 年 9 月至次年 2 月，拉德布鲁赫作为红十字会志愿护理人员在各野战医院活动。1915 年 11 月，他与吕迪亚结婚。两周后应召入伍，在海德堡接受军事训练。1916 年 4 月随军出征西部战线。他被编入巴登第 110 后备连，参加了一些不大激烈的局部阵地战。战争后期他在利堡完成军官培训，升为中尉。1918 年 11 月，德军接受停战条件，12 月拉德布鲁赫获铁十字勋章并复员。

1915 年的拉德布鲁赫

[①] 柯尼斯堡位于德国本土外东普鲁士北部，临波罗的海，是康德的故乡。二战后至今归俄国，改称加里宁格勒。

1915年拉德布鲁赫与夫人吕迪亚

吕迪亚夫人是梅梅尔资本家的女儿,美丽而富于教养,在这位心灵伴侣的感化下,拉德布鲁赫变得外向、自信而敢于坚持主见。这对夫妻生有女儿蕾娜特(1915—1939)和儿子安塞尔姆(1919—1942)。四年的战争体验使拉德布鲁赫的学术思考更加成熟,如碧海纯一所说,一是军队中官兵关系让他看清了阶级国家的本质,增强了社会民主信仰;二是在主要由农民构成的部队的朴素生活使他更加亲近民众、珍视传统民俗;三是战争让他感受到超越政治、社会而复归大地母亲的原始生活,并直面生死和神等问题。

拉德布鲁赫复员后不久,应基尔大学聘请赴任编外教授,很快被任命为正教授。在这里他与法学院教授如帕彭海姆、魏德迈、瓦尔特·耶利内克等交往密切,这时才真正有了作为法律家的职业认同。内向的他青年时代曾远离政治实践,如在选举时他虽想投票给社会民主党人,但还是投了空白票,因为帝制时期公开支持社会民主党会丢掉教职,秘密投票又让他良心不安。但因战争体验及由此带来的认识改变,加之不忍对战后德国的困难置身事外,他终于在1918年加入社会民主党(SPD)。教授与社会主义者这对矛盾极大的身份集于拉德布鲁赫一身,其根源在于一种对社会的根本感情,即"不想比别人过得更好"的伦理和宗教根基——爱邻人。

1919年1月社会民主党赢得大选,魏玛共和国成立。1920年卡普政变是拉德布鲁赫接近现实

1921年拉德布鲁赫与夫人吕迪亚、女儿蕾娜特、儿子安塞尔姆

政治的契机①。当时他与赫尔曼·黑勒极力阻止工人和政变者之间的流血冲突，因此被政变者拘留，险些被处死；随卡普政权垮台被释放后，他又冒生命危险在工人面前营救被捕的国防军军人。这些人道举动赢得了基尔工人的信赖。1920年6月他当选为议会党团成员，前往柏林。作为社民党领导层几乎唯一的法律专家，他投入议会法务委员会的工作中，并受到法务委员长、中央党②人施潘的器重。此外他也是党内会议上的法律专家，起草社民党纲领的司法相关章节。他与共和国总统艾伯特有一种互相极为敬重的默契。

1921年10月26日，拉德布鲁赫在总统的劝说下，作为中央党维尔特内阁的阁员就任德国司法部长。此时正逢日内瓦各种国际会议时期，还赶上了外交部长拉特瑙遇刺事件。幸而他得到部内卓越法律家的多数拥护，特别是受到了副部长约尔、局长布姆克、茨威格特、维尔纳等的得力辅佐。他将自己定位为法律专业部长，决心解决种种难题，如赦免、共和制保卫立法、卡普暴动的审

1921年拉德布鲁赫在基尔

判、作为一战和谈条件的战犯审判、劳动法庭、刑法修正等。在他任内通过了以教育刑思想指导的单行刑法《少年法院法》，以及《妇女任司法官特准法》等。他任内最重要的贡献是刑法修订。经长期研究讨论，对1919年刑法草案做实质性修改，形成了"拉德布鲁赫草案"，其特色是死刑和名誉刑的废除、以罚金为基本刑、对短期自由刑的遏

---

① 卡普政变（Kapp-Putsch），1920年3月以魏玛政府签署凡尔赛条约和裁军为导火索掀起的保皇政变，由地方长官、极右派民族主义者卡普和国防军将领吕特维兹领导，政府被迫撤离柏林，后工人掀起大罢工，政变失败。

② 德国天主教中央党（Zentrumspartei）是德国最早的天主教政党，1871年3月成立，是保守派和自由派间的中间派。帝国时代和1919年曾是德国第二大党。1933年7月在纳粹党威胁下解散。战后重建，分流为基督教民主同盟和基督教社会同盟。

制,以及对信仰犯的特别处遇等,1922 年 6 月大体完成,正在讨论时突然得到拉特瑙遇刺消息,经调整辗转于 10 月提交内阁。可惜 11 月 22 日瓦尔特内阁解散,草案被搁置,改革建议落空,直至 1975 年才被部分纳入德国刑法典。卸任的拉德布鲁赫重返基尔教职。

1923 年 8 月 13 日,拉德布鲁赫进入人民党斯特雷泽曼内阁再任司法部长。这时正值鲁尔地方暴动,也是德国历史上有名的通货膨胀的高峰,不容得他安安静静地专注于立法事业。11 月,他辞去部长职务,再回基尔任教。尽管他任期内的政绩得到斯特雷泽曼的肯定,但他认为这次离职是对国家政治的诀别,是在不能两立的政治和学术间的最终选择。1928 年,他回绝了第三次司法部长任命。

1922 年任司法部长的拉德布鲁赫

四、海德堡教授、开除公职、第二次世界大战后（1926—1949）

1926 年 10 月,拉德布鲁赫接受海德堡大学聘请,接替亚历山大·多纳成为正教授,开始了人生的幸福七年。海德堡虽已不比当年,但仍有卡尔·雅斯帕斯、埃米尔·莱德勒等故人,他也受到了学生们热情欢迎。这段时期政治活动不多,包括在魏玛宪法纪念日的议会演讲和吕贝克演讲等。学术上出版了代表作《法哲学》和大量论文,在威廉·克朗主编《司法》杂志上展开司法政策问题的论争。

当时共和国大厦岌岌可危。1925 年总统艾伯特逝世,兴登堡元帅当选总统;20 年代末的危机、恐慌和失业激化了左右翼间的斗

海德堡时期的拉德布鲁赫

争、共产党势力扩张,希特勒的纳粹党(国家社会主义德国工人党)从中渔利,在1932年大选中跃居第一大党,1933年1月希特勒就任总理,3月通过臭名昭著的《授权法》,确立了一党独裁体制。拉德布鲁赫的厄运也随之降临。1933年4月,拉德布鲁赫去西西里出席国际刑法学会会议,顺便和夫人在西西里旅行,随即被免去海德堡教授职务,正是纳粹在幕后施压,理由是:"依其整个人格和迄今从事的政治活动,不能保证他会为民族国家无保留地效劳。"5月9日,拉德布鲁赫被开除公职。

巴登州政府的开除公职处分,不仅解除拉德布鲁赫的海德堡教职,也禁止他一切公共活动,这无异于对他一生民主信念的精神流放,德国刊物对他关闭。朋友的相继罹难更是雪上加霜,好友赫尔曼·坎托罗维茨流亡并客死英国,基尔时代的朋友爱格尔斯蒂特和恩斯特·坎托罗维茨死于集中营,施皮格尔被枪杀。不幸中的万幸是,拉德布鲁赫尽管被禁止公开发言,但总算还活着,可以专心著书;而且老朋友都没有离弃他。

1933年被开除教职后的
拉德布鲁赫

拉德布鲁赫夫妇离开原来居住的多纳教授旧宅,住在海德堡一座山脚下原为修道院的一个建筑中(这位前司法部长和教授一生没有一座私宅!)。此间拉德布鲁赫与国外学界接触频繁。虽被迫回绝考纳斯大学、纽约大学、苏黎世大学、里昂大学的聘请,但于1936年去牛津大学访学一年,英国人的法律思维、乐观的生活和伦理观念给他留下了深刻印象。1938年日本东京大学出版社为他出版了花甲祝寿论文集。他继续以法文、英文、意大利文、荷兰文在外国期刊发表论文,阐明他不移的主张。他从各种公务负担中解脱出来,醉心于历史及美术史、古典文献学研究,出版了《费尔巴哈传》《论刑法的优雅:刑法史研究十四题》等优美典雅的作品,晚年学风日益富于形而上的、文学的倾向。

最残酷的事发生了：1939年3月，爱女蕾娜特在阿尔卑斯山滑雪时不幸死于雪崩；1941年12月，爱子安塞尔姆在斯大林格勒前线负伤身亡。女儿与父亲志趣相通，1936年同游意大利探访美术故迹更加深了心灵的契合，拉德布鲁赫在悲痛中完成了女儿撰写中的美术史博士论文。儿子安塞尔姆内向寡言，同样选择了法学职业，父亲为他编《法律警句集》作

1918年拉德布鲁赫与女儿蕾娜特

为前线上的精神食粮。哀诗《沉思的雅典娜》表达了老人站在儿女墓前的无限悲情。

拉德布鲁赫未因被迫缄口不言的孤独而迁往国外，即使他精通外语，也不愿离弃最精确表达他思想的德语。正因为亲眼见证纳粹独裁统治而言行中未曾有过任何妥协，拉德布鲁赫才能在1945年后问心无愧地站起来，赢得人们的信服和尊重。

1945年4月海德堡被美军占领，5月27日拉德布鲁赫被解除处分，9月回到海德堡大学，着手重建法学院。1946年1月3日他做了法学院院长就任演说，8日开始讲授法学导论课程。

1948年的拉德布鲁赫

这两年半他的公私事务尤其繁重，除担任教授、院长之外，还承担海德堡学会、司法精神医学会、德-意协会的工作。但他始终关怀学生的教育，接待慕名而来或请求帮助的络绎不绝的学生。阿图尔·考夫曼就是其中之一，当他作为排队拜访的普通学生走进办公室时，这位年迈患病的院长两次起身与他握手，真挚的神情和睿智的言谈，开启了他的学术生涯和对恩师的一生忠诚：作传、编纂全集、为他辩护。一位女学生称拉德布鲁赫为"越是了解越是高

耸云天的'正义的化身'",他还曾陪一个不及格的绝望学生在全城散步并安慰他。劳累无疑加重了他的心脏病患,他几乎是牺牲健康不遗余力地帮助年轻人。此外,他继续笔耕不辍,写下《法律的不法与超法律的法》这样轰动世界的名篇。他的口述自传最后一章原本提名"太迟",后来改为"完成"。

1948年7月13日,他做了告别讲坛演讲,9月正式辞去教职,11月同事和学生为他祝贺古稀寿辰。次年71岁生日当晚,他心脏病突发,于1949年11月23日清晨去世。他葬在李斯特和自己儿女长眠的海德堡山地公墓。继任院长卡尔·恩吉斯致悼词:"我们失去的是第一等亮星,永远不能再沐其光!不仅德国,而且世界各国,每一位尊重法律、自由和文化,为法律进步、为抵制暴力守护善良而战的人,对这颗巨星无不倾心景仰。"

第二节 法律家的优雅和哲思:拉德布鲁赫作品回顾

一、拉德布鲁赫主要作品

拉德布鲁赫一生著作等身,由阿图尔·考夫曼主编整理为《拉德布鲁赫全集》20卷[①]:法哲学3卷、文化哲学和文化史1卷、文学史和艺术史1卷、费尔巴哈1卷、刑法2卷、刑法改革1卷、刑罚体系1卷、刑法史1卷、魏玛政论2卷、国家与宪法1卷、比较法1卷、传记1卷、书信2卷、议会发言1卷、补遗和索引1卷。拉德布鲁赫的主要论著有:

1902:博士论文《相当因果关系论》;

1904:教授资格论文《刑法体系意义上的行为概念》、论文《论罪过概念》;

---

① 《拉德布鲁赫全集》20卷,以下简称德文全集。本节提供参考译名,德文原名见德文全集卷20,第99-172页。

1905：《论堕胎》、《论遗弃》、《论比较法的方法》（1905/1906）；

1906：《证言心理学新探》、《作为法律创造的法学》；

1907：小册子《助产与刑法》，论文《论监狱问题》2 篇；

1908：《法定的刑罚改变》、《论结果责任》、《刑法改革的政治征兆》（1908/1909）；

1910：专著《法学导论》，论文《刑法改革》2 篇、《初步自由刑体系》；

1911：小册子《渎神者彼得·金特：正教世纪中的吕贝克文化形象》，论文《监禁心理学》、《论文化的概念》（1911/1912）。

1914：专著《法哲学纲要》（1914/1922）、论文《俄国和德国的大学生》、《论法感情》（1914/1915）；

1915：《法律家——坏的基督徒》、《圣人伊华——赫洛里》（1915/1916）；

1916：《迦百农的霍普特曼》、《跳蚤的形而上学》；

1917：《勇气及其类型》、《论这场战争的哲学》；

1919：小册子《你们年轻的法律人！》（附与贝赛勒的论战）、《文化的宗教哲学、法的宗教哲学》（1919/1920），论文《调解程序与德国法感情》、《国际联盟中的教皇》、《社会人民国家中的法》、《"正义战争"：对一个口号之战》、《法及国家的教育》、《宪法及公民的教育》、《刑法的改革》、《宪法委员会中的公民学》、《业余大学的规划》、《国际联盟思想》、《业余大学与价值观》、《业余大学与知识》、《威廉·麦斯特的社会政治使命》（1919/1920）；

1920：《对胎儿的犯罪》、《妇女与社会主义》、《论宗教问题》、《全国高校会议上的公民学》、《世俗学校》；

1921：《论公民投票》、《刑法视角下的堕胎》、《司法：格尔利茨纲领释义》、《公民学》、《世俗学校和世界观学校》；

1922：专著《社会主义文化论：意识形态的考察》、《德国通用刑法典草案》，论文《宗教是私事》、《社会主义文化和业余大学》、《我们的司法及其新秩序》；

1923：《少年法院法草案》（1923-02-16），论文《社会民主和国家》、《刑法和刑事诉讼》、《法理念与法质料：一个轮廓》（1923/1924）；

1924：《德国通用刑法典之路》《论信仰犯》《公民学课程的任务》、《法理念的问题性》、《政党与国家》；

1925：《作为立法者的国家》、《支持威廉·马克思》、《保安说与法的安定性》、《社会主义与文化》、《社会主义国家和革命的任务》、《作为专业课的公民学》、《司法考试法？》（1925/1926）；

1926：专著《1532年卡尔五世刑事法庭条例》，论文《德帝宪法的精神》、《德国大学和当今国家》、《司法与批评》、《文化和退化》、《卡普政变瞬间图景》、《刑法的改革》、《论信仰犯问题》、《超越马克思主义？》、《刑法的削减》（1926/1927）、《劳动力的刑法保护》（1926/1927）；

1927：《刑法改革的新航向》、《司法上议院？一个回应》、《作为问题的新教团契》、《精神的复苏》、《社会主义与刑法改革》、《刑法草案中的内乱罪》（1927/1928）；

1928：《一种人生：歌德》（1928/1944）、《现行及未来刑法中的人工流产》、《未来刑法中的虐待儿童罪》、《社会主义学者的问题性》、《新刑法草案刑事政策目的确定的进步和退却》、《社会民主党五十年战斗和胜利》、《共产党人诉讼：批判政治司法》、《人民国家中的法和司法》、《刑事罪过形态的心理学》；

1929：《法与自由的联合》、《政党国家与人民共同体》、《论政治补贴》、《共和国责任论》、《刑事审判中的推定真实》、《经济与法：一种法学视角》、《十年魏玛宪法：回顾和展望》、《法学学习改革》（1929/1930）、《国家戒严、国家自卫和政治谋杀（回应格林）》（1929/1930）、《内乱罪与政治谋杀》（1929/1930）；

1930：《宪法第157条第1款"劳动力"》、《政治世界观之路》、《法律意识的教育》、《德国国家法体系中的政治党派》、《国家危机？》、《从个人主义法到社会法》、《社会主义高校政策》、《论犯罪学体系》；

1931:《作为刑法改革标志的死刑废除》、《三次为权利而战：布勒杨、弗里德斯、哈尔斯曼》、《宪法日的思考》、《当今权力分立："高校章程需要改革吗？"》、《切勿草率！》、《律师职业的相对论》（1931/1932）；

1932：专著《法哲学》，论文《刑法本质中的教育思想》、《社会主义和当代精神状况》、《议会制的危机》、《法哲学与法律实务》、《歌德—社会学》、《刑法修订的精神史地位》（1932/1956）、《社会主义的高校共同体》；

1933：《法西斯主义刑法》、《刑法改革与国家社会主义》；

1934：《法哲学中的相对主义》（1934）；

1935：《解释的类型》、《德国刑罚执行中的教育思想》（意文）、《身份和刑法：法史的轮廓》；

1936：《大陆学者眼中的英美法理学》（英法文）、《刑法中的法理学》（英文）、《国际关系中的正义与衡平》（英文）、《关于法的安定性的英国学说》（法文）；

1937：《论印度刑法典》、《法的目的》（法文，1937/1938）；

1938：《英国刑法驱逐出境的历史考察》、《法律思维中的类概念和秩序概念》、《法律意义上的人的心理学》（意文）；

1940：《歌德世界眼界中的法律》（意文）；

1941：博士论文《中世纪和现代之间的德国农民：艺术史的考察》（由蕾娜特开始）、《作为法学思维形式的事物本性》（1939初稿）；

1944：《奥诺雷·杜米埃：司法界》；

1945：《五分钟法哲学》、《险境中的青少年》、《新政党—新精神》；

1946：《魔笛的刑法》、《超国家》、《精神的国际》、《法律的不法与超法律的法》、《诗的人生导航》、《英国的法源和法发现》、《死亡之舞》；

1947：专著《英国法的精神》、《司法讽刺画选介：奥诺雷·杜米埃版画》、《刑法：依据案例的犯罪学》（由恩格尔哈德开始），论文《法的复苏》、《深造—大学？》、《法律与法》、《犯罪学的时代考察》、《政治格言》、《废墟，重建还是新建？》、《科学与犯罪》、《关于反人道罪的讨论》；

1948：授课整理稿《法哲学入门》，论文《论政治谋杀》、《帝国司法部的名声和末日：纽伦堡法律家审判》、《论法兰克福基本法》、《1848、1849年的政治抒情诗》《魏玛国家中的司法危机》《作为学科的公民学》；

1949：《死刑的终结》、《最高法院与政治》、《19世纪的三部刑法学教科书》、《法律职业的专业前提和性格前提》、《正义与恩典》、《刑事警察的边界》、《斯蒂芬妮·拿破仑：无解的卡斯帕·豪泽之谜》。

死后发表：《作为民权主题的精神权力》（1950）、《伪造货币——一个古老的行业》（1951）、专著《犯罪史：历史犯罪学的尝试》（1951）、《法科学的新问题》（1952）、《格言——论急躁》（1954）、《基尔市的马背公民卫士》（1954）、《论知性主义——残篇》（1960）、《法哲学后记草稿》（1999）。

1938年首版论文集《刑法的优雅：刑法史研究》收入：《加洛林纳法典中的抢劫》（1931）、《刑法被束缚状态的起源》、《早期监狱及其精神史背景》、《弗朗兹·冯·李斯特——基础和环境》、《汉斯·巴尔东的女巫图》、《伊萨克·伊瑟兰论切萨雷·贝卡里亚》、《彼得·金特——愚人和英雄》（1912）、《行星的刑事人类学》。1950年第二版增收：《安塞尔姆·费尔巴哈与比较法学》（1940）、《死的方式：刽子手—牧师—可怜的罪人—民众》（1945）、《西塞罗德国化——约翰·冯·施瓦岑伯格"论义务"译本》（1942/1944）、《刑事歌德研究：歌德与施瓦岑伯格、歌德与卡尔·费迪南·霍梅尔》（1938）、《正义和共同善之爱——约翰·冯·施瓦岑伯格的公式》（1941）、《施瓦岑伯格——肖像》。

1944年首版论文集《人物与思想：八项研究》收入：《西塞罗——图莉亚的悲痛和慰藉》、《费尔巴哈家族——一个精神的王族》、《约翰逊博士及其传记作者》、《歌德—施特拉斯堡大学学位论文》、《歌德——威廉·迈斯纳的社会使命》、《米开朗琪罗——美第奇礼拜堂》（1929）、《莎士比亚——以尺报尺》（1931）、《特奥多尔·冯塔纳或怀疑与信仰》（1944/1945）。

1957 年首版论文集《法律中的人：法律基本问题演讲和论文选》收入：《威权刑法还是社会刑法》（1933）、《法律中的人》（1927）、《法哲学中的相对主义》（1934）、《阶级法与法理念》（1929）。1969 年版增收《法的目的》。

全集第 6 卷收刑法学家费尔巴哈的传记：《保罗·约翰·安塞尔姆·冯·费尔巴哈：一位法学家的生涯》（1934 维也纳）、《作为犯罪心理学家的费尔巴哈》（1909/1910）、《法学家费尔巴哈》（1925）、《为权利斗争者费尔巴哈》（1925）、《法学家费尔巴哈逝世百周》年（1933）、《费尔巴哈纪念演讲》（1952）、《费尔巴哈：比较法的先驱》（法文, 1938）、《费尔巴哈与比较法学》（1940）、《费尔巴哈家族：一个精神的王族》（1944）、《1848、1849 年路德维希·费尔巴哈在海德堡》（1948）。

全集第 16 卷收名人传记和自传。传记包括：[学者]《格奥尔格·耶利内克》（1911/1912）、《弗朗兹·冯·李斯特》（1919/1920/1938）、《费迪南·滕尼斯》（1925）、《鲁道夫·施塔姆勒》（1926）、《卡尔·冯·利林塔尔》（1927/1928）、《莫里茨·李普曼》（1928/1929）、《恩斯特·富克斯》（1928/1929）、《威廉·卡尔》（1929/1931/1932）、《卡尔·海因斯海默》（1929）、《赫尔曼·坎托罗维茨》（1946）、《赫伯特·恩格尔哈特》（1945）、《格哈特·安许茨》（1947）、《爱德华·科尔劳施》（1948）、《恩斯特·哈福特》（1949）。[政治家]《弗里德里希·艾伯特》（1925/1927/1931/1946）、《拉特瑙》（1947）、《古斯塔夫·斯特雷泽曼》（1947/1978）。[其他]《伏尔泰》（1927/1928）、《约翰逊》（1944）、《霍姆斯》（1946）、《冯克》（1922）、《斯林》（1927/1928/1929）、《古斯塔夫·罗伯特—托尔诺》（1920）、《主教约瑟夫·舍弗》（1930）、《伯恩哈德·史韦费格》（1948）、《恩斯特·坎托罗维茨》（1952）、《海德维格·坎托罗维茨》（1929）、《格特鲁德·赫尔墨斯》（1942/1943）、《玛丽安妮·韦伯》（1948）。自传：专著《心灵之路：我的生活片段》（1951），论文《卡普政变时在基尔》（1970）、《生平履历》（1968）、《拉德布鲁赫 70 寿辰祝贺——致谢讲话》（1948）等。

此外还有大量书评、书信、演讲题目略去不译。

日本学者对拉德布鲁赫思想的引介十分丰富，早在 1923 年即有《法哲学纲要》等译本。后东京大学出版社于 20 世纪 60 年代出版《拉德布鲁赫著作集》十一卷：第一卷，法哲学；第二卷，法哲学纲要；第三卷，法学入门；第四卷，实定法与自然法；第五卷，法律中的人；第六卷，英国法的精神；第七卷，一位法律家的生涯：费尔巴哈传；第八卷，社会主义的文化理论；第九卷，人与思想；第十卷，心之旅路；别卷，拉德布鲁赫的法哲学。

二、本书涉及的作品及其简介

拉德布鲁赫作品的中译本目前有《法学导论》《法律哲学概论》《法哲学》《社会主义文化论》《法律智慧警句集》等。

《法学导论》(*Einführung in die Rechtswissenschaft*, 1910, 1929, 1952) 是与《法哲学》齐名的代表作。以拉德布鲁赫在曼海姆商科大学授课时的讲义为基础写成, 1929 第 7/8 版有较多修订。该书分十二章，首尾两章分别介绍法律和法科学，中间十章介绍各部门法，是法学本科生的入门教材。它把法律根本问题与国家观、世界观和生活感结合，是缩略版的法哲学概论。该书中译本包括大陆米健、朱林译本（1997）和台湾王怡苹、林宏涛译本（2000），两版在通顺度和准确度上互为补充。日文版译者为碧海纯一（1961），以 1952 增补版为蓝本。

《法哲学纲要》(*Grundzüge der Rechtsphilosophie*) 分法哲学本质、法的概念、法的目的、法的效力、法学本质五章，体现海德堡时期文德尔班、李凯尔特、拉斯克，以及韦伯、耶利内克的新康德主义氛围以及作者活跃的科学热情和强大的思考力，被田中耕太郎比作贝多芬的第五交响曲。该书是最早被介绍到中国的拉德布鲁赫作品，早在 1931 年就由民国学者徐苏中翻译，由上海法学编译社出版（书名译为《法律哲学概论》，作者译为拿特布尔格斯它），译文语言典雅但译者演绎较多，总体上忠实原文但细节上不够谨慎，以致拉德布鲁赫的思想并未因该译本在中国形成什么影响[1]。该书最早的日文译者为野田良之（1963）。

《法哲学》（*Rechtsphilosophie*）出版于纳粹上台前一年，是《法哲学纲要》的第三版，但从内容上看实为一本新书。由各篇论文缀合而成，前15章总论，后14章分论，触及法哲学几乎所有问题，体系"虽有不连贯之感，但别开生面、井然有序而余音袅袅的论述，堪称一代名著"（尾高朝雄），被田中耕太郎比作贝多芬晚年的弦乐四重奏。该书最早由王朴翻译为中译本（2005），最早的日文译者为田中耕太郎（1961）。

《社会主义文化论》（*Kulturlehre des Sozialismus: Ideologische Betrachtungen*，1922，1927），收入政治活动时期的社会主义相关论文，表明了作为相对主义者的拉德布鲁赫自身信仰的文化社会主义立场，提出了政治动向的更高指导目标。

《英国法的精神》（*Der Geist des englischen Rechts*，1946，1947）缘起于1936年拉德布鲁赫在牛津大学的访学，这次访学使他对英国法的正义与衡平、法的安定性思想、事物本性思想和英国的民族精神等有了新的认识，并衷心赞美这些特色。书中从大陆学者的视角对人云亦云的问题提出了独到的见解，使读者眼前一亮。

《法哲学入门》（*Vorschule der Rechtsphilosophie*，1948）根据海德堡大学听课笔记整理而成，是拉德布鲁赫最后一本系统的法哲学著作，涵盖他一生思考的法哲学问题点，内容精炼、成熟而更成体系；且该书补充了法律美学、法学倾向等几个重要法文化、法哲学当代问题，尤其是补充了与自然法有关的"超法律的法"思想。这是了解拉德布鲁赫晚年思想不可或缺的著作。

下列论文将分散到本书各章介绍：

---

[1] 《法律哲学概论》2007年由中国政法大学出版社再版。再版因标点的点校不够细致，致使某些内容更为生涩难懂；前后两版在书中的德文原文等处都有较多印刷舛误；新版还出现章节划分上的失误。

《作为法律创造的法科学》(Rechtswissenschaft als Rechtsschöpfung, 1906);

《论法感情》(Über das Rechtsgefühl, 1914);

《法理念的问题性》(Die Problematik der Rechtsidee, 1924);

《法的理念与法的质料》(Rechtsidee und Rechtsstoff, 1923, 1924);

《法律中的人》(Der Mensch im Recht, 1927);

《法哲学中的相对主义》(Der Relativismus in der Rechtsphilosophie, 1934);

《解释的类型》(Arten der Interpretation, 1935);

《国际关系中的正义与衡平》(Justice and Equity in International Relations, 1936);

《大陆学者眼中的英美法理学》(Anglo-american Jurisprudence through Continental Eyes, 1936);

《关于法的安定性的英国学说》(La sécurité an droit d'après la théorie anglaise, 1936);

《法律的不法和超法律的法》(Gesetzliches Unrecht und übergesetzliches Recht, 1945);

《五分钟法哲学》(Fünf minuten Rechtsphilosophie, 1945);

《新的政党—新的精神》(Neue Parteien – neuer Geist, 1945);

《关于反人道罪的讨论》(Zur Diskussion über die Verbrechen gegen die Menschlichkeit, 1947);

《帝国司法部的名声和末日:关于纽伦堡法律家审判》(Des Reichsjustizministeriums Ruhm und Ende Zum Nürberger Juristen-Prozeß, 1947);

《作为法学思维形式的事物本性》(Die Natur der Sache als juristische Denkform, 1948)

《正义与恩典》(Gerechtigkeit und Gnade, 1949)。

第三节　新康德主义哲学：拉德布鲁赫学术思想的起点

本节介绍拉德布鲁赫法哲学的学说史地位[①]，其背景是新康德主义西南学派（又称海德堡学派）的哲学理论。

18世纪末19世纪初，康德、费希特、谢林、黑格尔等构筑了与柏拉图、亚里士多德一脉相承的理想主义哲学。其特点是秉持二元论立场，把理想与现实相对立，把价值与实在相区别。无论像亚里士多德那样承认理想内在于现实中，还是像柏拉图那样超越现实去寻求理念，总之，理想主义哲学承认理想和现实之间是存在某种不可逾越的鸿沟的。基于这样一种认识，理想主义哲学将理想凌驾于现实之上，反对一元论的因果决定论，认为观念对现实具有塑造作用，这种观点承认和要求"意志自由"，主张把人从"必然"的束缚中解放出来，为18世纪西方资产阶级革命前的思想启蒙奠定了哲学基础。

但到了19世纪后半叶，唯物论盛行，传统哲学凋零。之所以发生这样的转变，其哲学方面的根源是经由黑格尔通向的理念和现实一元论，黑格尔的精神一元论经过费尔巴哈物质一元论的逆转，最终形成马克思、恩格斯的唯物辩证法。而其实践方面的根源则是19世纪自然科学的发展：生物学揭示了人的精神作用受自然法则支配；生理学则表明人的意志活动受人脑物质构造制约；社会经济史的实证研究表明社会制度是受经济活动规定的；刑事人类学则在人的遗传、生理学特征中寻找犯罪原因。"意志自由"实际是因果律束缚下别无选择的自由假想，于是机械必然论盛行，理想哲学威信扫地。

新康德主义由此发端，起初是奥托·利布曼（Otto Liebmann）的口号"回到康德"（1865），以朗格（Friedrich Albert Lange）的唯物论

[①] 参考尾高朝雄《拉德布鲁赫的法哲学》第二章。见ラートブルフ著作集，别卷，ラートブルフの法哲学，東京大学出版会，1960。以下尾高朝雄引言皆来自该书。

批判(《唯物主义史》，1966)为基础，通过库诺·费舍(Kuno Fisher)的近代哲学史阐释(经验论—唯理论的划分)获得思想史的自觉性，终于在20世纪初迎来了新的理想主义思潮。新康德主义学派分为以文德尔班[①]和李凯尔特[②]为中心的(德国)西南学派，以及以科恩[③]和纳托普[④]为代表的马堡学派。

新康德主义哲学重新承认价值与实在的二元对立，由此主张必须从主观世界中寻找理念或价值的根据，否则就会回到实在一元论。但这里的主观并非作为心理学对象的表象、感情或意志——这种对象化的人类精神是必然受经验制约、受自然法则支配的。这里的主观是理解客观世界的根本前提，它不受任何经验规定，相反是人类获得经验的条件，从逻辑上(而非时间上)是"先验的"[⑤]。如科学的"真"、道德的"善"、艺术的"美"，这些价值是超个人的先天性理念，具有不受经验规定的客观性、不受个人主观左右的普适性。由此突破了价值理念的唯物论和自然科学万能论，为理念超越实在奠定了基础。于是，自然界和价值世界都被看作由先天的主观作用"构成"，"构成主义"的认识论否定唯物论的"摹写主义"立场：不是先有了世界，之

[①] Wilhelm Windelband(1848—1915)，德国哲学家，西南德学派创始人，著《哲学史教程》《哲学导论》等。

[②] Heinrich Rickert(1863—1936)，德国哲学家，西南德学派代表，著《先验哲学导论》《文化科学和自然科学》《自然科学概念形成的界限》《历史哲学问题》《哲学体系》等。

[③] Hermann Cohen(1842—1918)，德国哲学家，马堡学派创始人。著《纯粹认识的逻辑学》《纯粹意志的伦理学》《纯粹感情的美学》。

[④] Paul Natorp(1854—1924)，德国哲学家。著作涉数学、物理学和教育哲学，著《精密科学的逻辑基础》等。

[⑤] 康德《纯粹理性批判》的关键成果是：人的感性活动顺序是"认识—现象—物自体"，但知性活动必须借助范畴，他总结了12判断表并相应建立12范畴表：量的范畴——单一性、多数性、全体性；质的范畴——实在性、否定性、限制性；关系的范畴——依存性与自存性、原因性与从属性、协同性；模态的范畴——可能性和不可能性、存有和非有、必然性和偶然性。12范畴涵盖了一切知性活动，不经任何范畴就不能得到任何知识。范畴是先天的，先于任何认识而存在；是纯粹形式性的，不包含任何内容，只是借以获得内容的框架，在逻辑上(不是时间上)是先验的。

后才有了认识；而是只有经过认识的作用，世界才成为我们看到的这个世界。在价值立场和无价值立场的并立中，用一种立场武断地否认由另一立场构成的世界形象，是应该避免的独断论。新康德主义继承了康德哲学明确认识能力的根据及其界限的批判，但把康德"物自体"概念作为违背批判主义精神的实在论残余加以排斥，试图把"构成主义"贯彻到底，从而"经由康德超越康德"。

西南学派和马堡学派在以下思考上达成了共识：基于人的先天价值理念被"构成"的应然世界，与受因果律支配的实然世界并不一致。应有的不一定是实有的，价值世界是与存在（Sein）世界对立的应然（Sollen）世界；理想难以实现，但这并不能成为否认理想存在和应该存在的理由；规范被事实破坏，但这并不会抹杀规范作为规范的意义，反而会更加凸显规范的尊严。所以，尽管应然与存在并存，但应然对存在是有效力（Gelten）的。价值和规范的内容并不具备普适性，它会随社会、时代的变化而变化，所以，所谓普适真理和永恒道德，就只能从规范中剥离一切内容，在纯粹形式的应然法则中去发现、去寻求。

除上述共识之外，两大学派各有侧重。西南学派侧重"构成主义"认识论，考察先验价值的体系，把对象划分为无涉价值的自然世界和充满价值的文化世界。这种构想由文德尔班明确表达，由李凯尔特形成体系。李凯尔特论证，不是方法受对象左右，而是对象受方法制约，由此开拓了文化科学方法论的新局面。在法哲学领域，拉斯克[①]按李凯尔特阐明的文化科学的特殊构造，精密论证法学方法，指出法的实在世界已经经过了常识性的（前科学的）概念构成，形成了一种半成品状态下的法律实在世界，从中进行分类、精密地描述个性、提取和论证，由此构成了有组织的法学。法的存在方式有两种，一是作为有法律意义的社会生活事实，即法律事实；二是产生于某种社会意志力量的经验规范（不同于先验的逻辑规范和道德律），即法律规范。前者是

[①] Emil Lask（1875—1915），德国法哲学家，著《法哲学》（1905）、《哲学的逻辑学与范畴论》等。

法社会学的任务，后者则是法解释学（Jurisprudenz）的任务。

马堡学派更侧重批判的逻辑性展开。科恩建立了与康德三大批判平行的新批判哲学体系；纳托普则在社会哲学方向发展上述立场。施塔姆勒①沿社会哲学的线索构筑社会理想主义的法哲学宏大体系，批判法律唯物史观。

施塔姆勒的体系以"纯粹意愿"（reines Wollen）为出发点：意愿不同于知觉，不是在因果关系中去认识对象，而是在目的追求和手段选择中去理解对象；但意愿或目的的内容则是由经验规定的。如果对法的由经验给定的质料，以及使这些经验质料满足正当法（richtiges Recht）要求的法的形式进行批判分析，就可以得出舍弃一切内容的、逻辑地构成的先验意愿，即纯粹意愿。这种纯粹意愿的概念是道德和法律所共通的，只不过对道德来说是单个人的"分立意愿"（getrenntes Wollen），追求个人"内心纯洁"；而对法律来说则是多数人的"结合意愿"（verbindendes Wollen），追求社会"外部规制"。法律规制成为人类共同生活的逻辑前提。人类社会生活有多种多样的内容，经济活动无疑是社会生活的最重要的内容，纵使它对社会生活有着决定性的影响力，但如果没有使社会生活本身成为可能的法律（来自人与人相互结合的意愿），经济就不能作为经济而存在。因此他认为：经济从逻辑上是受到法律制约的；唯物史观主张法律受经济制约，是对形式与内容逻辑关系的颠倒。作为规制人与人结合方式的法律，必然有正当和不正当之分。什么样的法才是"正当法"，就成了法哲学的根本问题：法理念的问题。施塔姆勒持彻底批判的形式主义，试图从纯粹意愿的结合形式中去寻找普遍有效的法理念，认为如果法律采用剥夺意愿自由的方式把人与人结合起来的话，这种法律就不是"正当法"；普适的

---

① Rudolf Stammler（1856—1938），德国法哲学家、民法学家，新康德主义马堡学派奠基人，曾任教马堡大学、吉森大学、哈雷大学、柏林大学，著《历史哲学方法》（1888）、《无政府理论》（1894）、《经济与法》（1896）、《正当法论》（1902）、《法科学的理论》（1911）、《法哲学教科书》（1922）等。

法理念，即"正当法"，必须在"意愿自由的人类共同体"中寻求。这种"正当法"作为纯粹形式，是不可能原原本本地实现的，只能作为评价法律是否正当的标准；但有内容的法律生活不可能是内容固定和永恒的理想法，于是确立了"内容可变的自然法"。

新康德主义法哲学在防止人们对理想视而不见、弘扬法的价值、确立法学自足性上功不可没，它传承了人格尊严和人类自由的康德哲学根本精神，因此受到当时纳粹思想鼓吹者的猛烈抨击。但斯塔姆勒试图从无内容的形式中找寻法的理念，无论发现的理念多么耀眼、高贵、深刻，也难以解决复杂的社会问题；拉斯克虽在部分领域留下极富洞察的创见，并初步呈现了超越形式主观主义走向实在论的端倪，但由于早逝而未来得及充分展开。这些缺陷由新康德主义学派的另一位法哲学家拉德布鲁赫做了重要的弥补。

拉德布鲁赫沿着拉斯克的思路，把法定义为"与法的价值相关涉的实在"，但并未止步于此，而是进入对法的价值的探讨，把法的价值和法的实在结合，展开法哲学诸多问题的论述。"价值关涉"不仅被用作方法论，而且用于法实在的对象论。拉德布鲁赫与施塔姆勒同样，把正义看作与真、善、美同级的最高理念，但法理念不只是正义，而是正义、合目的性和法的安定性三位一体，合目的性中的"目的"又存在个人主义、超个人主义与超人格主义三种世界观立场的分歧，法理念被降为受世界观制约的相对价值，于是确立了相对主义思想。这就给他的法哲学带来贴近现实的丰富内容，克服了施塔姆勒乏力的普适性[①]，经由新康德主义而真正超越了新康德主义。

[①] 尾高朝雄指出，施塔姆勒法哲学的外观宏伟而内容贫乏，为追求普适的纯粹形式而带来实质的空洞。又如韦伯的批判：施塔姆勒在现代科学框架下，以大工厂作业生产出游离的空气。

第二章

法的本质和理念：拉德布鲁赫论法哲学的核心问题

本章和下一章的任务是整理和介绍拉德布鲁赫法哲学相关著述的主要观点，这些著述包括《法哲学》《法哲学纲要》《法哲学入门》《法学导论》，以及收入《拉德布鲁赫全集》前三卷的重要论文。体系上参考《法哲学纲要》和《法哲学入门》，并把法哲学问题划分为两大类分章阐述：一类是法哲学的本质和法理念问题，我们称其为法哲学的核心问题；一类是关于法与道德、习俗、宗教等社会规范之间的关系，以及法学与历史哲学、心理学、美学等学科之间的关系，我们借用拉德布鲁赫的自嘲"边缘间的鬼才"的表达，称其为法哲学的边缘问题。内容上以他中年时期的著述《法哲学》为主，以早年的《法哲学纲要》和晚年的《法哲学入门》为补充。《法哲学入门》第十章补充了人性、社会法、民主、世界法、超法律的法几个时代问题，这些思想在拉德布鲁赫身后渗入新时代的法律理想与实践中，现实地影响着二战后学术动向和司法实践[①]，这些问题将被分散到本书第三章和第八章介绍。

---

① 在德国，关于超法律的法的"拉德布鲁赫公式"长期影响战后审判实践；在美国则激起哈特和富勒的论战，催生新自然法学派和新分析法学派；在日本如尾高朝雄所述，拉德布鲁赫"高贵哲学理想下的文化主义的社会民主主义"，对战后日本的和平国家、文化国家建设提供指导、慰藉和教训。

第一节　法哲学的本质：学科界定、基石及历史流派

拉德布鲁赫在继承和总结新康德主义西南学派文德尔班、李凯尔特和拉斯克的文化科学方法论基础上，阐明了隶属于价值哲学的法哲学的本质，将其与自然科学、宗教，以及隶属于文化科学的法科学区分开来。

一、现实与价值：对待价值的四种态度

拉德布鲁赫指出，法哲学属于哲学，哲学是解决时代和人类紧迫问题的最重要学问的总体。我们面前给定的、未经整理的质料中混杂着现实和价值，给定事物（Gegebenheit）本身不含意识，事物的价值和反价值都来自观察者的赋予，"我"退出现实、与现实对立，从现实中分出价值，是人类精神（Geist）的第一个活动。它区分了必须去除价值判断的领域及必须运用价值判断的领域：对前者采价值无视（wertblinde）态度，对后者采价值评判（bewertend）态度。此外还有价值关涉（wertbeziehende）态度和价值超越（wertüberwindende）态度。四种态度分别对应着存在、价值、意义（Sinn）和本质（Wesen）四种现实。

1. 价值无视

价值无视是自然科学的态度，属自然王国。它从现实中提炼出完全不涉及价值判断的自然领域。法不可能是价值无视的，完全自然的法概念如果和价值关涉的法概念取得一致，那只能是一种巧合、一种预定和谐①，法只能通过其理念被理解，就像桌子只能通过其用途被定义。

2. 价值评判

价值评判是价值哲学的态度，属理想王国。它包括逻辑学、伦理

---

① "预定和谐"是莱布尼茨关于身心关系的理论：单子是孤立、封闭、互不影响、互不作用的，但由于神的预先安排，整个世界的单子在发展过程中是协调一致的。该理论否认唯物论的因果观和笛卡尔的交感论。

学和美学，从精神的有意识评价活动中找到评价的尺度、规则和关系，把自然视作价值领域。法哲学（Rechtsphilosophie）是价值评判的，它不讨论实定法，只讨论正当法，即法理念、法的根本原则、法现实的价值尺度，它不问实然，只问应然。

3. 价值关涉

价值关涉是文化科学的态度，它试图在自然与理想之间架设不可能最终完成的文化桥梁，属创造王国。科学志在真理，艺术志在美，道德志在善，这种有意识的追求使三者都具有"文化"这一概念结构。文化不仅限于纯粹的正面价值，而是文明与野蛮、优雅和低俗、真理与谬误的综合，但它志在实现价值，是"对正确的追求"。在法的学科分支中，法科学（Rechtswissenschaft）①是价值关涉的思考，它把法作为文化事实。法必须志在实现法理念，如正义。法虽可能不正义，"极端的法就是极端的不正义"（西塞罗），但只要志在实现正义，就依然是法。

4. 价值超越

价值超越是宗教的态度，它飞向彼岸世界，属信仰王国。宗教超越一切价值与反价值的对立来谛观现实，对一切存在物给予微笑、爱和肯定，认为价值和反价值同样无关紧要。宗教穿越了价值王国，克服了价值和现实间巨大反差带来的不可忍受性。它不是人们困守一生的修道院，而是做简短祈祷的路边教堂。法的宗教哲学（Religionsphilosophie）是价值超越的思考，世俗认为有价值的法，在神面前是"无本质的"②；也有一种宗教观认为法不仅存于价值世界中，也可能存于事物的最高绝对本质中，二者都是超越价值的态度。

以上关于对待价值的不同态度，见表2.1。

---

① 见本书第四章。
② 集中体现于"登山宝训"，详见第三章第一节"三、法与宗教"。

表 2.1 对价值的四种态度

对价值的态度	价值无视	价值评判	价值关涉	价值超越
对应学科	自然科学	价值哲学：逻辑学、伦理学、美学	文化科学：科学（真）、艺术（美）、道德（善）	宗教
对应现实	存在	价值	意识	本质
所属王国	自然	理想	创造	信仰
对应法学学科	—	法哲学	法科学（正义）	法的宗教神学

二、法哲学的两大支柱：二元论和相对主义

法哲学的任务是对法进行价值评判的思考，即施塔姆勒的"正当法论"。拉德布鲁赫法哲学的两面旗帜是二元方法论和相对主义。

（一）二元方法论

康德二元方法论的本质是价值思考与实然思考分离。因为存在与应然对立，我们就不可能从"什么是"推出"什么应该是"、从"曾是"和"将是"推出其正确、有价值，这就否定了从现在、过去或未来事实中得出必然的实证主义、历史主义或进化论。必然不代表正确，不可能的事未必不正确。应然原理和价值判断不能从事实论断中归纳地推出，而只能从其他应然原理演绎地推出。

法律经常涉及从"事物本性"[①]推出正当规则。理念或理想既作用于质料，同时也是受质料规定的，材料预先对理念起着定型作用。正如雕塑，艺术家的理念虽是把不成形的材料变成精美艺术品的关键，但同一艺术家的大理石雕塑和青铜雕塑明显不同，这就是"理念的由质料规定性"（胡塞尔、惹尼）。二元方法论不主张评判不受事实影响：价值评判本身就是社会环境事实的结果，是它的意识形态上层建筑，

---

① 详见本书第四章第三节关于"事物本性"的法律思维方法的阐释。

这使其区别于自然法思想;"实然不能推出应然"讨论的不是因果关系,而是逻辑关系,不是能否引起,而是能否证明。理论探讨不能掺杂其产生的心理学原因,否则讨论就毫无意义,因为存在对思维约束的强韧会根本阻断思维的相互理解。

唯物史观反驳二元论,认为法哲学作为意识形态,只不过是政治党派的力量斗争,归根结底是经济利益斗争。但后期唯物史观也承认政治、阶级斗争对束缚精神的力量起反作用、精神有其固有规律。正如荷马史诗中的诸神降临特洛伊战场,与人并肩战斗,法哲学固然是党派政治斗争在精神领域的体现,党派斗争同时也是大规模法哲学论争,法哲学为一切政治变迁或革命造势并伴其始终。

(二)相对主义

相对主义(Relativismus)方法①的使命是,既要在认识上确立正当法的内容,又要在现实上树立人类正义的目标。法哲学除了现实与理想决不妥协的革命性(或反革命性)外,还有认识的任务,即在正义的形式中发现普适性。但方法二元论表明,应然原理只能由其他应然原理证明,而终极的应然原理无法用科学证明,只能靠信仰、靠每个人的良心来决断。科学只能给价值决断提供三方面可能:(1)体系性地完全展开可能的价值判断;(2)呈现各种价值判断的实现手段及在手段制约下的可能结果;(3)揭示各人采取的价值判断立场的世界观前提。通过这三种方法,每个人可以知道自己想要的是什么,即逻辑上的必然意愿。

相对主义不是纯经验方法而是哲学方法,它不仅考证被考虑过的主观含义,而且由此出发,根据因果和逻辑探索被意图的客观的含义。

---

① 相对主义的代表有耶利内克、韦伯、玛丽安妮·韦伯、凯尔森、坎托罗维茨等。反对相对主义的有埃姆格、尼尔森、萨罗门、寇恩、迈耶、宾德、拉伦茨、希佩尔、赫尔法尔特、梅茨格、希尔伯施密特、多纳、里茨勒尔、吕梅林、施塔姆勒等。

它由两个途径发挥认识作用：一是使人意识到自己的意图来巩固价值判断，二是使人认识到自己所想的含义与真正含义不同来动摇观念。谁也不能拒绝在各种对立的终极前提及相应法律观之间做出选择，相对主义只能全面提示可能有的立场，至于选择则交给每人人格深处来决断。相对主义的自我克制是承认终极价值判断的不可知性，同时坚持体系性的展开，以便为有朝一日由被科学证实的世界观来决断做些准备工作。

相对主义并非冷漠无定见，它仅限理论理性，不用于实践理性。法哲学把一切可能的评价对象呈献给各人的实践理性来选择。它放弃为终极立场寻找科学根据，但并未放弃选择。相对主义不是彼拉多①的怀疑论，他让理论理性和实践理性共同沉默，颓废地怀疑一切；它更接近莱辛笔下纳旦②的不可知论，各方坚信己方立场，同时都不能被证明，理论理性保持沉默更强烈呼唤实践理性："要通过各自的努力来发现戒指的魔力！"相对主义是二律背反论③，它结合了不可知论与实践

---

① Pontius Pilate 庞蒂乌斯·彼拉多，朱迪亚的罗马统治者，他下令把耶稣钉死在十字架上。他质问耶稣："真理是什么呢？"见《新约·约翰福音》第 18 章 38 句。

② 莱辛 Gotthold Ephraim Lessing（1729—1781）以门德尔松为原型创作《智者纳旦》。犹太富商纳旦是令人尊敬的长者形象。他以薄伽丘的戒指寓言回答伊斯兰教苏丹提出的宗教问题：一老人临死前留给三个儿子各一枚戒指，只有一枚是真正有魔力的传家至宝，三兄弟请求法官决断，法官建议他们相信各自戒指的魔力，通过宽容、敬神、人道的生活态度来证明，留待几千年后更明智的法官来解答。其寓意是宗教宽容和人道主义，这种宽容不是怀疑，而是要求。

③ 拉德布鲁赫相对主义思想发展历程：1914 年《法哲学纲要》停笔于纳旦的不可知论；1932 年《法哲学》把相对主义确定为二律背反论；1947 年《法哲学后记草稿》则指出："最好避免使用像'相对主义'这样容易引起误解的名称，因为'相对主义'不仅表示在价值问题理论上的不可决断性，更表示着价值决断在实践上的无能为力；相对主义还意味着决断只取决于所追求的目的。这是因为，对我们的法哲学来说，合目的性只是正当法诸多路标中的一个，而主要的路标是正义。用'二律背反'这一名称代替'相对主义'的称谓。事实上，无论是正义、合目的性、法的安定性这三个最高法律价值之间的关系，还是既互相要求又互相反驳的个人主义、超个人主义和超人格主义这三种目的理论之间的关系，最终都汇于二律背反。"见王朴译《法哲学》，第 221 页。关于二律背反详见康德《纯粹理性批判》1.2.2.2 纯粹理性的二律背反。

主义，承认各种立场具有同等权利，相信与自己意识不符的东西可能与更高的意识相协调。如拉特瑙所说，"一个乐队中所有乐器都同等重要，至于音律是否和谐则由另一个人来负责"；又如歌德所说，"不同的思维方式建立在人的差异性基础上……只需清楚自己的立场，从而冷静待己，宽容待人"。

针对拉德布鲁赫法哲学方法论出发点的二元论和相对主义，尾高朝雄指出两个问题：

（1）方法二元论把正当法理念与法现实对立，并以此为法的价值评判标准，但在以法这一价值标准对现实进行科学整理之前，法的现实已经作为法而实存了，即拉斯克所说的"前科学的概念构成"，如公司法人、买卖契约、私有权受保护；但这与其说是概念构成，不如说是现实构成，法的世界正是通过人类共同生活的历史来塑造并随社会环境变化而构成的，价值在由学问赋予对象之前已寓于现实中。

（2）相对主义方法确有其意义：使理念不游离于现实之外，为法哲学带来丰富内容；体现着谦虚、宽容和人类互相尊重；推出思想和言论自由的民主原则。但相对主义在逻辑上有根本矛盾：相对主义要确信并坚持自身立场，就必然与绝对主义决裂，否则在实践哲学上就毫无意义；而一旦相对主义为自身划定界限，宣布对独裁的、不宽容的绝对主义不予宽容，它就已经变为宽泛的绝对主义或自然法了。

三、法哲学的历史：方法论走向

拉德布鲁赫总结了历史上存在的法哲学方法论走向，法哲学依据其方法论的差别划分为各种方向。不同时代精神对应着不同的哲学任务。

（一）自然法论

自然法论是最早的方法一元论，是几千年来的正当法理论，包括自然与人定法对立的古代自然法（亚里士多德）、神定法与人定法对立的中世纪自然法（阿奎那）和理性与强制秩序对立的近代自然法（格劳秀斯至卢梭）。其共同特征是：（1）自然法的内容永恒不变；（2）自然法源于自然、神的启示或人类理性，是普适的；（3）自然法可以被认识；（4）自然法高于实定法，不仅是检验实定法的标准，而且可以破除和取代与其矛盾的制定法。近代自然法的基础是"社会契约论"这一拟制，它是衡量法和国家秩序正当性的一个概念构成，是一种个人主义的革命思想。

靠历史经验无法驳倒自然法，因为自然法反对从实在中推出应然、用经验证明正误，因为谬误是多样的，而真理只有一个。康德的认识论和批判哲学完成了对自然法的致命一击。康德的理性批判证明：理性并非装满成熟认识和普适规范的兵器库，而只是获得认识和规范的能力；它不是答案，而是问题的总体，是人们对给定事物的全部视角，是只有与质料相结合才能做判断或评价的全部形式和范畴。判断和评价不是纯粹理性的成果，只能是适用于给定事物的成果。所以自然法、正当法永远只对特定社会状态（时代、民族）适用。于是普适永恒的自然法被"内容可变的自然法"或"文化法"所取代。

新旧两种自然法都不符合相对主义原理[①]，它们认为可以对正当法得出单义的认识，于是违背正当法的规则在正当法面前，就像谬误在被证实的真理面前一样苍白无力，这就无法说明明显不正义的制定法为何依然有效。制定法的效力只能建立在正当法不可知基础上。自然法论否定法律世界的二元性，把实质自然法与形式自然法、法的正当性与法的效力等同，不承认制定法有独立于自然法的存在资格，以正当法、法价值、法哲学吞噬了制定法、法现实、法科学。

（二）历史法学

历史法学是矛头指向自然法的一元论，由萨维尼首创，普赫塔完

[①] 此思想出现于《法哲学》中，但《入门》已去掉该表述，把"内容可变的自然法"被客观认识并取代实定法的程度问题交给法的效力和理念优先次序来讨论，表明拉德布鲁赫明确接受了某种内容可变的自然法。

成。它把法科学限于对法的历史现实的纯粹经验研究，似乎以制定法、法现实、法科学吞噬正当法、法价值和法哲学。但历史法学并未根除一切价值判断，只是想对各种历史上法现象的价值不做差别判断：从历史和民族精神中生成的事物就是正当的，对从现存的、过去的、生成中的各种法现象一视同仁地尊重，有宗教哲学的清静无为、虔信主义基调。但历史法学也并未避免差别性评价，因为它否定自然法、启蒙运动、革命和"立法者恣意"等自然法成果，肯定由"默默发挥作用的力量和民族精神"决定的有机的法律构成。它无视飓风、地震这类自然现象和植物静默生长同为有规律的自然过程（门格尔）。于是历史法学就从无视价值的法实证主义和超越价值的法宗教哲学，不自觉地变为浪漫主义法哲学和保守的法政策学。保守主义奠基人施塔尔[①]就称自己的学说为"历史观下的法哲学"。

但根据历史判断价值的"历史世界观"一词自相矛盾。历史认识的先验前提是历史发展的渐进而不中断性。但在事后的历史学思考中，最努力挣脱传统束缚的行为也会被纳入无中断的渐进性范畴，最自主的意志也会被看作各种成熟关系的必然结果，正如飞行员虽克服重力但仍未脱离地球。历史学只能权做事后的观察，而不能把政策创制受历史制约的规律作为人们的行为规范来事先适用。历史主义的错误就在于，它把历史学认识的范畴提升为政治行动的规范。

（三）黑格尔主义

黑格尔主义与历史学派同为方法一元论，都信奉"凡合乎理性的都是现实的，凡现实的都是合乎理性的"[②]，反对自然法把法理性与法现实对立；但现实与价值同一的根据，历史学派认为是支配历史的神意，

[①] Friedrich Julius Stahl（1802—1861），德国法学家，政治家。著《历史观下的法哲学》《新教教义和法的教会观》《君主制原理》《基督教国家》《新教主义作为政治原理》《天主教驳论》《路德教与共同体》等。

[②] 同一论哲学源自柏拉图，见黑格尔，《法哲学原理》，范扬、张企泰译，商务印书馆，1982，序言第 11 页。

黑格尔则认为是实现于历史过程中的理性自我展开的辩证重构。理性主义反对民族精神这一非理性主义和浪漫主义，这激化了两派的对立：黑格尔称萨维尼攻击法典编纂是"对这一民族及其法学界莫大的侮辱"，施塔尔和普赫塔则称黑格尔哲学为"敌意的强权"或"轻薄的哲学"。柯勒的新黑格尔主义则少有创见，它排斥理性法，以泛神论维护现实，是实际亲近历史法学派的保守见解，没有辩证法就不是黑格尔主义。

（四）唯物论

德国唯物论以非理性主义反击黑格尔理性法哲学，逆转了精神一元论，坚持物质决定意识、存在决定应然，其奠基人是费尔巴哈[①]，法哲学上表现为克拉彭[②]的生物学唯物论[③]。克拉彭试图把实定法学的理解建立在自然科学基础上，主张打破一切法目的论的乌托邦和法哲学作为"知识警察"的幻影，为法实证主义开辟了道路。生物唯物论迷信进化论，如刑法的适应任务和淘汰任务，殊不知自然科学所肯定的成果的价值取决于事先已证明该成果的目的是有价值的。进化论的政治人类学理论应限于社会保健法领域内，"适者生存"不适合文化目的，科学和艺术也不以膂力为善；且进化不能证明价值，璀璨的珍珠就来自低等的贝类。

拉德布鲁赫认为，马克思、恩格斯的经济唯物论取代机械唯物论，吸收了黑格尔体系，在经济事实中寻找发展的动因。它既是意识形态论，又是必然论：（1）任何时代的社会经济结构都是解释该时代法律、政治、宗教、哲学等观念上层建筑的终极基础；（2）经济发展导致社会主义经济法律秩序有因果必然性，社会主义由空想变为科学。前一命题把法哲学作为社会哲学的非独立组成部分，后一命题则进而使社会哲学成为经验的社会科学。

[①] Ludwig Feuerbach（1804—1872），德国哲学家，著《黑格尔哲学批判》《基督教的本质》等。
[②] Ludwig Knapp（1821—1858），费尔巴哈的学生，著《法哲学体系》(1857)。
[③] 生物学唯物论详见拉德布鲁赫《法哲学纲要》。见德文全集卷2，第30页；徐苏中译，《法律哲学概论》，中国政法大学出版社，2007，第10页；日文著作集卷2，第12页。

马恩唯物史观同时也是重要的社会学法律理论，该理论研究社会生活中的法及法律生活普遍规律或类型的发展。卡尔·伦纳的《私法制度及其社会功能》是法律唯物史观的重要成果；马克斯·韦伯《新教伦理与资本主义精神》也探讨理念对经济的反作用。施塔姆勒对唯物史观的批判最猛烈：离开法的形式，经济秩序便无从思考，所以法不可能只是经济的排他产物。

（五）一般法学

实证主义时代法哲学彻底熄灭，人们不再从法现实中寻求价值，法的价值考察被认为非科学的，法学仅限于法的经验研究。一般法学和实证法科学取代真正的法哲学，其任务是：研究法的众多学科中共通的最一般的法概念；对超越国家法的各种法秩序中的类似法概念做比较性叙述；进而超出法的领域探索它与其他文化领域的关联。其代表有贝格鲍姆①、比尔林②、默克尔③和贝克④。

如果说一般法学中并未不自觉流露出无法根除的法哲学动机，这最多是"法哲学的安乐死"。一般法学中展开的各种法概念，如法律主体、客体、法律行为、违法，与其说是从各现有法秩序中归纳得出的实证概念，不如说是一切法秩序被认识和理解的必然范畴、前提。这些法概念已不再属于经验的一般法理论，而属于实定法的哲学。只是它的价值考察对象不是法，而是对法的认识，不回答法在何种情况下为正确的，只回答如何能正确理解法。法的概念属于法学的认识论、理论哲学，而不属于作为实践哲学一部门的法哲学。但这种法哲学认

---

① Karl Bergbohm（1849—1927），著《法学与法哲学》。拟定了不含超实证价值判断的纯净法学和一般法理论方法论的纲领。
② Ernst Rudolf Bierling（1843—1919），著《法学原则论》。全面敏锐地提出法学根本概念批判。
③ Adolf Merkel（1836—1896），著《法学百科全书》（1913）等。研究法与一般文化在社会学和历史上的关系，体系性地总括了一般法理论。
④ Ernst Immanuel Bekker（1827—1916），著《法的基本概念与立法的失策》《作为人类作品的法》等。将实证主义的怀疑演变为现实政治意志说。

识并未终止一般法理论。李斯特①后来曾重新提出默克尔的思想：通过历史产物来认识应然，仅由被认识的发展倾向来阐明应然。这种宿命论和信仰无疑是宗教态度而非科学态度。但李斯特这段叙述只是为《德国和外国执行刑法的比较情况》、为德国刑法改革准备提供方法论，对以经验的法律考察来证明政策价值判断，他是始终否认的，这表明方法论一元论的失败和对实证主义的克服。

（六）耶林

鲁道夫·冯·耶林（1818—1892）全面汇集了19世纪的所有法学动机并使其相互驳诘，他激励了下列倾向：比较法和法学会学、自由法运动和利益法学、李斯特的近代刑法学派和大学教育中实习的导入。他在后黑格尔时代倡导实证主义，后来却成了法哲学革新的先驱。他激励了以下倾向：

1. 完成了历史法学派的纲领，并超越了历史法学

他以《罗马法的精神》（1825）把法回溯于民族精神。但不同于历史法学派的非理性主义，他认为法的动力是目的明确的意志，以非浪漫主义的方式，把罗马法的精神描述为训练有素的自我中心主义和果决的行动力。

2. 以唯理论对抗历史法学，但超越了唯理论

他指出历史法学不是概念逻辑的辩证法，而是目的实践中必须承认的辩证法，不是法哲学，只是历史的社会学理论。他在《为权利而斗争》（1872）和《法律中的目的》（1877）中提出口号："在斗争中发现你的权利"以及"目的是整个法律的创造者"。创造法律的"目的"不是超验的目的理念，而是人类目的设定的经验事实，是"目

---

① Franz von Liszt（1851—1919），著《刑法的目的论》、《德国刑法教科书》（1919）等。德文全集卷2，第36页。

的因"①。

3. 从萨维尼、黑格尔一元论出发，但超越了方法一元论

他使用因果关系的考察，目的论的考察正是人类行动因果性的特殊适用，在国家契约论的拟制方法下，论证一项法制度与经验的目的设定之间的因果关系、与超经验的目的理念之间的目的论关系，这已经是披着社会学外衣的法哲学了。在《法学中的戏谑与严肃》②（1885）中，他从"概念法学"转向目的法学，倡导目的论的概念构成，承认法律家对法律发展的共同创造作用，这就迈向了法哲学，不再旁观目的设定这一事实，而是关注实现法律发展的目的本身，承认了经验的法现实与规范的法标准之间、法现实与法价值考察间的对立，以绝对目的理念克服了片面目的设定的功利主义。可惜耶林的去世使他的目的法学未来得及走向方法二元论。

（七）施塔姆勒

鲁道夫·施塔姆勒再造了基于康德哲学的法哲学二元论，把法的现实与价值对立。他提出"正当法论"的任务：在研究实定法同时，在其内部对法的正当与否做独立价值判断。（1）正当法概念论指出，正当法的形式（正当性范畴）是普适的，但内容却是随历史、民族状

---

① 耶林的特点是斗争与矛盾的内心生活，他尖锐批判自己曾长期主张的"整个法律是有意识的目的创造"，他在1851年为法尔克出版的遗著《法学百科全书》中指出："道德的世界并非只受合目的性原则的统治，……还存在着其他的东西，不是目的而是结果，是道德或法的基本观念的表露……在上个世纪这样的错误屡有发生，其结果是断送了高贵和深远的事物。"
② 耶林在该书中讲述了自己面临的一个一物二卖案件和《学说汇纂》中处理方法间的张力，表达内心由于理论的迷失而陷于窘迫和狼狈。他指出，人们从文本上发现的某个规则，不能不考虑实际生活中可能引起的结果和不幸，"纯理论的满足是一回事，实际适用完全是另一回事。一种不健全的观点，不管主体自身有多么健全，这样的试验都是不堪承受的"。当然这次经历也证明判例法的优点：法官面对个案可以直接实现自己的法学观点。见拉德布鲁赫《法哲学入门》，德文全集卷3，第136页。

态和价值判断者个性而变化的。（2）正当法实践论却在政策领域，把法的正当性范畴用作解决案件、评判争议的标准，这就通向绝对正义判断，回到旧式自然法。（3）正当法方法论把合义务性（康德）和法的正当性，从空虚的形式变成作为一般立法原理适用的内容确定的理想，即"自由意愿的人类共同体"，这就扩张或限定了正当法的内容，从认识论产生了个人主义法哲学。

正当法论只是一种法哲学方法而非体系，它不想也不能发展出普适的法律规则，为获得正当法概念的普适，而满足于纯粹形式性。正当法论是法哲学的逻辑学、法价值思考的认识论和法理性的批判，而不是法哲学本身。施塔姆勒后继者的分歧体现为法的价值考察、以及由现实考察方法论区分的价值考察，但都未完成在同义反复和独断主义（Ipsedixitismus①）间寻找中间道路的法哲学任务。任何法哲学如果既要方法，又要体系，就必须放弃体系的普适性；但如果不满足于某一体系的恣意独断，就必须不选取某种体系立场而展开诸多体系的体系，这是法哲学相对主义的任务。人的认识冲动一直在做突破相对主义谦抑性的尝试，来表明法哲学的立场，相对主义也欢迎各种个性化的具体尝试来充实自己，但不认可任何体系的普适要求，不断展现各种已知世界观前提间的联系。

（八）方法三元论

埃米尔·拉斯克建立的法哲学分支②突破了施塔姆勒法哲学的狭窄框架。施塔姆勒的二元论相信法与法理念可以严格区分，可以导出与法理念毫无关系的法概念。但任何人类作品不可能无关于理念而被

---

① 拉丁语词 Ipse dixit 来自西塞罗，在逻辑领域用来指称来自权威的无法证明的论断，法和哲学领域运用该原则指不可证明之事仅因是权威者的断言而得到证明，如中世纪用亚里士多德的论断来证明自己的主张。
② 代表人物有迈耶、绍尔、查左斯、拉沃。参见安格尔塔尔的介绍和凯尔森的批判，坎托罗维茨把三元论和相对主义相结合。

理解，法概念只能是为实现理念而努力的现实。但这种理解背后有一种根本观点：单凭二元论无法解决问题，必须在现实判断与价值评判之间找到一个居中位置，即价值关涉。虽然法理念是价值评判的，法却是价值关涉的文化现象，这就建立了思考方法的三元论（自然、价值和文化），确立了法的文化哲学。

（九）近代法哲学的现代复兴

近代法哲学的发展成果汇为基于三元方法论和相对主义的法哲学，同时近代法哲学在现代也被重新提出：（1）自然法复兴，中世纪自然法依托天主教法哲学、启蒙时代理性法经由康德和弗里斯（Fries）而复活，启蒙思想的传承者宣扬"幸福论"，建立了有经验基础的形而上学[1]。（2）黑格尔主义复兴，其效果甚至使人抛弃了康德批判主义（宾德尔）；而黑格尔的劲敌叔本华，也因法哲学而被重新发现（施托克）。（3）一般法学以"法律基本原理"形态得到重要阐述（佐姆格），与仅具有经验的普遍效力的法律一般概念相对，法律根本概念成为一切法学的可能前提。（4）凯尔森创立的纯粹法学，把实定法的法哲学与其对立物"规范逻辑的"应然论特别地结合在一起，它剥去所谓实体化或拟制的面具，似受到路德维希·费尔巴哈学派破灭一切法律幻象的影响；从纯粹法学开始结合了法现象学的研究，对"事物本性"的关注未必意味着价值判断，依实定法确定的应然规定与现象学发现的实然法则的差别，使法现象学问题不同于法的价值哲学。（5）实用法哲学体现了要求领袖的呼声，要求少谈理念而多谈人格，从人格内心体验的必然性创造出理念。

以上拉德布鲁赫关于法哲学的本质及其历史发展脉络的总结，从横向（比较的）和纵向（历史的）对学派林立、内容精深的法哲学进行界定和梳理，使研学者有醍醐灌顶之感。拉德布鲁赫在本体论中采

---

[1] 天主教自然法的代表有卡特赖因、赫特林、茅斯巴赫、赫尔舍尔，理性法的提倡者是尼尔森，幸福论原理的捍卫者为鲍姆加滕。

用二元方法论分析和思考问题,这是对康德哲学二元论的继承;在认识论中采取相对主义立场,是对康德不可知论的继承,也是他的政党政治理念的思想基础:持宽容之态度,怀海纳百川之胸襟,使人各怀己见、畅所欲言,本意走向思想自由、兼容并包的民主主义,实际上却难保不落"引狼入室"的口实,因为在宽容各种异己政见的同时,是否也宽容了如纳粹主义般极端的绝对主义思想,陷入了"宽容不宽容的思想本身就不再是宽容"的自相矛盾?对此将在本书第八章第一节进一步开展探讨。

第二节 法哲学的基本问题——法的三理念

拉德布鲁赫《法哲学纲要》设定了法哲学三大基本问题:法的概念、法的目的、法的效力。这三个问题的论证逻辑恰好对应法的三个理念:正义、合目的性、法的安定性[①]。《法哲学纲要》中批判自然法论,指出其根本错误是试图把概念和效力依附于目的,以同一形式解决三个问题,而《法哲学入门》则在寻找三理念冲突的裁决标准时最终回到了自然法。

一、法的概念论——正义理念

(一)正义

正义(Gerechtigkeit)是法的理念,是实定法的价值评判标准和立法者的目标。价值体系的两个判断标准是价值种类和价值位阶,后者

---

① 1914年《法哲学纲要》分章讨论概念、目的、效力;1932年《法哲学》分章讨论概念、目的、效力、理念二律背反,并把三理念散放到各章;1948年《入门》则专设一章讨论三理念,并把概念、效力放入另设的"实定法"一章。本节综合上述体系,采概念-正义、目的-合目的性、效力-安定性的对应,希望这种思维逻辑对照不会引起拉德布鲁赫把这三对概念等同的误解。

分为绝对价值和间接价值。正义之于法，正如真、善、美之于科学、道德、艺术，是无法从其他价值推导而来的绝对价值。

法是有意识为正义服务的现实。作为法理念的正义以平等为核心，界定如下：

1. 是客观正义而非主观正义

后者是道德，前者是人类关系的性状，后者以前者为基础。主观正义是伦理善的现象形式，是趋向实现客观正义的情感，"正义是永远给每个人以他应得之物的意志"（乌尔比安），指向人、人的意志、思想和性格，社会伦理评价的也只是关系中的人；而客观正义仅指向人与人的关系。伦理善体现于理想的人，正义则体现于理想的社会秩序。

2. 是超法律的正义而非合法的正义

后者体现于法的适用和遵守中，前者则用于评判法本身是良法还是恶法；后者由实定法衡量，前者衡量实定法；后者是法官的正义，前者是立法者的正义。

3. 是分配正义而非矫正正义[①]

亚里士多德的两种正义对应两种平等，区别如表 2.2。

表 2.2　矫正正义与分配正义的区别

矫正正义	分配正义
给付和对待给付的绝对平等	对待多人的相对平等、比例平等
商品与价款、劳动与报酬、损害与赔偿、罪责与刑罚	依负担能力征税、按必要性给予扶助、按年限资历晋升
至少二人　平等　平级秩序　私法	至少三人　一人居上位　上下级秩序　公法
派生正义	原始正义

作为一种最高绝对价值的正义，它包含的平等在心理上未必出于道德

---

① ausgleichende Gerechtigkeit 又译平均正义、交换正义，是一种得失相抵。

动机，也可能出于羡慕、嫉妒、幸灾乐祸、报复欲，正义可利用这些激情使自身被实现，即"理性的狡诈"。正义内部还包含一种紧张关系：正义的平等是普遍的形式，公平（Billigkeit，衡平）则是个别正义追求，仅用于纠正正义的一般性带来的错误，但"个别的正义"是自相矛盾的。亚里士多德也曾指出这个两难困境：公平优于正义，但同时公平又是正义的要求[①]。公平与正义是通向同一价值的不同路径，公平在个案中发现个案固有规律，正义在一般规范中寻求个案适用；二者都有终极的一般性，但方法有别，公平是从事物本性中直观认识正当法，正义是从普遍原则中推演正当法。正义的普遍化通过公平的特殊化逐渐接近个别化，公平只能在特殊化中被部分实现，如劳动法中的社会阶级划分是一般化与个别化间的妥协。

但正义只是一种形式性理念：（1）分配正义只表明相同事物平等对待、不同事物差别对待，却不能说明何为相同、何为不同，须以一种既定的平等与否的认识为前提。不存在完全平等的事物，正如没有两个一样的鸡蛋，平等只是在特定视角下舍掉不平等状态的抽象平等。（2）分配正义只表明不同类事物的关系，却不能确定具体的处理方式，只能在刑罚体系内确定刑罚比例，不能确定刑罚的种类和上下限。因此，正义并非万能的法原理，只是为法概念提供标准的特殊的法原理，不可能仅从正义推出内容确定的法律规则，除非是纯粹与法的适用相关的规则，如法官独立、禁止无辩护机会的终局处罚等。

（二）法的概念

法的概念与理念正如存在与应然。法虽是存在事实，却不能从法的现象中归纳地、经验地推导而来，法的概念是先验的，在人的认识结构中是先天的[②]，只能通过演绎得来。法属于文化王国，处理的是关

---

① 见亚里士多德《尼各马可伦理学》第五卷 10。该书把公平 έπιείκεια 译为公道，正义译为公正。
② 正如没有人类知性结构中的因果性框架，人就不能做出任何因果判断，无法对给定事物做因果关系的加工，所以因果性并不是由生活中无数因果关系归纳而来；法的概念也同样。

涉价值的现实，因此法包括正当法和不正当法，但法总是有意服务于法价值、法理念的现实，即志在实现正义的现实的总体。法的理念在逻辑上先行于概念。

实证法科学试图从各个法现象中归纳出法概念，但却不能证明这些概念；它在一定范围内有效，并不能保障这些概念是必然的、有生产性的一般概念。现实主义反驳法律概念的先验性，认为只需从现实出发即可为法律定义，而不必考虑现实如何可能，认为哲学只是无用的妄想，这是以眼前需要嘲笑长远利益的短视态度。现实主义还通过归谬法反驳法的先验性：如果说法概念是先验的，那就必须同时主张一切概念都是先验的，如所有权、哺乳动物、氧气，但这些概念明显是从材料观察归纳而来。当然，在定义过程中定义已在基质之上，但这并不能说定义就是同义反复，实质定义可以先验获得，但唯名定义①必然在基质之上。但法概念的先验性不考虑这种形式逻辑，而是阐明法概念对每个法现象的逻辑的、认识论的关系。法概念是必然的一般概念，法并非由各种法现象有序组合而成，而是各种现象正因为法概念将其包含在内，才成了法现象；法概念对法现象的统治，并非来自现象自下而上的推举，而是通过"理念的恩典"自上而下地确立的，不是喧嚷的议会讨论，而是造物主以一言区分水陆。法的概念与对象的关系不是规制，而是构成，是知性对给定事物的提问、视角、考察方法和态度，法的概念和附随概念都有创造、构成、范畴的性质，与仅具有规制性的其他法概念区分开来，这些附随概念如权利主体、权利目的、法律关系、违法性等都属构成概念。

从正义理念出发演绎法的概念，正义意味着由法律的规整带来的正当性，根据"理念的由质料规定性"，可从理念反推理念所适用的质料。有意服务于法理念的现实是理念和法以外现实的中间产物，既作为心理学事实属于现实，同时又对其他现实作出价值判断和提出要求，这种理念与

---

① 实质定义（Real definition）说明概念内容，唯名定义（Nominal definition）指示概念所包括的样本，使实质定义主体的理解和审定成为可能。

文化产物的关系类似于伦理理念对良心、美学理念对品味、逻辑理念对理智的关系。法理念的这种现实产物就是规制（Anordnung），其本质有：

（1）实证性：法是一种现实的、实在的、经验的规制。

（2）规范性：作为法理念的具体化，对其他现实做价值判断、提出要求。

（3）社会性：作为正义的有意实现，适用于人类的相互关系。

（4）一般性：为了正义，必须对一切人和关系平等地设置。

因此，法是对人类共同生活的一般规制，即与社会生活相关的一般实定规范的总和。

由此可确定法哲学在哲学部门中的地位、法理念在价值体系中的地位（如图 2.1）。

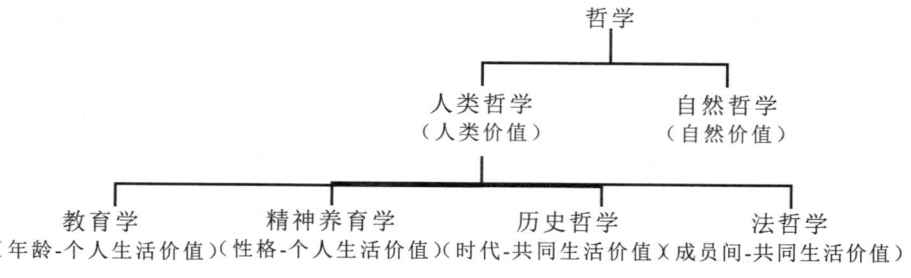

图 2.1　法哲学在哲学部门中的地位

一系列必然的个别法律概念也从法的概念中先验演绎而来，是对经验的法得以科学地理解的范畴和工具。法的实证性和规范性推出法律规则（Rechtssatz）概念，法律规则必然包含事实和规定，于是有了事实构成和法律后果概念；它们也要求回答规范性根源的法源概念；法的规范性又推出合法性和违法性概念，一切法事实都有先验义务表明自己合法还是违法；从法对人类共同生活及相互关系的效力，推出法律关系、权利、义务，而权利义务必然包含法律主体和客体概念。继续推演会得到更多先验性概念，但由于法概念所关联的事实质料无穷，不可能预先穷尽展开，施塔姆勒试图穷尽先验法概念的"范畴表"

思想不可能实现①。

综上，根据拉德布鲁赫的阐述，在法的三理念中，正义对应着法的概念论，因为正义是法的理念、价值尺度和立法目的，对法的界定实际上离不开对正义的界定。作为价值哲学，法哲学与法科学不同之处在于，它是价值评判的学科，法必须是志在服务于法理念的现实，法必须是志在实现正义的。

二、法的目的论——合目的性理念

（一）法的目的

由于正义的纯形式性，要导出法律规则，还必须引入合目的性（Zweckmäßigkeit）理念。正义问题不需要国家的介入，目的问题则使国家进入法的视野，法的目的与国家目的问题不可分②。法的目的并非经验的目的设定，而是价值、理念意义上的绝对目的，即应然目的理念，应从伦理领域拿来一种绝对价值与正义同列，在真、善、美中，法律直接为之服务的显然是伦理价值"善"。正如逻辑价值真和美学价值美作为道德行动的目的，被纳入伦理善理论（Ethische Güterlehre③）中，伦理学的善理论和义务理论也互相依存：道德的义务履行催生道德人格，反之像"真"这样的道德善又要求像"诚实"这样的道德义务。

但不同来源的伦理善不是和平宽容地共处，而是互相竞争，不可能同时被满足。在经验世界，绝对价值的承担者依其本质分为三类：人类个体人格、人类整体人格和文化作品，分别对应着个体价值、整

---

① 1932 年的这一绝对说法到 1948 年被拉德布鲁赫修正为："完整无疑的一览表工作至今尚未成功，但……这些概念是对任何法律秩序的法学研究不可或缺的概念工具军火库。"
② 详见本书第五章第二节一、（一）宪法的法哲学。
③ ethisch 和 sittlich 都指伦理，前者是中性、抽象的伦理或伦理学科，后者是积极、具体的伦理或伦理实现。一般来说同义词间德语词更具体，希腊语词更抽象。在与 ethisch 对称时，sittlich 译为道德，但在与 moral 道德对称时仍译为伦理。

体价值和作品价值。前二者是伦理人格，后者则是美学和逻辑价值的体现。其间可能激烈冲突：(1)作品价值与个人价值。前者追求的不是人格，而是事物性（Sachlichkeit）。"只有忠于事物者，才能在科学领域拥有人格，不仅是科学领域，没有哪一位伟大艺术家不是心无旁骛专心于本领域工作的。"(韦伯)(2)整体价值与个人价值。前者适用责任伦理，如为了公共福利而说外交谎言；后者适用信念伦理，如付出一切牺牲来坚持真理。"一方问结果会如何，另一方只问是否正确。"(施托姆①)(3)整体价值与作品价值。整体人格的权力目的与文化目的不相容。"权力无论由谁来行使，本身都是恶的，一掌握权力，人就无疑会落在完全无视文化繁荣的各种势力手中。"(布克哈特②)

按照以上述哪种价值作为伦理的最高善，可分个人主义、超个人主义和超人格主义，三者的终极目的分别是自由、民族（Nation）和文化。

1. 个人主义

个人主义（个体人格价值）把文化和国家看作教化个人的精神食粮或个人保障与发展的机构。如波普尔-林克尤斯③："任何无辜个人的非自愿死亡比一切政治宗教民族事件、一切科学艺术技术进步的总和都重大得多。席勒：什么都可以为国家利益而牺牲，唯独不能牺牲国家作为手段为之服务的人类目的，即发展和塑造人的全部力量。"

2. 超个人主义

超个人主义（整体人格价值）认为伦理和文化是为国家和法律服务的手段。这种世界观可归于实在主义的现实政治、自然主义的种族生存和理想主义的历史哲学或宗教信仰。如黑格尔就主张，绝对的伦理性就是祖国为民族而生活，国家是其他具体人民生活如艺术、习俗、

---

① Theodor Storm（1817—1888），德国法官、小说家，诗歌现实主义代表，著《大海》《白马骑士》等。
② Jacob Burckhardt（1818—1897），瑞士历史学家、文化史家，著《意大利文艺复兴时期的文化》(1806)等。
③ Josef Popper-Lynkeus（1838—1921），奥地利社会学家、发明家。引言出自《文明社会秩序基本原理》。

宗教、科学等的基础和核心,是一切精神活动的目的。

3. 超人格主义

超人格主义(文化作品价值)认为伦理和国家是实现文化作品目标的手段。如艾斯纳所说①:"永恒艺术的价值不低于任何生命体。"特赖奇克②:"菲迪亚斯创作的一具雕像足以抵偿百万希腊奴隶的全部苦工。"普鲁塔克③:"尊重作品,卑视其作者。"伯德伍德④:"先救圣母像。"反面看法如尼采:"没有作品的伟人也许比伟大作品更为必要,因为作品必须付出人类生活的重大牺牲才能变得伟大。"霍普特曼⑤:"我敬重鲁本斯⑥,但对一个同胞的战死会更为痛心。"

三种价值观对应三种共同生活形式:利益社会(法理社会)、整体社会和共同社会(礼俗社会)⑦。前两者是直接社会关系的产物,而后者则通过共同事业来维系社会关系。法律和国家的形象,被个人主义视为个人间的契约,拟制的契约理念成为公法正当性的衡量标准:让每个立法者立法时都认识到,法律必须好似源自全体人民的联合意志(康德);被超个人主义视为生物"有机体",部分为整体服务、服从整体驱使;被超人格主义视为"建筑工人组合"的共同体关系,人们通

---

① Kurt Eisner(1867—1919),德国政治家、记者,社会民主主义者,1918年组织革命推翻维特尔斯巴赫君主国,被韦伯作为感召性权威的例证。
② Heinrich von Treitschke(1834—1896),历史学家、政治评论家、教授。著《十九世纪德意志史》等。
③ Plutarch(46—120),古罗马传记文学家、散文家,著《希腊罗马名人传》《掌故清谈录》。
④ Sir George Birdwood(1832—1917),英印官员、博物学家、作家。引言来自他与克诺利斯之间的争论,他因尼罗河菲莱岛为修筑灌溉设施而毁坏神庙而提起公益诉讼,克诺利斯问他:"如果你和孩子以及德累斯顿的拉斐尔圣母像同处起火的房屋,你先救哪一个?"他答:"先救圣母像。"
⑤ Gerhart Hauptmann(1862—1946),德国剧作家、诗人,自然主义文学代表,著《织工》《日出之前》等。
⑥ Peter Paul Rubens(1577—1640),德国巴洛克美术的代表,画作有《复活》《末日审判》《阿玛戎之战》《强劫留希普斯的女儿》等。
⑦ Gesellschaft 和 Gemeinschaft 是费迪南·滕尼斯提出的社会学概念。本书采两种译法:二者对称时译为法理社会和礼俗社会;作为三元社会形态与Gesamtheit 并列时,则译为利益社会、共同社会、整体社会。

过共同劳动和共同成果相联结,如奥里乌①的公共组织理论。

三种社会处于辩证的相互转化中,但向一种社会的转化只能在为另一种社会的努力中实现。利益社会的终极目标是人格,人格是只有不主动追求才能实现的价值,是在忘我投身事业后获得的意外奖赏和恩典。"得着灵魂的,将要失丧灵魂。为我失丧灵魂的,必救活灵魂。"②"以其无私,故能成其私"(老聃)。整体社会中民族人格也同样:民族的特点绝不是通过有意寻求而直接获得的,只有通过对人类普遍任务的忘我奉献才能得到民族个性,属于全人类的也必然同时是属于民族的,民族和人格都是事后的历史范畴,而不是文化行为时的理想。人格只有通过作品的曲途才能通达,而事业之路也只有通过人格才能通达,于是利益社会和整体社会通过忘却人格而通向作品文化的共同社会,共同社会又通过实现人格而通向利益社会和整体社会,如此交互往返。人格和民族是创作共同体的前提,共同体活动的目标是全部作品的统一体,即文化,而统一体存在于总括一切作品、个人、世代的民族整体意识中。三种国家法律观不是这种完整循环的中断,而只是对整体的各要素强调不同(如表 2.3 所示)。

表 2.3　三种价值观的对比

要素	价值观		
	个人主义	超个人主义	超人格主义
最高价值	个体价值	整体价值	作品价值(文化价值)
基础	个体人格	整体人格	文化作品
终极目的	自由	民族(权力)	文化
法和国家观	个人关系	整体关系	共同体关系
社会类型	利益社会(法理社会)	整体社会	共同社会(礼俗社会)
社会形象	契约	生物有机体	建筑工人组合

以上关于人格和民族人格的精彩论述,清醒抨击了纳粹种族主义

---

① Maurice Hauriou(1856—1929),法国法学家,著《行政法与公法精要》等。
② 见新约·马太福音 10.39、16.25;路加福音 9.24、17.33。灵魂又作生命。

并预言其失败。通过投身事业、忘我务实而获得个人和民族的人格，由此可以看到拉德布鲁赫本人的作品文化倾向。

（二）法哲学的政党学说

根据相对主义，在国家和法律的不同目的观（自由—权力—文化）之间不可能做出可证实的选择和评价，实践上体现为党派林立和观点纷争。政党学说属政党意识形态，能否认为政党理念只是政党利益的伪装和组成部分，研究理念毫无意义？不然。即使政党纯为追求利益而建立，但为发展党员、与政敌竞争，也须构建漂亮的意识形态，当为理念入党者形成较大集团，必然要求贯彻理念而不顾少数建党者原先追求的利益，政党就和理念密不可分。由于党派斗争要求扩展意识形态战线，政党对公共生活一切问题都要有纲领性见解，政党纲领仅出于意识形态动机，而非社会学必然性，政党理念就超越了政党利益。这就是黑格尔所说的"理性的狡诈"，利益利用理念，但刚把理念召唤来，就把自己交给理念的逻辑和固有规律，理念可能开始反对利益甚至利用利益，即"请神容易送神难"。所以政党意识形态并非幻影，而是一种确实起作用的社会力量。

1. 个人主义政党学说

个人主义法和国家观产生了最早的政党意识形态，以个人①概念为中心点向不同方向扩展，包括无政府主义、启蒙专制主义、自由主义、民主主义、社会主义等。其中都包含个人主义的理想：自由。

（1）无政府主义从经验的个人及伴随喜怒哀乐情感的具体个性出发。如斯蒂纳②的唯名论从"惟一者"、具体的"我"出发，认为共同

---

① 本章涉及个人的德语词译法：Individuum 个体（抽象个人）、Individualität 个性（具体个人）、Persönlichkeit 人格（最高的个人）、Einzelnen 个人（经验的个人）。
② Max Stirner（1806—1856），本名 Johann Kaspar Schmidt，德国青年黑格尔派哲学家，无政府主义、虚无主义、存在主义、后现代主义的先驱。著《惟一者及其所有物》。

生活只能建构在经验个人的重要利益和现实意志之上，人不能对他人强加自己的意志，而契约论错误地让祖先约束后代、昨天的我约束今天的我，它们之间是不应强加约束的。于是否定任何强制，否定一切法律、国家、契约，只会通向利己主义者的无政府集合。

警察国与无政府主义属于个人主义的两个极端①。专制主义强调一切"为国民"而不"由国民"，在这一点上专制警察国与自由主义目的相同而手段不同，二者都服务于道德人格，但前者是强制实行，后者则是自由行为。腓特烈大帝把王侯称作国家的第一仆役，这就通向人民主权理论。

（2）启蒙专制主义以每个人的道德和理性为直接强制的目标。但理性和道德的本质是自由行为，而不是强制的结果，法和国家既不专为不理智、不道德的人服务，也不专为有完美理智和道德的人服务。

（3）自由主义和民主主义的出发点是个体（Individuum），它介于经验个性和伦理人格之间，它是伦理人格的自然个体→是具有伦理实现能力的人格化的总体→是人格化的自由，因此法也经由个体→伦理→自由的逻辑为个人自由服务。但法律的自由不是人的内心自由，而是把人的内心自由从外部环境的动机强制中解放出来的外部条件，这种强制可以是万人混战（一切人对一切人的战争）的恐怖，也可以是社会环境的暗示。个人主义国家观中的个体是孤立的个体，人与他人之间除了法律没有别的纽带，法律用最小的理性组织来理清难解难分的非理性社会联系，实际起着瓦解社会（甚至反社会）作用②。个人主义确立一切个体平等，但完全平等只能存在于抽象的人，所以个体必然是无个性的个体、抽象的人。社会契约就是在这种抽象个人之间的一种拟制：缔约意愿是人们因为符合自身利益而理性上必然的意愿；

---

① 见德文全集卷2，第120页。徐苏中《法律哲学概论》，第105页。
② 《法哲学纲要》："法律在人与人之间成功竖起的保护边界越多，人们在相互斗争中证明自己的机会就越少。人类大多还未来得及承担起为义务的人生并证明自己和他人的道德义务，就已经死去。自从法律从伦理中夺走了生活的风险，伦理就在日益贬值。"见德文全集卷2，第106页。

缔约者是一群了解自身利益而仅受利益引导的纯粹理性人，不是现实的个人，只是抽象的理性模型。个人主义法律秩序的目的不是经验的个人，而是无差别的自由，因此无视自然、历史、民族的种种差别，它一方面以无个性、无国籍的个人为出发点，民族是通向世界国家的起点、分支和契机；一方面以超国家的文化为实现场所，强调文化民族（如狂飙突进时代的国民感情）。

民主主义与自由主义的区别来自对个体的不同评价。"民主主义就是左派自由主义"的说法忽略了二者不仅有量的差别，更有质的差别，将二者分别推向极端的社会主义与无政府主义之间更有天壤之别。二者政治要求差别如下：

① 自由主义要求个体意志对抗多数意志，民主主义坚持多数意志的绝对统治。自由主义的出发点是个人的人权、基本权和自由权，国家存在的唯一使命和正当基础是个人出于对国家的信任而把天赋自由的一部分交给国家，所以单个人意志有可能对抗多数意志；民主主义则是把自由毫无保留地交给国家意志、多数人意志支配，来换得自己成为多数派的可能性。1789年《人权宣言》是自由主义的体现。

② 组织原则上，自由主义坚持三权分立（孟德斯鸠），让保留完好自由权的个人从君主派和多数派的斗争中渔利；民主主义追求多数人专制，实行议会政治，同时通过公民直接投票等民主安排来预防议会把控立法权、侵害多数民众（卢梭）。

③ 自由与平等的优先次序不同。自由主义是从国家得到公民自由，民主主义是人民参与国家而成为多数。自由在前者是国家不能触及的天然自由，在后者是由国家赋予的政治自由权。前者强调自由权的平等，后者仅强调最初起点的平等，而在不同的自然能力作用过程中坚持自由竞争。两种因素并非相互排斥，只是优势地位的此消彼长。

④ 对待自治的态度上[①]，自由主义支持市镇自治，国家保障其自由；

[①] 见德文全集卷2，第136页。《法律哲学概论》，第123页。

民主主义反对自治，要求剥夺市镇行政权以保障国家多数派的统治。前者如德国，市镇成为小的自治共和国；后者如法国，压制自治。

上述差别背后是世界观的对立：① 自由主义认为个体价值是无限价值，不可累加，一个人和所有人同样能实现完整的伦理价值，所以个人可以对抗多数；民主主义仅承认个体的有限价值，因此可以累加，多数人格价值大于少数人格价值，单个个体只有通过多样的多数个体才能充分发挥伦理财富。② 伦理价值概念结构不同，自由主义把道德价值看作普遍同一的完善典范，个性的多样只是缺陷的多样；但民主主义认为道德价值是一种形式，通过适用于不同人而得出因人而异的内容，所以让性善者顺己而行，让性恶者克己而行，让骁勇者仁慈，让懦弱者果敢。于是，民主主义通向超个人主义的丰富个性①，同时也通向不同于保守主义的超人格作品文化价值。

（4）社会主义在经济政策上虽指向共同经济②（超人格），消除社会不平等的根源，废除生产资料私有，使经济生活处于国家规制之下（超个人），但从法哲学上仍属个人主义，因为它指向个人幸福，以个人为超个人经济规制的终极目的，如《共产党宣言》中的理想"每个人的自由发展是一切人自由发展的条件"。法哲学个人主义（包括契约论）共同面临的悖论是，一切人的自由只能通过限制一切人自由的手段才能实现。

社会主义揭示，社会经济不平等下的政治和公民平等，是以形式平等掩盖和加深了实质不平等：平等的所有权从对物统治变成对人统

---

① 如受马赛曲鼓舞的革命士兵、法兰克福保罗教会的民主主义者、加里波第、拉萨尔、希腊城邦，这些都是超个人的民族主义和坚定民主主义的统一。
②《法哲学纲要》："共同经济的最终目的，正如个体生活的最终目的，不是幸福，只是幸福的尊严；不是福利，只是道德的规定、个体的文化使命。法律秩序不是要求人类像边防岗哨那样注视不息，而是希望人们能有时无忧无虑地看看繁星和树上绽放的花朵，看到此在的必然性和美，它期待人们自我保存的呼救至少有一段时间的沉默，从而能聆听到良心的轻声细语。于是，法律秩序就造就了个人的文化、科学、艺术和狭义道德教养的前提条件。"见德文全集卷2，第105页。

治，无产者沦为财产的附庸；平等的契约自由成了强迫他人缔约的自由；平等的政治权利意味着有产者比无产者增强数倍的权利。作为社会主义法和国家出发点的个体概念，不是民主自由主义的孤立、无个性，也不是无政府主义的单个个体的个性，而是社会化的、具体的个体，是诸多社会类型，如雇主和雇工、工人和职员等。它看到社会上的力量差别、个人的强势和弱势地位，才能对其加以法律考虑：差别对待、限制强者。社会平均化思想取代了平等思想。

但根据社会主义与公民个人主义的关系可得出两种发展路径，向社会主义国家的过渡政体无产阶级专政，既可是民主的多数统治，也可是无产阶级精英的少数人统治：前者交织着民主自由主义思想，后者必然得出一个暂时偏离法治国家和人民国家的形态。相应在政党组建观念中形成了修正社会主义和激进社会主义的对立，前者不反感民主，与资产阶级民主之间仅有经济政策方式和范围之别；后者则认为民主政党模式及法哲学与社会主义水火不容。

2. 超个人主义政党学说

保守主义立足于超个人主义（整体主义）世界观，在个人主义之后出现，是防御性的、事后构建的、非理性的意识形态，不同于个人主义进取性的、有重塑功能的、理性的意识形态。保守主义认为国家不是由部件装配而成的机器，而是由神秘力量构成的有机体，就像头脑对肢体的统治；国民是现在、过去和未来成员的统一体，统治者不是根据国民的承认、国民意志的委托，而是根据历史或宗教正统性、神的恩典或领袖感召力，以整体的名义来统治[①]，保守派纲领常以基督教人生观为基础。从正当维持的权威必然推出权力思想和威权主义，即"要权威，不要多数"（施塔尔）。

[①] 如特赖奇克："民族是多个世代之间的神圣联结。""国家最高的道德义务是抓住自己的权力。"萨维尼："不是立法者的恣意，而是内在的、缓慢演变的推动力。"施塔尔："皈依于贯通一切时代的神意，各个世代皆肩负参与神之事业的使命。"墨索里尼："权威、秩序、正义。"

超个人主义的出发点是具体个性的结合，保守主义的个体不是抽象、孤立、无个性的，而是具体的、组织的一部分、有个性的，自由是根据自身特点为整体效力的自由，是有限自由，即无平等的自由。因此要求"有机体"般充分分化的国家，整体与个体间有多种中间构造，机能多样化且不平等。拉加德把个人主义的机械国家称为恐怖的齿轮装置，认为地方分权才是自由的理想模式[①]。保守主义把个人纳入婚姻、家族、家庭、同业组合、区域一体化直至国家，又从民族整体个性推向人类，世界由各民族构成，民族由各职能等级构成。个性在个人主义中无地位而在保守主义中有地位，是因为前者把个性视为终极目的，而后者仅视为手段。

但保守主义的国家观和法律观在现代保守派政党中只能得到片面体现。因为保守主义历史或宗教一元论的本质是在现实中发现价值，而政党代表着一种与现实对立的理想（即便是回护历史的理想），因此必然与保守主义的观念结构有某种矛盾；如果保守党并非原样重建历史，而是以某种包含历史元素的未来理想与现今世界对立，甚至不通过合宪手段而是革命或反革命手段来追求这种理想的话，这种矛盾就更激化。但保守党的未来图景始终是保守—有机体—超个人主义的。像纳粹乐于使用的口号"先公后私"，不是为实现纲领而要求政治权力，而是"首先要权力，之后才是纲领"。法西斯党上台前提出纲领"意大利属于我们"，掌权后则采用职能等级的宪法形态。

3. 中间政党学说

超人格作品文化观未能沉淀为某个政党的纲领。它是一种生活感情，联结个人主义和超个人主义的元素，可以成为任何政党观的背景；但目前还没有按超人格文化构建的国家，只在大学、宗教教团、天主

[①] Paul Anton de Lagarde（1827—1891），德国文化哲学家、东方学家。"只有从绅士阶层到最下层国民都成为高尚的绅士，国民自由始存在。家长、教师、面包房掌柜都好比君侯的亲兄弟，与君侯共沉浮，君侯也与之同甘苦。"

教会中得到部分体现。超人格主义虽从属于职能国家思想，但超人格国家（如法西斯的"工会国家"stato corporativo）一旦实现，就难免沦为超个人权力国家的幌子。但超人格主义仍可作为衡量国家的事后标准，正如作品可以成为一个民族消亡后的历史评价标准。

民族文化这一标准比国家权力更能清晰地呈现个人之间的价值差异，以作品为目标的组织常是贵族式的，如手工业学徒和师傅、大学的学位、军队的军衔、公务员的等级等，这种阶层化与国家权力阶层化的差异是心灵贵族与出身贵族之间的差异。如在柏拉图哲学王时代的雅典城邦中"为了上千人能研究、绘画、赋诗，上百万人必须耕作、锻冶、做木工"，中世纪的行会制、宏伟的天主教堂和欧洲世界，都是以文化为中心的共同体。

中世纪基督教组织是至今作品文化方向的最大实现。新教与天主教教会观的关系，类似于自由与保守国家观的关系，新教把教会视为服务于个体灵魂的人设机构，天主教则将之视为承担超人格固有价值的神设机构，是神对基督教共同生活秩序的勾勒。中世纪教会实行严格的神权政治和超越世俗的等级制度，按具体个性要求构建精神等级；不同于保守国家观，天主教看重的不是门第身份，而是神的选定、人与神的接近程度；与个人作为国家权力对象相比，更能充分考虑每个人的丰富个性。"耶稣教国，绝非以神之奴隶事奴隶之事为满足者也。要不外各为实行慈善事业，而不辞奔走于各方，同时各欲实现其理想，而不俟外来义务之强迫"（克劳德尔[①]）

政治上的天主教居于超个人和个人主义政党的中间地位。天主教观念中，附属于教会或与教会相并行的国家，既可为神的政府、教会超个人价值的映像，也可为世俗国家、个人安全幸福的工具，因此天主教政党有右倾或左倾两种可能。"中央党"是当今作品文化方向国家

[①] Paul Claudel（1868—1955）法国天主教诗人、剧作家、外交官。有散文诗集《五大颂歌》，戏剧《人质》《对玛利亚的告知》《缎靴》等。

法律理想的代言人①。但它只是一个政党的主张，未能唤醒中世纪天主教文化。因为只有在宗教世界观中，作品文化才能成为人类价值的标准，其中科学和艺术作为侍奉神的价值，不再是世俗的尺度；人类一切价值和反价值的对立被扬弃，一切存在物被平等醇化。而如今缺乏以作品价值为权威尺度的世界观，因而难有统一的作品文化。个人主义时代其实是前后两个超人格主义时代的过渡期。它走向终结的征候有：文学艺术摆脱无风格而追求美感、无产阶级的群众运动，以及技术与经济的飞速发展中和群众文化中潜在的宗教情感②。

上述个人、整体和文化的关系不仅属于法哲学，也为经济哲学和一般社会哲学所必需。三种价值的位阶不能得到根本的、确凿的科学证明，只能因民族、时代的社会状态，经不同人的法律感、国家观、政党观、宗教观来判断，靠良心来决断。这种相对主义态度放弃对法律所追求的最高善的追问，而从义务的普遍本质（如内容的可确定性）产生法的绝对要求，由法律为伦理义务的履行提供可能性，为决断提供外在自由。因此无论何种法律价值观，自由都是其必备要素，法律如果完全否认人权，无论出于超个人主义还是超人格主义，都是绝对不正义的③。

以上是拉德布鲁赫对纳粹上台前德国政党意识形态的分析。尾高朝雄试图根据《社会主义文化论》的论旨来补充超人格主义政党观的论述空白，构想"文化主义"政治观：（1）文化主义是新意义上的社会主义。拉德布鲁赫把社会主义归为一种以个人主义世界观为基础的精神态度，而不是单纯的新型经济组织论，社会主义要实现一切人的平等的自由，必然超越单个人的生存而指向客观价值，指向道德人格的完善，而这已经是超越有限生命的一种客观文化价值，通过忘我投身于客

---

① 指1914—1933年的德国政党格局。1948年《入门》不再认为天主教政党能完成作品文化任务。
② 如象征主义学派创始人凡尔哈伦（1855—1916），有诗集《佛拉芒德女人》《黑色的火炬》《妄想的农村》《触手般扩展的城市》《战争火红的翅膀》等。
③ 本段来自1948年《入门》，相对主义得到自由和人权的补充和重新阐发。见德文全集卷3，第147页。

观对象的创造，才能磨砺出真正的人格，于是社会主义就以经济平等为基础，走向文化主义。（2）文化国家立足于共同社会。一切人互相尊重道德人格、共同建设客观文化的社会主义社会，在立足于社会共同关系上与超个人主义相通，但不是以个人和文化为手段的整体社会，而是创造和发展文化成果的共同社会。（3）文化主义尊崇人类普遍价值意义上的民族性，只有不刻意推崇民族性而追求普遍人类性的文化，才能实现民族特性，文化主义的国际社会将是民族分业的国际文化工作共同体。

4. 新的民主思想和政党精神

《法哲学入门》第十章总结了纳粹后的民主思想。民主政治思想的出发点是相对主义，民主是把国家统治权信托给当时的多数派，而不问其政治信仰内容，因此是无信仰的、世界观中立的，以致1933年民主国家政权被反民主的多数派攫取，国家沦为纳粹党的附庸。但民主并非无信仰，它应是一个特殊的政治信仰，在其相对主义、中立、宽容的背后，有一种肯定法治国家、培育人格、奠定文化创造的积极价值——自由。这种民主的自由情感在修昔底德的伯里克利悼亡演讲中、林肯的葛底斯堡演讲中、凯勒的《七君子的小旗子》①中得到感人表达。

民主的本质是国家权力源自人民。但选举或公民投票只有候选人提名、问题争点提炼没有被预先操作才有可能，这项工作只能由政党来完成。反对政党存在者必反对民主。

德国当前政党制度的问题有：（1）多党制：联合政府不限于议会和多党林立，像英美的两党制足以支撑强有力的政权。（2）刚性：与柔性的法国政党制度（无纲领、无确定的组织）和半刚性的英美制度（有组织无纲领）相比，德国政党制度是刚性的，政党都是世界观政党，坚信自身的完善和普适。（3）上述缺点来自错误的选举观念，选举应该是对哪个政党应掌权的决定，而比例代表选举法把选举当作信仰告

---

① 见戈特弗里德·凯勒《苏黎世中篇小说集》。《七君子的小旗子》讲述瑞士建立联邦政府后的生活，通过七个反封建老战士组成小团体的活动以及新老两代之间矛盾的解决，歌颂瑞士的民主主义制度。

白，把投票看作民众信仰普及状态的缩影，不符合政治合目的性。应采用按绝对多数的单一投票制，必要时进行二次投票。

民主取代了专制的或君主立宪的集权国家，君主立宪国家的政府依存于国家元首的信任。民主的样式包括：

（1）直接民主和代议民主：前者只能在小的国家组织中实现；但在后者范围内也可规定国民提案和国民投票等直接民主形态。

（2）三权分立的民主和议会制民主：后者如英国，政府依赖议院信任，君主或总统无实权；前者如美国，行政与立法机构严格分立，国务秘书由民选总统决定。德国采用总统共和制比较危险，因为德国人缺乏对领袖表达不信任的健全民主力量，还有把政治行为或责任推给伟大领袖的倾向，所以如果要恢复议会制，就应给政府以对抗议会的权威和安定性保障。

（3）集权的民主和分权的民主：前者为单一制民主国家；后者如美国和德国等少数联邦国家，它意味着城市或地方团体自治，在德国始于斯坦因男爵1808年《普鲁士都市条例》。

1945年论文《新的政党，新的精神》①补充了战后政党构想。Partei（政党）一词表明政党本质内藏的矛盾：只是一部分，只是片面性的部分真理，却要支配整个国家生活。因此必然要求政党更替来弥补片面，要求政党保持为整体的一部分，来防止独裁及陷入如纳粹12年狂热、无法律、无限度暴行的恐怖。只有在多种党派主张的冲突中，让党派互为平衡的筹码，才能充分体现民主精神，防止一党独裁。

在新政治中，两个原有政党从混沌中重现：社会民主党和共产党。二者是竞争还是融合、分崩还是并肩战斗尚未明朗，但它们无非是社会主义运动的不同方式。传统的市民政党已不复存在，德国重建只能经由某种社会主义的道路：组织化的经济、重要经济领域的社会化。来自中央党的右翼政党已化为废墟，自由民主主义也难有成果。此外

---

① 载《莱茵-内卡尔报》。见德文全集卷14，第68-70页。日译者村上淳一，日文著作集卷4，第241-247页。

还存在基于教皇庇护十一世通谕的另一类社会主义者，承认广泛的社会化，特定种类财富由公共掌管，以免与财富结合的过大权力威胁公共福祉。所有非马克思主义的社会主义者可统称为基督教社会主义。在纳粹面前，其他一切公共精神力量虚弱地坍塌，如政党、职业组合、法院、大学，只有教会始终孤独地坚持抵制，感动了很多德国人，也体现了基督教作为强大政治文化要素的意义，让传统社会主义政党看到，宗教不仅是可宽容的私事，而且对民族国家生活有积极影响。作为德国国民文化传统的核心，宗教在经济社会转型中也应强化。社会主义和基督教成为新政党形象的两个支柱，两条战线并不对立，只是对基督教的态度一个是肯定，一个是宽容。

马克思社会主义和基督教社会主义两大政党，如果能制定不以比例代表制的数学正义而以有力的政府组织为基础的选举法，多党和两党斗争就不再是某种必要的恶，而是民族活力的脉搏，其他政党与两大政党的竞争很难取胜，形成英国式的政党形态。英国政党制度虽不能仿效，但可借鉴，英国在野党与执政党同样必要，党派之争不是灭绝知识和道德上的劣势者，而是持异见者间的讨论，尊重反对党，以公平手段斗争；政党纲领也未抬高到人生观高度；政党对立完全不介入圣职、司法、大学、科学、体育和社交等领域。德国政党制度历经警察国的"煽动者嗅探"、俾斯麦的打压"帝国公敌"和盖世太保的迫害"劣等人"，历史包袱沉重，新的政党制度不能无所反思地重蹈覆辙，必须努力恢复政党制度的健康。

以上阐述中，拉德布鲁赫提出，在法的三理念中，合目的性对应着法的目的论，法的目的应该是伦理价值中的"善"，而人世间的"善"是因人而异的，关于何种目的为善，世上存在不同的评价标准，但无非分为个人主义、超个人主义及超人格主义三类，而三种目的观分别对应着利益社会、整体社会和礼俗社会，三种社会类型彼此相通、交互往返。拉德布鲁赫同情超人格的"作品主义"，认为文化行为的理想应是投身事业、忘我工作，而事前被忘记的人格或民族性，恰恰可以通过事业的成功得到完美的实现，得到历史的事后肯定。拉德布鲁赫讨论了德国先后存在的政党政治目的理念，认为持个人主义目的论的国家观包括无政府主义、启蒙专制主义、自由主义、民主主义和社会主义，持超个人主义目的论的国家观的典型代表是可能通向独裁专制的保守主义，而持超人格主义的目的论至今未有与之联系的国家形态，其历史体现为中世纪的基督教组织，包括德国"中央党"在内的任何政党均未能实现作品文化的任务。无论是尾高朝雄酝酿的"文化主义"，还是战后拉德布鲁赫提出的以马克思社会主义和基督教社会主义为支柱、包容多党竞争的新民主思想，均不能解决人类目的多样的问题，相对主义的基本态度仍是软弱的，一旦遇到绝对主义，包容还是不包容的二律背反将无法解决。这表明，法理念只有理想化的正义与差别化的合目的性是不够的，作为法律，必须另有来自自身价值而非来自外部的确定性，这就引出法的第三理念——法的安定性。

三、法的效力论——法的安定性理念

法的理念和法的效力都涉及法的安定性（Rechtssicherkeit）。

（一）法的安定性

把法的目的建立于伦理善之上的努力遇到了相对主义，由于存在多种伦理善的目的观，而作为共同生活秩序的法又必须凌驾于不同见解之上，于是引出法的安定性理念。如果不能确认（feststellen）正当法的内容，就必须规定（festsetzen）什么是合法，并由具有实施（durchsetzen）能力的权力（macht）来进行。法的安定性证明实定法的正当性，因为安定性只有通过法的实证性才能保全。

法的安定性不是由法律实现的社会秩序安全（属合目的性），而是法律本身的安全。它有四项要求：（1）法是实定的制定法；（2）制定法得到确保，以事实为基础且不参照法官的个案价值判断；（3）法律明确可操作，有划一的界限而不笼统；（4）实定法不应经常、轻易被修订，不能任由便宜主义要求而随意更改。

法的安定性在英国法中处于法理念的优先位置，边沁①赞美安定性，指出它是一切计划、劳动和储蓄的基础②。布克哈特则讥讽"市民的安全"，指出正是在骚动不安的时代才产生高贵的文化；毛奇则指出，永远和平是一场梦，但绝不是美梦；尼采也歌颂"危险的生活"。1914年以前的长久和平也许使德国人在习以为常的安定中感到沉闷厌倦，但两次世界大战和纳粹独裁这些毫无安定性可言的时代，足以使人重新珍视法的安定性，更容易接受孟德斯鸠所说的：一成不变的单调历史是对民族的至福馈赠。

（二）法的效力

法的效力（Geltung）涉及耶利内克"事实的规范力"问题：从事实中如何才能产生规范？一种意愿（Wollen）如果伴随着强力，最多可能产生必然（Müssen），但绝不能产生应然（Sollen）；那么从国家及社会的法的意志（Willen）中，如何能够产生法的应然？法的效力论有三种考察：法科学、社会-历史学和法哲学。

1. 法科学效力论

对一个意愿，法科学只考虑其内容意义，不考虑心理学事实。当然如果缺乏把命令内容变成被命令者的规范的意志，命令就不成其为命令，但法科学关心的只是事实上的命令。从意志中剥离掉心理学载体的意愿的意义就是应然；从命令过程的现实中提取出的命令内容，就是规范（默克尔）。法科学由于方法论的必然性，应重新接纳被法哲学从法律领域驱逐出去的规范和义务概念，把法的内容理解为有效力的、应然的、能够施加义务的③。

---

① Jeremy Bentham（1748—1832），英国哲学家、法学家，创立功利主义。著《道德与立法原理导论》《政府片论》等。
② 见本书第六章第二节关于边沁的阐述。
③ 拉德布鲁赫认为，严格来说效力、规范、义务只属伦理领域而不属法律领域。详见本书第三章第一节关于法与道德的阐述。

法科学在探索法的效力根据时，最后会碰到一个不能再向上追溯的权威意愿事实。它可以从规则推出另一规则的效力，从法律推出法规的效力，从宪法推出法律的效力，却不能解释宪法本身的效力、整个法秩序的效力、根本原则的效力。法科学是自我封闭的，以弄清含义为唯一任务，永远只能一厢情愿地用法秩序自己的效力要求来衡量效力，而不能超越法秩序，在与其他秩序的关系中做出公正判断。它无力解决规范冲突：面对法与习俗、道德的冲突只能偏袒法律；面对国外法与国内法的冲突，只能以国内法（通过国际私法、国际刑法）为标准；面对成文法与习惯法、国际法与国家法、国家与教会、正统与革命的斗争，只能为己方利益辩护。它只能站在一个法秩序的立场否认其他法秩序的效力，"正如受缚者的交谈"。法科学效力论甚至无法充分否定一个自认为王的疯子的命令的效力，甚至不能证明自己工作领域选择的正确，只能靠法以外的考察来确定。

2. 社会-历史学效力论

要公平裁判规范冲突，有必要从意识世界转向存在世界，承认某种"事实的规范力"。社会-历史学效力论认为，一定法秩序的效力来自它产生的实际效用，如受众的服从或主权者的强加。法科学或哲学效力论是规范性的，试图证明一切情形下法的效力；而社会-历史学效力论是描述性的，法秩序仅需在通常情形下有实效性即可证明效力。在法秩序冲突中，前者必须确定哪一方有效力，后者则可按照实效性的比例承认二者有不同程度的效力。该学说有两种形式：

（1）权力说：该说认为，法的效力来自法背后的权力，法是由有实现法律力量者发出的命令。对该说的反驳：命令和权力只能表明意愿和能力，对受众来说最多意味着必然和服从，而绝不会是应然和义务，正如持枪逼迫下把纸片当钱来支付，不会使纸片获得效力。一个命令，不用说对嘲笑着规避的人，即使对咬牙服从者来说，也绝不会产生效力，如果法律仅因有权力做后盾而有效，那么只要权力不再可用，法的效力就没了。从权力的概念来说,权力不只是强力,而且归根结底是支配心灵的力量。"命令者的强大仅因服从者的服从"(席勒);再强大的人只要其强力不能转化为法的义务,他也不足够强大(卢梭);法是"强力的政策"(耶林)。但你的强权只是我的畏惧:不怕死的人无法被强制。因此,权力以受众的自愿或非自愿承认为基础,一旦受众拒绝服从,权力就终结了[①]。

(2)承认说:该说认为,法的效力来自受众的承认。对该说的反驳:如果把法的拘束力建立在被拘束者意愿基础上,就会破坏法的拘束力,导致法律失灵,尤其是当犯罪者以最激烈方式撤回承认时。但这种反驳忽略了承认不是精神主动性(意愿)领域,而是精神被动性(感情)领域。通过喜好,我们很难发现美丑、善恶、真假、对错,正如我们很难关闭自己的品位、良心或理智,犯罪者不能仅凭违反规范,就摆脱了约束他遵守规范的法律感。小偷要求盗赃的所有权,伪造文书者要求假文书的公信力,犯罪者既然承认这些受自己侵害的法益,也就承认了相应的法律保护措施,即对自己的刑罚。所以承认说的"承认"不只是心理学的事实,还是一种拟制,是逻辑上的必然承认,它把承认等同于"真正利益"。如果放弃拟制,把法的效力直接建立在真正利益上,就会转向哲学效力论。

3. 哲学效力论

承认说实际是根据合目的性证明法的效力,但哲学效力论不应重犯自然法的错误,把法的实证效力混同于绝对有效(Gültigkeit),即法的内容正义、正当、正确。正因为靠科学无法证明法的目的及其实现手段,无法发现自然法,实定法的效力才能被证明。于是相对主义从单纯的思考方法变为体系的构成要素:共同生活秩序不能听任多种法律观的争

[①] 《法哲学纲要》:"任何政府不能不最终奠基于人民意志之上,任何人民不能不直接享有民众应得的政府,任何国家不能不让人民主权成为社会事实!"实力的不可避免与人民意志间的矛盾,其解决在于政治组织。实力说的结论是:实力仅对组织中的人民大众意志有效,而不是对人民中孤立个人的意志有效;仅对作为政治存在的个人有效,而非对作为道德存在的个人有效。见德文全集卷2,第158页。

执,否则将无所适从,只能通过超个人的权威来统一;既然理性和科学无能力完成该任务,就只能交给意志和权力;制定法要靠权威命令结束争议,就必须在面对一切法律观的抵抗时有能力贯彻自身,只有有能力实施法律者才有能力制定法律。因此革命政府总是保证重建"安宁和秩序"来为自己正名。"君主是能够给我安宁的人"(浮士德),"在上有权柄的,人人当顺服他"[1],这是支撑一切实定法效力的根本规范。

这就给法与权力的结合[2]、通过违法产生新法、"事实的规范力"提供了哲学根据。法哲学效力论不同于社会学,它使法的效力基于法的安定性。法不因有效实施而有效力,而是只有有效实施才满足安定性要求,才有效力。法的安定性结束观点的争议带来和平,平息万人混战带来秩序。

但法哲学的效力论并未终结效力问题。法的安定性可使不正义、不合目的的实定法有效力,但不能证明法的安定性绝对优先于正义及合目的性。法理念的三方面是同级价值,其间争议只能诉诸各人良心决断。实定法的绝对有效不可能被每个人认可。对普通人来说,个人良心通常会同意牺牲个人法律信念来遵守实定法;但仍然会有一些良心拒绝服从的"恶法"。但对法律职业人来说,服从有权者制定和修正的制定法总是最好的(康德),负责解释和适用实定法的法官必须只信奉法科学效力论,把法的效力要求视同现实效力,以牺牲自己的法感情、只问合法性不问是否正义为职责。也许人们会质疑这种职责不合伦理,但无论法的内容多么不公正,法的存在本身至少满足了法的安定性价值;法官即使服务于不正义的法,也总比服务于专制恣意要好。人们鄙视违背自己信仰传道的牧师,却敬重违背自己的法感情忠于法律的法官,因为教义仅有信仰一重价值,而法律不仅是正义的积淀,

---

[1] 新约·罗马书 13.1。
[2] 此处需纠正:拉德布鲁赫《法哲学纲要》原文共五章,2007 版徐苏中译本《法律哲学概论》把作为第四章子内容的"法律与权力"及其后内容另立一章,使全书共六章,逻辑不通,是对徐苏中 1931 年译本的勘校错误。

也是安定性的保障，尤其是为安定性而托付给法官的。只有坚持信仰法的安定性、秩序、和平者才适合法官职务。合法的人不一定是公正的人，但合法的法官一定是公正的法官。

这就带来了"信仰犯"的悲剧、安提戈涅①和苏格拉底的悲剧：一个恪守法律的法官面对一个信仰法律无效的被告，法律对他只能证明权力，却不能证明效力；义务要求行为人犯罪，义务又要求法官处罚罪犯，义务还要求一个人因他出于义务犯下的罪而接受惩罚，这都是为了法的安定性。"当已宣布的判决不再有强制力，可以任由个人否定效力、阻碍执行，如此国家不是一天也存在不下去了吗？"（苏格拉底）

尾高朝雄指出，拉德布鲁赫活用法的安定性理念解决效力问题，出于紧迫的现实必要，秩序安定重于正义实现，于是法的效力由权力决定就得到法价值的确认，通过权力中蕴藏的安定性，缓解了价值与实在间的紧张关系。法的安定性又与相对主义相结合，由于目的观的分歧和做出最终决定的要求，只能把法的决定权交给权力，同时法的安定性要求法不得被权力破坏，因此强调宽容，来避免法与权力的激烈冲突，这就要求民主主义的议会制度。但这里隐藏着重大弱点：为了安定性而承认权力决定法律，这与纯实证主义的权力决定论、与"强权乃公理"殊途同归。价值哲学和权力决定主义的这种生硬结合，使法哲学无法抗议专制和独裁主义破坏民主。如果只把民主建立在法的安定性上，当议会政治无法保证安定秩序，就无理由继续坚守民主，既然安定性可以肯定一切实定法，就不可能专把民主主义确定为立法原理了，这个基础势必是薄弱的。

如尾高朝雄所说，拉德布鲁赫试图引入法的安定性来解决多样目的观下的法的效力问题，指出法的安定性本身就是正当法的要求，但实际上却使法的正义、合目的性理念被架空，难免沦为权力决定论，

---

① 安提戈涅是希腊神话忒拜国王俄狄浦斯之女（也是背叛城邦的波吕涅克斯的同母妹），因触犯舅父克瑞翁的王令、掩埋哥哥波吕涅克斯的尸体，而被处死。索福克勒斯（前496—406）创作同名悲剧。

放纵了信仰犯悲剧的发生,违背了相对主义的初衷,带来了理论内部的不可避免的矛盾,即二律背反。

第三节 法理念的二律背反:从直面矛盾到优先次序

拉德布鲁赫 1924 年论文《法理念的问题性》[①]包含《法哲学》第 4、7、9 章的基本思想。正义、合目的性、法的安定性三种价值理念互为补充,法律目的观的相对主义要求安定性,正义要求目的观充实其内容。三者还提出互相矛盾的要求,合目的性说:"人民的幸福是最高的法律";正义说:"正义是统治的基础";安定性说:"世界毁灭,正义犹行";而缺乏制约的实定法也会成为不法:"极端的法就是极端的不正义"[②]。三理念处于不可化解的二律背反中。

(一)法的安定性与实证性的矛盾

理念虽和事实对立,但法理念通过"事实的规范力"与事实密切关联。法虽与恣意和权力对立,但也受其束缚。法的安定性必然要求实定法的效力(实证性),但安定性与实证性也存在矛盾,后者是法科学的效力概念,前者是法哲学的效力概念,实定法的使命包括实证性和内容正当性。(1)效力领域:如改废实定法的习惯法、革命政府的法律,都牺牲原有实定法而在事实上施行,出于安定性考虑承认其为现行法,就会出现这种矛盾。(2)内容领域:通过违法事实产生或消灭权利、给内容不正确的判决以既判力甚至成为先例、诉讼消灭时效、取得实效、不动产占有保护、国际法"维持现状",都为了法的安定性认可了违法状态侵夺或授予合法权利的实际效果。安定性经常确认不

[①] 载 *Die Dioskuren, Jahrbuch für Geisteswissenschaften*, 3. Bd., 1924, S. 43-50。见德文全集卷 2,第 460-467 页。日译者野田良之,见日文著作集卷 5,第 55-66 页。

[②] 上引四句拉丁语箴言原文是:1.Salus populi, suprema lex esto. 2. Iustitia fundamentum regnorum. 3. Fiat iustitia, pereat mundus. 4. Summum ius, summa iniuria.

法的新法，这就产生了权力与法的悖论：权力并不高于法律，但获胜的权力却创造了新的法律状态。

（二）法的安定性和正义与法的合目的性的矛盾

在法理念内部，合目的性应保持相对主义的谦抑，正义和安定性则是超越观点和党派的普适理念。

（1）安定性是法的第一任务。结束观点争议重于得出正义或合目的的结论，秩序的存在重于秩序的正义或合目的性；法的第一性任务是秩序及和平（定分止争）。安定性要求实证性，实定法不问正义及合目的与否而有效，仅以国家权力为前提，于是原本对立的法与事实、法与权力达成一致；安定性还要求规则内容的可操作和实用，为此法律常采用不合目的的形态，如为生活中的连续过渡划定分明的界限、事实构成采外部表征而非内心真实等。

（2）正义也是所有人同样服从的绝对价值。政治争论无休无止，边主张己方、边否定对方，但各方的默示前提是都承认正义是好的、是绝对价值，正义是纯形式的，同时也是普适性的、超党派的。正义的平等性要求法律规制的普遍性、尽量舍掉差异；而合目的性要求个别化、尽量呈现差异。这表现为行政与行政审判、刑罚正义与合目的、教育中教育与规制要求之间的紧张关系。

纳粹时期极端推崇超个人的合目的理念：一切有利于民族的都是法；以公共福祉和权力彻底否定个体人权。合目的性超越了正义和安定性，成为无条件的、普适的。臆想的合目的性无异于专横恣意，面对各种合目的要求创制明确的法律正是法安定性的本质。

（三）法的安定性与正义的矛盾

法的安定性与正义间的矛盾极为关键。法的效力基础是安定性而非正义，因为法的概念（共同生活秩序）必然要求统一，不能听任多种目的的分裂，法的安定性本身就是广义正义的要求，因为狭义正义理想内容多样，而安全与和平却对一切立场同等重要。法的安定性要求即使实定法不正义也要适用，但稳定、同等地适用不正义法与正义的本质（平等）相一致，不正义法对所有人平等分配，要重建正义必须从不平等对待开始，反而是不正义了。问题至此就成了广义正义与狭义正义间的正义自身冲突，这种冲突不能被根本解决，始终是个程度问题。1914年《法哲学纲要》提出"不能一概而论，……必须从正义与安定性的共同目的得出，特定情况下是因无视实定性危害更大，还是因无视不正义危害更大，这是有必要探讨的"。1924年《法理念的问题性》指出：判断实定法规范的效力，要看由法律保障的安定性在何种程度上可弥补其不合目的或不正义；大体上为了法安定性必须忍受不合目的和不正义，但法哲学绝非"法学的侍女"，并非永远无条件屈服于实定法的效力要求。1948年《入门》则给出更明确的判断方案："当实定法的不正义达到如此程度，以至于由该实定法保障的法安定性在这样的不正义面前已毫无价值，此时不正义的实定法就必须向正义让路；但通常情况下，实定法保障的法安定性是正义的一种低级形式，能使不正义的实定法正当化。"从以上思想轨迹可知，拉德布鲁赫从未在二者间做出此方压倒彼方的独断[①]。

（四）矛盾的处理

综上，法的安定性与实证性不同，前者是法哲学的概念而后者是法科学的概念，为了法的安定性可能会牺牲实证性，即由权力来确认违反实证法的事实为合法。法的安定性经常与合目的性冲突，安定性（法的外在稳定）如正义（法的内在稳定）一般是普适的，而目的是多样的，因此安定性要优于合目的性，能防止恣意的合目的性损害人类共同体的利益。最棘手的矛盾存在于正义与法的安定性之间，安定性是法的效力的基础，安定性本身就是正义（法律）的要求，二者之间的

[①] 此处是就拉德布鲁赫思想争议最大之处，详见本书"尾声"分析。

冲突无非是广义正义（法律）与狭义正义之间的正义内部冲突，何者优先必须根据具体情况加以判断，而不可做出一劳永逸的简单化处理。

调停三者的矛盾可通过作用领域的合理分工：正义作用于法的概念领域；合目的性作用于法的内容领域；而安定性作用于法的效力领域。

（1）要判断某项规范是否具备法的形式、符合法的概念，只需看它是否志在正义。

（2）要确定法的内容，则需三原理共同参与：法的内容大多由合目的性确定；但某些内容可由正义修正，也有些完全不问是否合目的，只考虑正义，如法律面前一律平等、禁止特别法庭等；还有些完全出于安定性，如取得时效、消灭时效、占有保护、既判力等，或单纯的"方向规范"，如"靠右行驶"的警察命令与合目的性无关，只是为了统一。

（3）不正义、不便宜的实定法通常是有效力的，但绝非一概而论。效力除了基于安定性，也可能基于正义或合目的性，当两方面因素发生冲突时，法哲学家就面临上述程度判断，对实定法的这种超实证的、自然法的评判，正是法哲学的本质。但法哲学只是各人法律观的科学表达，实定法有时对受众无效力，这就是催生信仰犯悲剧的难解的二律背反。

总之，法理念的三侧面既尖锐矛盾，又共同支配法律。关于法的合目的性、正义与安定性之间，谁该让步、该让步多少，这是由国家和法律观、政党立场相对地决定的。不同时代有不同倾向：警察国（Polizeistaat）以合目的性为万能原理，自然法时代试图从正义的形式中魔术般推演出法的全部内容及其效力，实证主义时代则只看到法的实证性和安定性，而使合目的性与正义性、法哲学和法政策研究陷入数十年的沉默中。这些片面的时代倾向正说明法理念充满矛盾的多面性，这些矛盾不可化解并非哲学体系的缺陷："哲学不应消除决断，而应站在决断面前；哲学并非使生活简单化，而应暴露其中的问题。一个哲学体系应该像一座哥特式教堂，其中材料交错纵横又互为支撑。一种不相信世界是为一个理性目的而创造，却想让世界毫无矛盾地融为一个理性体系的哲学该是何等可疑！如果世界最终不是矛盾，人生最终不是判断，那么人的此在该是何等多余！"1932年《法哲学》的这一开放式结尾虽美，但被1948年《法哲学入门》删去，代之以上述解决方案，章节标题也从"问题性""二律背反"变为"优先次序"，尽管"太迟"，总算"完成"，拉德布鲁赫的理论更加自信。

尾高朝雄认为，法的理念论是拉德布鲁赫法哲学最闪光之处，体现了价值哲学理想主义与现实感的结合，为民主主义奠定了相对主义和方法多数决原则的法哲学基础。但尾高朝雄指出，正义与制定法安定性即使作为同种理念的两面，二者间也是缺乏联络的，因为不能确定多种立场何为正确而选定一个作为法律，最终还是靠力量，这就与正义脱节，放弃了追求正义的努力。民主主义即使是多数决，但如果失去了为正义努力的思路，就终究堕入某种权力决定主义和顺从多数的便宜主义。如果为了秩序而忽视对正当的追求，就从高贵的理想主义改道为权力决定主义。这虽表明了拉德布鲁赫敏锐的现实感，同时也牺牲了他法理念论的逻辑自洽。

尽管有上述批判，拉德布鲁赫关于正义、合目的性、法的安定性的法理念三元论，将西方法哲学理念做了集大成式的阐发，后世法哲学家罕出其右。1932年的拉德布鲁赫站在法哲学的哥特式教堂前，做出了自己的理论探索和实践选择：从相对主义方法论出发，实践中选择了不向绝对主义妥协，内心坚守着狭义正义；同情作品主义目的观，但实践上服从于广义的法律正义即法的安定性。1948年的拉德布鲁赫则最终搭建了现实通向理想的桥梁，以"自然法"作为拯救受不正义的法律统治的世界的一剂药石，他所提出的"拉德布鲁赫公式"[①]为战后世界司法实践中的法律效力判断提供了一个务实的解决方案，也催生了战后自然法思想的复兴。

---

① 关于这部分内容，将在本书第八章第四节详细探讨。

第三章

边缘间的游走：拉德布鲁赫论法哲学的边缘问题

本章把拉德布鲁赫法哲学各种特殊问题归类为"边缘问题"，绝不是说这些问题无关紧要。正如概念的内涵和外延是同等重要的，追问外围问题更有助于阐明法的本质。对这些问题富有见地的阐发也正是拉德布鲁赫"边缘间的鬼才"在法哲学中的体现。

如前文"法的概念论"所述，法是规制人类共同生活的规范。但道德和习俗也是这类规范，因此有必要将这二者与法律界分开来[①]。从规范距离事实的远近来说，法介于道德和习俗中间：道德规范与事实之间的张力最大，即使道德规范不被实现也依然有效；习俗最接近事实，符合常规即是满足了这类规范；而法律则既不游离于民众生活之外，又不轻易向生活妥协。除了道德、习俗以及宗教与法律发生关联之外，历史、心理学、美学也以其自身的方式，与法哲学取得联系，拉德布鲁赫分别称其为法的历史哲学、法的心理学和法的美学。这些论述极大地丰富了他的法学思想，也是他诗与艺术一面的体现。以下将分四节阐述。

---

① 法与道德 1914 年被放入概念论，1932 年紧接在概念论后，至 1946 年才专设"法与其他文化形式"一章讨论道德、习俗和宗教问题，原先被一同讨论的法的概念、正义、法与道德至此被分散到三章。参考这一思路，专立一章收边缘问题。并补充 1914 年《法哲学纲要》在法与道德中讨论的意志自由问题，这是拉德布鲁赫法哲学的难点之一。

第一节　法与其他文化形式：道德、习俗和宗教

一、法与道德

法和伦理（Sittlichkeit①）不具可比性，一为文化概念，一为价值概念，正义理念在法律中，正如伦理理念在道德（Moral）中才成为文化现实；可比的是法与道德、正义与伦理。对这二组概念的区别始于托马修斯，完成于康德。伦理价值只能由良心而不能由法律来判断，因此，应当废除对违法者的名誉刑。法与道德的区别在于外向性和内向性。

（一）法的外向性和道德的内向性

1. 关注方向的差别：法律关注行为，道德关注意思

这一差别不在于二者的适用领域，即外部行为服从法律规制，内心意思服从道德规制，"人不因思想被绞死"，否则就无法解释以下情形：

（1）规制行为的不一定都是法律，意思也可能受法律评价。有时附随内心状态会决定法律处理，如罪过形态、善意；有时意思会单独引起法律后果，如当儿童心灵健康受危害或有彻底道德堕落危险时，可发出保护教育指令。

（2）规制思想的不一定都是道德，行为也可能受道德评价，意思也可能不受道德评价。如无望实现的善良愿望不是美德，未付诸行动

---

① Sittlichkeit 是黑格尔的用语，是指客观化了的理性意志，王朴译为美德，日文版译为人伦，《法哲学原理》中译本译为伦理。黑格尔伦理和道德的区别：伦理是实体性的存在，道德是主体反思性的存在，伦理的实存就是二者的统一，二者统一是一切道德行为的经验起点，二者背离就会产生道德问题。

的邪欲、诱惑、企图也不是罪恶，消极的本能在道德上不重要，重要的只是积极的意志，只有动作才能说明意志与本能之别。

二者真正区别在于关注方向：行为只有能证明意思才引起道德关注，意思只有能预期行为才进入法律视野。如主观主义刑法理论把行为作为思想的表征，从犯罪思想中找到刑罚根据，这只是因为犯罪思想带来再犯可能。行为只在行为暗示和揭露行为人灵魂的意义上，才成为道德的评价对象，如友谊关系中外部行为只是感情的表现、友爱的证明。列夫·托尔斯泰的高尚无政府主义相信，人类间一切行为都只是爱和团结的表达，而法律家只关注无灵魂的外部性，把鲜活的人类灵魂仅看作行为的附随源泉无异于灵魂的自杀："法律及其卫道士的本质和罪孽在于相信人世间有一种关系，人与人可以没有爱而相互交往，但这样的关系是不存在的。"

2. 目的主体的区别：道德强调个体的责任，法律着眼于社会性的义务

法是为他人、为社会、为共同生活的善，而道德则是为自己、为道德行为、为善本身，所以法往往有对应权利人、请求人、利害关系人，而道德即使有对应"权利人"，更多是对自己良心、对神、对人性和完善自我的义务。道德义务不是对权利人的义务，不依他人的请求而履行，如"有人打你的右脸，连左脸也转过来由他打。有人想要告你，要拿你的里衣，连外衣也由他拿去"[①]。这种道德戒律并非赋予人打人左脸或夺人外衣的权利，而是要表明两方的权利同样无意义。彼得拉日茨基[②]认为法有命令性—附属性，而道德是纯命令性的；但托尔斯泰认为道德的基础不是强制，而是人类自发涌动的爱。法的命令要素（义务）和附属要素（权利）谁为第一性，因考察方法而异：法科

---

① 新约·马太福音 5.39-40。
② 彼得拉日茨基，Leon Petrazycki（1867—1931）波兰哲学家、法学家，著《收入学》《法政策学导论》。

学侧重何为合法，因此命令在先，义务及权利在后；法哲学侧重法为何而正当，因此法为权利而生，权利优于义务。

3. 施加义务的方式不同：法律仅要求合法则性，道德还要求合道德性

法与道德"施加义务①的方式"不同，履行道德义务要求动机必须是责任感，要求合乎规范的思想；而履行法律义务不要求特定动机，只要求合乎规定的行为。道德要求合道德性，法仅要求合法则性（康德）。但称二者之别为"施加义务的方式"之别也是有问题的：义务只能是意志对规范的服从，只有意志才能负义务，否则大理石也要对凿子负美学义务了，因此能施加义务的只能是指向意志的道德规范，不能是指向行为的法律，对合法则性的义务在概念上是矛盾的。合道德性指向个人及其动机，合法则性指向共同生活和外部行为，但合法则性不是法律独有的特色，逻辑和美学也不指向个人及其动机，艺术品评价不问动机，出于野心的人类文化活动未必无价值，心地善良的画家未必是个好画家。

道德与法对应的应该是规范与命令②。原始共同生活中，法还只是衡量标准、价值规范，但为了引导合法、防止违法，法必须由单纯的意志评价规范转变为命令。规范与命令汇于"履行你的义务！"命题，其中既有载体和说话本身，又有含义和说话内容；既有沟通说者和听者心理物理学过程的语音序列，又有不依赖于说话时空而保有效力即伦理必然性的语义内容。命令只能体现意愿，只有规范能确立应然。规范是想被实现的非现实，命令是想起作用的现实；规范旨在达成目的，要求行为和动机都合乎规范，命令只是手段，只要求达成目的的

---

① Verpflicht 在汉语中无对应词，通常译法是约束，指给人施加义务，在此采直译法，以免抹消 Verpflicht 和 Pflicht 的同源性。义务问题是拉德布鲁赫法哲学最难懂的问题，与我们理解的法律义务有很大差异。
② 关于法是规范还是命令，详见下文（三）关于意志自由问题的讨论。

行为，这正是合道德性与合法则性之别。所以法不是规范而是命令，不能对人施加义务，只能把范式适用于人。

4. 效力渊源不同：法律的效力来自他律，道德的效力来自自律

法体现的是从外部对受众施加义务的他人意志；道德则通过每个人自身固有的伦理人格来自我约束。但如上所述，由他人意志施加义务是自相矛盾的。一种意志顶多产生必然，绝不会产生应然，规范的应然性并不源于意志，只有自己内心接受的规范才能使自己负义务，在此施加义务的自我并非经验的心理学现实，而只是一种伦理人格，一种纯规范的、非现实的观念形象，即规范本身。这就陷入两难困境：要从意志中寻找法的渊源，法就必然失去规范的应然性，不再是有意识为理念服务的实在；但要把法看作规范和应然法则，法的效力就只能基于受众的自律，法就被还原为道德了。

（二）法与道德的联系

上述困境表明，法与道德间必有某种紧密关联。或者如耶利内克所说，"法是伦理的最小化"，包括法把道德义务提升为法律义务，这是扩张性的最小化，法不要求内部意思而只满足于外部行为，这是内收性的最小化；或者如施莫勒①的主张，"法是伦理的最大化"，即法律以其强制力保障道德的实现。但这些主张只表明法和道德的范围重合，却忽略了二者的深刻矛盾，如信仰犯体现的法与道德的严重冲突。真正的关联是：道德是法的目的，是法律规范的效力根据，二者处于对立共存的紧张关系中。

1. 法的权利以道德的可能性为目的

法是实现道德的手段，但并非靠法的强制来执行道德内容，由命令强加的道德已不再有道德意义；法是通过授予权利来确保个人履行

---

① Gustav von Schmoller（1838—1917），德国经济学家，创立新历史学派，著《法和国民经济的根本问题》《国家科学和社会科学方法论》《17—18世纪普鲁士国家宪法史、行政史和经济史研究》等。

道德义务的。如德国魏玛宪法第153条"所有权负义务"[1]。所有权为个人的道德自我主张提供基础，权利观和义务观都会引起崇高的内心体验，道德自豪感总与人对自身的要求相连，而权利则与人对他人的要求相连；冲动和利益在道德中总受规范束缚，在法律中却被解放，法权就是履行道德义务的权利和自由，维护个人权利成为个人的义务，因此耶林说"为权利而斗争是伦理的自我主张"。但法的强制只能带来道德的可能性，它同样可为不道德服务，如为权利斗争的两个反面极端：克莱斯特笔下的科尔哈斯[2]和莎士比亚笔下的夏洛克。

2. 道德为法的义务提供效力根据

作为命令和意志表达的法律只能带来行为的必然，不能确立应然，法的命令只有经各人良心赋予道德义务，才能带来规范性、应然性、效力和施加义务的能力。但不能因而认为法的效力取决于法的正当性（自然法）或取决于每个人的良心同意（无政府主义），即抹杀法的独立性，使法律被道德吞噬，使法律规范变成道德规范。法的义务向道德王国的归化，其实是有不同价值的同种质料的包装，正如逻辑或美学价值被提升为道德的善时并不丧失自身法则，法律在被道德摄取时也可留存其自身规律；何况还有很多立法内容在伦理范围之外，道德在这些领域听任法律确定自身内容，好比在空白票据上的签名，预先认可了法律和正义能完成道德任务。

尾高朝雄在赞扬拉德布鲁赫法与道德关系理论模型的独到与精巧同时，也提出一些异议。针对拉德布鲁赫提出的"道德关注意思或能

---

[1] 魏玛宪法第153条：所有权受宪法之保障。其内容及限制，以法律规定之。公用征收，仅限于裨益公共福利及有法律根据时，始得行之。公用征收，除联邦法律有特别规定外，应予相当赔偿。赔偿之多寡，如有争执时，除联邦宪法有特别规定外，准其在普通法院提起诉讼。联邦对于各邦自治区及公益团体行使公用征收权时，应给予赔偿。所有权为义务，其使用应同时为公共福利之役务。

[2] 《米夏埃尔·科尔哈斯》中的悲剧人物、俄国马贩子，因为马匹被容克扣押和虐待而走上申诉、复仇和造反之路，最终被处死。

第三章　边缘间的游走：拉德布鲁赫论法哲学的边缘问题

证明意思的行为，而法律关注行为或能预期行为的意思"，尾高朝雄持以下观点。

首先，行为本身也是有内在意思的。人的行为之所以是行为，是因为它是内心意图、动机或计划的表达，脱离内部要素的单纯外部行为已再不算是行为，因此行为既是外向的，也是内向的；而人的主观思想、意志、人格也不能脱离行为表现而单纯存在于内心。所以由行为的外部性和意思的内部性来区分法与道德本身就脱离生活实际。

其次，道德的规制也必须是外向性的。行为是客观化了的精神，生活是被实现的人格，法律和道德都不可能脱离社会关系来规制行为，不进行外化表达的思想或友爱即使在道德上也毫无意义。所以即使在关注方向上，道德也同样指向社会生活。伦理关系是基于家族、邻里、国民之间义务履行的期待和感谢而建立的，仅以基督教理想形态否定道德义务的社会关联性，是忽略了道德的平凡形态，道德的规制也必须是外向性的。

尾高朝雄本人持"强制说"，认为法与道德的区分在于法律靠组织化的强制来履行，道德强制最多靠非组织化的社会非难。法律仅把道德规范中维持社会生活所必须的部分纳入强制框架中，这部分是法与道德的范围重叠，但这种重叠并非如拉德布鲁赫所说仅仅是一种偶然，而是有其必然性。信仰犯的悲剧与其说是道德与法的矛盾，不如说是两种道德的矛盾。拉德布鲁赫对道德的界定有一种最大纯化倾向，仅把最崇高的义务意识看作道德，却忽略了道德的多元性；道德理念正如法理念，也包含深刻复杂的二律背反。

拉德布鲁赫认为法不能施加义务，法的效力根据只能求助于道德，而尾高朝雄认为这是实证主义和规范主义生硬结合的体现。法虽由意志而立，但定立的法已不再是单纯意志，而是把某种目的客观化了的规范，是应然命题。人守法不仅是一种必然，也是"共同生活的义务"，不履行该义务就会引起法律中预制的强制规范发出的公权力义务。法对人的行为是可以施加义务的，它与道德的差别仅在于，道德只有社会生活一重义务,而法律是社会生活义务和公权力义务的双重叠加。

(三) 法律命令与道德规范中的意志是自由的吗?

《法哲学纲要》紧接"规范与命令"分析自由问题,这是拉德布鲁赫新康德主义的体现,有助于对义务、效力等问题的思考,甚至是"整个法哲学的根源问题"。

通说称法科学为"规范科学",这只能通过意志自由的分析来反驳。规范是一种非现实,要求意志只受"零"规定,所以合规范的意志是自由的;而命令是一种现实,所以合命令的意志必受外部影响而不自由。要证明法是命令,只需证明实定法的世界是不自由的。决定论认为意志是不自由的,非决定论认为意志是自由的,若信前者则违反实践理性,信后者则违反理论理性:理论理性要求因果范畴对人类意志也适用(不自由),否则就不能判断和思考;实践理性则假定因果范畴对人类意志不适用(自由),否则就不能评价和判定。面对这个两难,自由问题分析应对决定论和非决定论各自承认其固有适用领域。

1. 从认识要素来看

康德指出,因果律不是事物自带的,只是通过人的理性才附着于并整理给定事物,只作为人的认识手段而呈现。但把握给定事物的方法,除了认识(知识),还有体验(意识),每个人的内心自觉不是认识而是体验,因此意识领域的自由不受因果律否定。

2. 从现象学要素来看

体验虽能逃离因果律,但并不都是自由的,其中包括精神必然的体验(如感觉、冲动)和自由的体验;但要证明自由体验的存在,又只能通过自由的体验;但仍可把它用"主体的体验""我的体验"的代称表达出来,因为"我"正是包含于意志体验的自由中的一系列主体体验。

3. 从伦理要素来看

至此还不足以证明自由体验正当有效,这一证明是实际问题,而与学理的真伪（属认识范畴）无关。自由体验的正当性在于自由回答了"规范和道德如何可能"问题，既然道德规范有效，那么自由也有效。体验正当的判定标准在于它符合伦理规范。

综上，自由体验不受因果律否定，存在且正当有效。那么由此可否推出意志是自由的呢？关于非决定论需注意以下几个方面。

1. 自由只对人自己存在，对他人是不存在的

自由只对体验有效，而体验只对内心存在，所以每个人都把自己体验为自由的，把他人思考为不自由的。即使在"我们的体验"中，他人也只是自由的超个人主体的不自由分子。而道德规范的前提是受这种规范约束者的自由，所以道德立法和良心只能管辖自己，而不能对他人八卦、说教、做"道德偷窥狂"，人对他人有权爱或恨，但不能站在道德制高点上赞美或谴责。结论是待己严、待人宽，这也许是伦理的唯我论，是彻底的自治。

2. 自由只对体验的自己有效，对被思考的自己无效

作为思考客体的自己是不自由的：我是自由的，但我知道我是不自由的。"被我思考的自我"和"道德行动着的自我"并不等同。所以歌德说："如何认识自己？绝非通过思考，而是通过行动：试行你的义务吧！"不是强求"认识你自己"①，而是"探索你自己"。

3. 自由作为体验是正当的，作为认识则是不正当的

因为有时间性的东西只能在因果范畴中被认识和思考，自由体验一旦被观察或表达，就进入认识的、客观的、因果律的不自由领域，"自由的感情""自由的观念"是修辞矛盾，自由一经说出，立刻消失！"决定论虽由经验而否认，然自由非经决定论，将无从定义。"（柏格森②）用认识的语言表达的自由体验，只能经听众自身体验共鸣才能获得正

---

① 古希腊箴言。又如尼采《道德系谱学》："离每个人最远的，就是他自己。"
② Henri Bergson（1859—1941），法国哲学家，著《论意识材料的直接来源》《物质与记忆》等。

当性，主体的自由体验无法用语言来再生；体验不受范畴束缚，却只能利用范畴来进行思考，所以只有创造一个特殊范畴，即与因果范畴对立的自由"范畴"，才能对体验做思考的再生。真理仅存于范畴的适用领域（认识）中，因此甚至要否定自由体验的真理性，但这并非说它不是真的，自由体验具有与真理无关的另一种正当性。

4. 故自由并不在伦理的反省中，而在道德的反应中

自由并不在行为和义务的反省，而在良心对行为的劝谏、惩罚、反应中。体验着规范、义务及自由的主体，不可能不破坏主体性和体验性而移向伦理的认识领域。正如"我"（das Ich）这个词把认识冠词"这个"与只能体验的"我"矛盾地拼凑起来，这也表明类似于认识的形式是如何容纳道德体验的。但道德本身不受伦理学困境影响，伦理学的反省自然在一切道德反映生活之外，立意创造道德生活的伦理学反省只能带来伪君子和道学家的道德。

法的世界以人与他人关系为对象，而他人总是不自由的，因此适用决定论。自由问题特别体现于刑罚问题：报应刑是通过暴力做出强烈反价值判断，只在犯罪人可为、可期待其他行为时才适用非决定论；但报应刑针对不自由的他人做反价值判断，矛盾地混合了复仇（针对他人）与赎罪（反价值判断）。因为报应以非难为前提，非难又以反价值、反规范为前提，所以报应论是以规范论为前提的；又因决定论与规范的效力不相容，所以决定论与报应是不相容的。可见，规范并非作为存在物，而是作为有效力之物，只呼唤自由意志。而法律只要指向他人，就不能是规范，只能是命令，是决定论的要求。因此法科学的对象不是规范的应然，而是命令的意愿，不是规范科学，而是经验的文化科学。自由问题不仅属于刑法哲学，也是整个法哲学的根源。

反之，如果法律被道德的意志接纳，由法律受众的良心对自己（自由地）说出，它就成了规范，即伦理规范。所以规范、效力、义务随着自由，都只在伦理中，而不在法哲学中。

第三章 边缘间的游走：拉德布鲁赫论法哲学的边缘问题

除了作为伦理规范和实定命令的法，还有一种法作为逻辑上的标准，是前两者的根源，是实定法及正当法的原型。这种法也不以自由为前提，恰如作品价值，其对象不是人类意志过程，而是其结果；同时它又以作品创造过程为前提，以创造这种状态的意愿为前提。所以它既不适用因果律，也不适用自由。

总之，作为实定命令的法，属于决定论的范畴；作为伦理规范的法，则是属于非决定论的；而作为逻辑标准的法，则处于决定论和非决定论之外，既不由因果律决定，也不是意志自由的体现。

作为人类社会两种主要规范形式的法律与道德，其分界向来为学者所关注，可以说无法在二者之间做出界定就无法真正认识法律的概念。拉德布鲁赫构建了界定法律与道德关系的理论，其中体现着他的新康德主义哲学特点，他认为：只有道德才能对人心施加义务，法律却只能约束人的行为，不能要求人的内心，但道德和法律的区分却不在于其所约束的是思想还是行为，而在于法律是命令而道德是规范，作为命令的法律只能让人服从某种范式，却不能把道德义务灌输于人的心中。作为命令的法律，只有从道德中寻找它的效力来源，才能作用于人心，施加义务，具有其规范性；当然，并非所有的法律都依赖于其道德性，法律中既有必须受道德约束的领域，也有法律可以自由支配的领域。那么，作为命令的法律是如何成为一种规范的呢？这就需要引入意志自由的理论，法律的世界适用决定论，而道德的世界则是由意志自由规律来支配的，被受众各人道德意志接纳的法律就产生了规范性，成为一种自由选择，也就产生了法律义务、法律效力。在法的效力和道德与法律关系的问题上引出自由意志理论加以阐释，与拉德布鲁赫所持相对主义不无关系，相对主义主张宽容异己的认识，因为意志是不可以被强加的，终极的应然原理只能靠每个人的良心做出抉择。

根据拉德布鲁赫的理论，法律可以分为三种类别：实定法适用决定论（必然律），与道德相一致的法（伦理规范）适用自由意志律，以及第三类既不适用必然律也不适用自由律的法律。法学家们较为关注的通常是作为命令的法律与道德发生冲突的情况，"恶法非法"还是"恶法亦法"的争论，即是实定法命令与意志自由的内心道德感发生冲突的情况下必须做出的抉择。尽管如尾高朝雄所说，拉德布鲁赫的理论框架显得"生硬"，但他关于道德、规范、义务与意志自由的论述则是深刻的、富于启发性的。

二、法与习俗

法律常援引"善良风俗""交易惯例"，而所援引的又不能产生法的效果，因此将其归纳为习俗。但区分法与习俗是十分困难的：首先，如果说法是人为制定的，习俗是自然形成的，但普通法也是法，也是自然形成的；其次，如果说法靠强制，习俗则仅靠自由意志来履行，但很多法律义务并没有那么高的强制力，如国际法上的义务、最高国家机关在国家法上的义务、执法者的个人义务等，同时很多习惯也有迫使人遵守的巨大心理强制力（如"偷一罚十"店堂告示），习俗的通行要求甚至比法律更为自主，违背习俗将导致被社会放逐（如"人言可畏"）；最后，如果说法是本质的统一体，习俗是效力的统一体，是被违反后不产生法律效果的社会共同体规制，但这种界定在法学和法哲学上无价值。实际上，不可能找到习俗与法的界限，因为习俗不属于价值关涉的文化概念体系，不像法或道德指向一种价值理念（正义或善），所以习俗与法或道德是不可比的。

习俗与法和道德虽无体系的横向关系，但有历史的纵向关系。习俗是"法和伦理彼此分离之前的未分化状态"（齐美尔[①]），是法和道德的前期准备，法和道德一经分离而成为独立文化形态，就注定反过来

[①] Georg Simmel（1858—1918），德国社会学家、哲学家。著《论社会分化》《货币哲学》《社会学》等，形式社会学的开创者。

吞并习俗，于是习俗变质为一种法律评价和道德评价的矛盾混合物。一方面，它具有法的外向性，仅关注外部行为，只对他人和利害关系人承担责任，只满足于被遵守，而不问动机；另一方面，它也有道德的内部性，如握手是共同感的象征，守规矩（anstand）不仅是对他人也是对自己；能够给人施加社交义务的，不是外在的社交客套，而是自己的社会良知，表面上装样子的人算不得尊重习俗的绅士，充其量只是暴发户而已。通过拟制，即"惯常的虚伪"，习俗汇集了两个矛盾特点，外在性背后是作为其本质的内在性，如以敬礼表达忠诚、以纸上的捐款数字表达慈善。拟制使习俗统一了内外双重约束力，而有了比道德或法更强的威力，习俗好似肥蠢的平民女王，对她万不可拒行吻手礼，否则前途黯淡。奥尔巴赫[①]指出：世界是由习俗统治的，它比伦理更强硬，一切斗争都重新集结了习俗与伦理的矛盾，把僵硬的习俗与内部伦理熔合锻造，用其成品对内部价值内容做出重新规定。托尔斯泰崇伦理而贬习俗，小说《复活》中充满下层群众无礼的善良[②]与上流社会无善良的礼的鲜明对比。

随着习俗失去道德纯正性，它也失去了社会性，有身份阶层的"高雅礼俗"与民众的"善良风俗"[③]脱离而对立。社交礼节不是由惯例或习惯发展而来，而是由礼仪有意识创造而来。

（1）习俗是乡土的、农民的，礼节则是城市的、宫廷的。

（2）习俗属礼俗社会，礼仪（convention）则属法理社会，甚至上流社会。

（3）习俗使民众结合，礼仪使民众分化。

（4）礼仪代表着作为上流阶层一员的意愿和能力，就像共济会同

---

① Berthold Auerbach（1812—1882），德国诗人、作家，著《黑森林中的村庄》《雪中的约瑟夫》《莱茵河上的民居》等。

② der formlosen Güte 和 der gütelosen Formen 直译为无形式的善和无善的形式。这里试将 Form 译为"礼"，因为它有形式手续、例行公事、礼节仪式之意，类似中国古代士大夫的礼被形式化后的状态。

③《入门》把二者称为身份习俗和民众习俗，礼仪仍属广义习俗。

志之间的暗号,一旦被外人了解和效仿就马上改变,礼仪也是随时尚(mode)而多变的。对时尚的追逐就像一场下层效仿上层、上层为彰显自己的地位而发明新标记、下层再效仿的赛跑。而习俗却作为变迁世代间的纽带而经久不变。时尚是新潮的好,习俗是古老的好。

(5)礼仪不要求被高度遵守,故意违法者会被加重惩罚,而社交沙龙中不知礼数或故意出丑的花花公子却只是博佳人一笑①,因为他作为社交界的一员已表明他的高贵身份。

从习惯,到惯例,再到习俗,这一序列表明规范从事实中解放出来的程度的递增,进一步解放出来的法和道德可能把习俗评价为恶俗或良俗。民众习俗仍属于法和道德尚未从中分化的状态,而礼节习俗仍以内向性和外向性的有意识并存为基础。但法和道德脱离后的习俗也并未完全丧失社会性。法理社会中还残存着很多礼俗社会区域:在特定群众阶层和原始民族之中,习俗还保存着稳固的单一性,发挥着教育作用;在共同体生活中,习俗为法和道德做准备;在个人教育中,法和道德先以习俗的形态而被灌输。但即便如此,习俗与法和道德之间依然不是体系的并立关系,而是历史的前置关系。战斧和投枪即使今天还有,也只允许出现在战争史教材的首章;使用它们的未开化民族,在文化科学上还属于史前史。

综上,拉德布鲁赫认为,习俗并不是价值关涉的,因此与法和道德没有横向的比较关系,但却与法和道德有纵向的历史关系,它本是先于它们而存在的,而法和道德一经从习俗中提炼出来,反过来就支撑和评价着作为母体的习俗,使习俗成为法的外部性和道德的内部性的复杂统一体,产生了某种强大的威力。失去了道德纯正性的习俗逐渐分裂为上层阶级的礼仪和民众阶级的习俗两大类。习俗在人类共同体中继续发挥着教育等方面的作用。以上关于法—道德—习俗三者互

---

① 像《约翰王》中的腓力普、《战争与和平》中的比埃尔、《红与黑》中的于连,起初都笨拙地慢慢适应上流社会生活,但都是讨人喜欢的。

动关系的分析体现着拉德布鲁赫敏锐的历史感和辩证思维方式。

三、法与宗教

（一）法的宗教哲学

在文化科学看来，宗教是一种价值超越的态度①，它立于彼岸，超越一切价值和反价值的对立，是对现实与价值的合一。它肯定一切存在，是"神看着一切所造的都甚好"②的神义论（theodizee），概念完满的神义论就是宗教哲学。法既可为价值哲学的对象，也可为宗教哲学的对象。对人的意识来说，价值与现实的完全同一是不可实现的，宗教哲学采用"无本质性"（wesenlos）来说明有价值或无价值终归都不可掌控：人们试图克服的反价值，在更深本质意义上是虚无的，其存在只是假象；有价值的事物在神面前也同样无本质。法的宗教哲学问题不仅问法是否有价值，还问法是否有本质，宗教中法和国家总是被否认具有终极的本质性。

1. 耶稣：法的无本质性

基督教原典把法与国家看作远离神的、本质虚无的。正义和不正义间是否真有如此对立？二者间的谅解和亲缘关系，正如护林员与林木盗伐者、异端审判官与异端受审者，人打架时总难免要斗到一处，只能用攻击来自保，法律也同样只能通过不法来确定法，作为一种相对的善，与不法纠缠于同一个罪恶领域中。耶稣对门徒的"登山宝训"③

---

① 这里主要介绍拉德布鲁赫《法哲学》第 12 章、第 27 章。
② 见旧约·创世纪 1.31；另见新约·罗马书 8.18："万事都互相效力，叫爱神的人得益处。"
③ 新约·马太福音 5.1："虚心的人有福了，因为天国是他们的。哀恸的人有福了，因为他们必得安慰。温柔的人有福了，因为他们必承受地土。饥渴慕义的人有福了，因为他们必得饱足。怜恤人的人有福了，因为他们必蒙怜恤。清心的人有福了，因为他们必得见神。使人和睦的人有福了，因为他们必称为神的儿子。为义受逼迫的人有福了，因为天国是他们的。……"

给一切价值注入崇高的再评价:"不要与恶人作对!"①在人类生活中真正具有本质意义的就只有"爱",把人类组成共同体的是邻人之爱,而非法律。宗教视野中的人类共同体只能是无政府的爱的共同体。

2. 佐姆和托尔斯泰:法的反本质性

鲁道夫·佐姆②认为教会法是反基督教的。托尔斯泰则认为一切法律都不仅无本质,也是反基督教的:外向性只是作为内向性的流露才有意义,法律却赋予外向性以固有价值,这就偏离了真正要紧的东西,沦丧了宗教伦理。但教会无政府主义和普遍无政府主义都不如登山宝训对法和国家的蔑视那么彻底,比起前者与法律斗争的激情,后者根本不屑于斗争或反抗恶;与前者的积极反抗相对,后者的顺从更是一种消极反抗,因为反抗权威会给宗教上毫无意义的问题加上一个意义,无本质的法连受到反抗都不配。

3. 天主教:法和国家具有相对的本质性

法和国家虽不是恩典的秩序,但仍属造物的秩序,是神的赐予。天主教建立了基督教信仰和精神的等级序列,对应不同的道德,只有最高等级才对爱的伦理负有完全义务。自然法作为不完全的、非基督教的、但绝非反基督教的形象,成为爱的伦理的前期阶段,处于阶梯的底层。神法(jus divinum)有超世俗的绝对效力,是由神规定、由

---

① 马太福音 5.39。此处还举了圣经中的几处:
路加福音 12.13:"谁立我做断事的官,给你们分家业呢?"
马太福音 22.15:"恺撒的物当归给恺撒,神的物当归给神。"
马太福音 20.1:"天国就像家主",一天内先后雇几批工人进葡萄园做工,先来的工人见后来的工钱和自己一样,抱怨不公平,家主说:"朋友,我不亏负你,你与我讲定的,不是一钱银子么?拿你的走罢,我给那后来的和给你一样,这是我愿意的,我的东西难道不可随我的意思么?因为我作好人,你就红了眼么?……"(因为被召的人多,选上的人少。)
马太福音 22.20:"你们知道外邦人有君王为主治理他们,有大臣操权管束他们。只是在你们中间不可这样。你们中间谁愿为大,就必作你们的用人。谁愿为首,就必作你们的仆人。"
② Rudolfph Sohm(1841—1917),德国法史学家、教会法学家。著《法兰克王国与法院体制》《教会法史纲》《教会法》《天主教本质与起源》等。

理性认识的自然法；除自然神法还有教会根据启示制定的实定神法。法和国家在基督教上还不完备，实定法仅在与自然法一致的限度内有宗教价值。天主教认为，只要承认基督教整体与神的关系高于基督教内部人与人的关系，即可解决价值哲学与宗教哲学在法律上的分歧。

4. 新教：法和国家具有暂时本质性和终极非本质性

新教把每个人重新置于与神的直接关系中，法与完善的爱的伦理不再属不同等级义务领域。法与登山宝训的对立、法哲学与宗教哲学的对立重新浮现出来：一方坚持法的伦理神圣性，用刀剑、愤怒、刑罚、判决来对待恶；另一方信奉法的无本质性，不抵抗地放弃法律争议，用恩典、仁慈、退让、宽恕、爱、服务、善行、和平和喜悦来对待恶。路德阐明上述公共生活道德与个人道德的对立，但并不想给后者划定一条不受前者干扰的界限，宗教改革所及之处，世俗生活可不再受宗教干扰而按自身规律发展。对这种矛盾的揭露并不表明要解决矛盾，而是最尖锐地呈现它们：法在现世中的必然性和宗教上的非本质性是难以解开的二律背反。

上述四种基督教哲学都秉持法和国家终极虚无论，并不能颠覆承认法和国家有积极价值的价值哲学，后者站在尘世之中，前者站在尘世之外、在神面前。人与人在世上的紧密联系和垂死者极度的恐惧孤独，二者都是有其自然基础的。

（二）教会法的哲学

教会法哲学是法的宗教哲学的一个方面，而教会与教会法关系问题隶属于宗教与法关系问题。天主教认为一切法都在某种意义上来自神；路德教则认为法是世俗的，即使教会法也不依赖于神。

1. 天主教的教会法观念

天主教观念中，教会是神为全体基督徒建立的秩序，而教皇和主教掌握下的教会法则是与教义和宗教仪式并列的宗教必需品。宗教上的教会和法律上的教会被等同，教会法和教义同样有宗教意义，都是由神定立的，二者对神来说是手段和目的的关系，对人来说则同样有绝对拘束力，既是手段也是目的。教会的固有价值源于神，不是为了服务于教众的宗教生活、拯救教众的灵魂，而是为着教会本身。教会是超人格的事业共同体，是一种构筑物（Anstalt）而不是一个团体（Körperschaft）；祭司不是为了信徒或自己，而是为了"圣变化体"在弥撒上献祭，象征着超人格使命。这一使命决定了教会组织不是自下而上来自被拯救者，而是自上而下来自拯救力量的共有者，于是建立了等级化的统治构造。法的教会来自神，也确定了教会对国家和国家法的地位。除了由神启示而来的法，还有神为人定立的自然法，国家以实现它为己任：只要国家法忠于使命，同源的教会法与国家法就不矛盾；如果国家法偏离神，神法就当然优先。于是以启示神法为中心展开统一的法律世界，教界和俗界的法都是由神规定的。

　　霍斯坦（Holstein）指出天主教体系出发点的危险性：如果用法和圣职来确保箴言和精神，把法和圣职与精神相结合，那势必会将其置于精神和箴言之上，以其权威决定箴言的种类和内容。佐姆则指出教会法与教会的矛盾：教会的本质在于信仰和爱，在于内部性和自发性的基础，与法的形式主义和强制性是不相容的。但法和宗教事务的紧张关系根本上来说是由法律思维方式的外部性决定的：它只要求合法的行为，不要求附随的心灵状态；义务的履行对法律而言是来自外部，在宗教而言则是来自内心，是灵魂的自由流露；法律不仅有对权利的义务，还有不同人权利之间的对立，这是矫正正义的本质，只有按照交易原则对自己有利时才会愿意为他人利益服务，这与基于爱的关系是相反的。托尔斯泰将这种对立提升为法与宗教的对立，因为基督教的爱和伦理要求不仅对教会，也对世俗生活有效，它与法是根本冲突的，法是反神的。

2. 路德新教的法律观

路德派主张教会法是不符合教会本质的。通向永福的基督徒生活不能靠法律强制，只能靠内心；有宗教固有价值的"无形教会"不属于俗世，而属于神之国，不能也不需要规范世俗的法，因此无形教会与教会法不相容。1530年《奥格斯堡信纲》提出存在于基督教团契中的"有形教会"也不受法律形式拘束：教派只要根据圣经布道并守圣餐礼就是有形教会，法定教会如违反圣经和圣礼也丧失其代表性。新教虽承认教会法和法定教会，但认为其不具有无形教会和有形教会的宗教本质意义。法定教会与教会，正如法与道德间手段与目的的关系，法定教会通过满足正确布道和圣礼等有形教会条件而通向无形教会。新教认为信仰决定教义，反对尊崇唯一教义而排斥有同样虔诚信仰的不同教义，反对教会以唯一正统自居，因为目的实现途径是多样的，教会应以至福为目的，不应使人良心受苦。

不同于天主教和佐姆，路德派认为神既不赋予也不否认教会法，法不来自神，也不反神，只是一种非神的事务；只有当法僭称自己由神而来、法的教会侵入精神教会的保留领域时，法才是反神的。路德承认法和政治有暂时自治性，世俗制定法只处理肉体、财产和世俗事务，但不能制定灵魂法则；必须区分创造外部和平、阻止作恶的统治与虔敬的统治。尽管佐姆和托尔斯泰认为法的思维方式必然会越权制定灵魂法则，但即使法是反基督教的，基督教也不能没有法，爱邻如己的基督教伦理要求不是超人性的而是人性的要求，它暗含着最低限度自我保存和为此而必要的法律制度。

路德承认法的固有规律，给法更大的活动范围，当然并未缓解爱与法的紧张关系，反而在每个人的灵魂中将其推向极端：基督教要求人不抵抗恶，保护权利则是官府的任务，但被害者自身不去追诉、告发，当权者或他人也不保护或告发，就只能任由被害者被欺辱。后来路德认可不仅通过官府而且由个人自己来保卫权利：基督徒的身体和财产至少处于恺撒管辖之下，他在某种意义上也是世俗的人，基督徒同时生存在两个世界，应该像生活在别处一样生活在法的世界中。但法依然缺乏神圣性和本质性，法与宗教互不关心，世俗的法是微弱、贫乏、不纯正的，对此教会法和国家法并无不同。

路德只关心教义的改革，教会法只是无宗教意义的人类作品，虽有必要在天主教会之外为新教建立新的法律组织，但路德出于使徒理想主义，漠视一切无宗教意义的外部性，认为法律组织和教会法不是宗教问题，只是世俗和国家问题。路德派对法律的终极无神圣性、无本质性、无意义的强调，既促成了专制公国的发展，又培养了德国人对政治的冷漠。在基督教国家中，领主同时也是教会成员，领主有义务为教会服务，在国家中组织并统治教会，这一点与加尔文派不同。随基督教国家的世俗化，几百年后新教教会与国家分离而统一发展，最终完成于魏玛宪法的规定："不立国教"。新教教会也逐渐考虑适合自身本质的法律形态，并努力赋予法律以宗教基础。新教认为教会只是为有宗教价值的每个灵魂服务的人类合目的性机制，教会组织是个人主义地自下而上建构的：教会组织由每个成员依宗教思想组成（民主），并承认信仰的绝对性、宗教生活不受教会影响（自由）。新教与天主教教会法观念差异源于对信仰的不同认识：前者重态度，即个人意志的信仰过程；后者重内容，即被信仰的真理。因此前者不接受法律教会形态，后者则把教会法看作有真理内核的法律外壳。

（三）法与恩典

以下介绍拉德布鲁赫1949年论文《正义与恩典》[①]及《法哲学》第24章。

天主教发展了关于法和正义的一套强有力的教义，而新教路德派基于超实定法的观念而缺乏这种教义，以致无法对抗纳粹时代的整体

---

① 载 *Scritti giurdici in onore die F. Carnelutti*，Vol. I，Rom 1949，S. 35-41。见德文全集卷3，第259-265页。日译者村上淳一，见日文著作集卷4，第229-240页。恩赦在《法哲学》中属部门法哲学，现并入本节。

主义国家及其法律。

　　新教传统伦理中，正义完全无地位或者仅有次要地位。基督教的三个德是爱、信仰和希望：人对人适用爱，人对神适用信仰，神对人由恩典①约束，希望无非是对恩典的希望。恩典与爱本质相同，恩典是相对于脆弱的人之爱而极大完善的神之爱，二者与正义截然不同，正义是与功绩或尊严相应对人的估价，爱和恩典则是不问价值对人的肯定。爱与恩典之间则对应矫正正义与分配正义，恩典也是神对每个人的上下秩序关系。作为世俗世界第一德的正义在基督教德的体系没有位置，只是第二性地、靠人的理性无法实现地与恩典并立：神的正义等于恩典（对罪的赦免和救赎）和正义（通过刑的报应）。末日审判和永劫之刑在基督教中处于与信仰相对照的重要位置，一方是自由、功和罪的功业证明，一方是神意注定的信仰证明；这也提出了永劫之刑与暂时有罪的关系、升天堂者如何眺望堕地狱者的永劫之苦的问题。维吉尔②就批评但丁不该同情因当然的果报而堕地狱者，莱布尼茨把正义的实现也看作美的满足。

　　在耶稣对门徒的教导中，人与人的正义被更高的邻人之爱排除，爱敌人的训诫也适用于法的敌人，要求通过屈服来超越不法，公然压制对不正义的控诉，这使佐姆和托尔斯泰看到法的反宗教性。但布伦纳、德奎尔万、尼布尔、W.E.霍金、埃吕尔、沃尔夫等思想家致力于在新教教义内发现人类法与正义的基础。天主教把法和正义列于神的造物秩序中，在自然法中找到法的根据：根源于自然、由人的理性来把握的普适于人类共同生活秩序的教义。自然和创造不仅是自然法则必然性的秩序，也是在事物本性意义上、在本质而非存在上、在本源性人类关系上建立的规范要求的总体。新教则不把法建立在造物思想

---

① Gnade 可译恩典、恩宠、恩惠、慈悲、恩赦，这里译为恩典（宗教上），恩赦（法律上）区别于赦免 begnadigen。
② Vergil 即 Publius Vergilius Maro（70—19BC），古罗马诗人。著《牧歌集》《农事诗》《埃涅阿斯纪》，在《神曲》中是但丁的保护人和老师。

基础上，因为神的造物已被人类的堕落和原罪玷污。法不再能从造物秩序中演绎得来，而只是神的特别馈赠（德奎尔万）；法和正义虽来自人类罪孽的一切不完善性，但在人类利己产物中最接近于兄弟之爱（尼布尔）；基督徒的爱首先通过正义来实现，不允许落后于正义，只能平静地超越正义（布伦纳）；这就重新提出法与神、法与爱的关系，从物质世界中被神放逐并不损害自然法则，如果法的形而上学基础被消解，它就会失去一部分自身力量（霍金）。

宗教考察把正义消融于恩典，法的考察则给恩典以与正义并立的地位，于是有把恩典和正义同一的倾向，这体现为法律制度中的恩赦。恩赦是宗教事务直接渗入法律领域的体现，它表明承认法律中包含的一切问题性，即法理念内部的紧张关系和法理念与伦理、宗教理念的冲突。因此相信理性的自然法和启蒙时代排斥恩赦，如康德指责恩赦是君主大权中最靠不住的，贝卡里亚把无需恩赦修正的立法看作幸福。菲兰杰里只在两种情况下认可恩赦：罪犯有重大人格优点或国家对其才德有重大期待时；全体民众都是犯罪人时。反之，耶林把恩赦称为"法的安全阀"，施塔姆勒将恩赦视为正当法的功能。恩赦的意义是通过判决和恩赦主体的意向共同作用，缓和法理念各要素间的紧张关系；其使命是以正义超越实定法、以有效法对抗误判的既判力、以个案衡平修正严格正义、以特殊政策合目的性缓和一般政策合目的性等。

作为正当法的推动力的恩赦成为一项法律制度。但问题是，因为法概念中所包含规范的普遍性和平等适用性，恩赦主体必须努力使恩赦的使用不出于恣意而遵照一定标准，指导恩赦权运用的原理寻求普遍效力而形成新的法律规则，但新规则一经形成，严格的恩赦权就终结了，正如衡平一经被确立为一般规则就不再是衡平而成了正义。恩赦以要求普遍效力的意志，却必须对个别情况下的法有效，这无疑要求恩赦主体一种不可期待的自制：在判决确定中完全排除自己关于处刑的一般立场。

实际上,恩赦不应视为法律制度,而是优于、先行于法律的。恩赦不仅是对法内部紧张关系的缓和,还承认法以外价值的存在及其对法的效力。如已确立的国家为安抚目的对革命者的恩赦、国家由于节日庆祝而恩赦,或者在中世纪像对巴拉巴①那样,民众、宗教团体或修道院每年对一定数量犯人的放免权,这些都不是基于法律价值,而是恩赦本来意义的残存。技术时代的特征是目的理性,即排除偶然性、命运或神意,但动荡的时代使人体验到偶然或命运强于一切预见或准备的力量,应重新划定目的理性和命运支配的界限。中世纪就懂得在计划之外听从偶然要素,如从行刑中的偶然事件推测神意而引起的恩赦:绞绳断裂、斩首刀未砍中、有老处女自愿与犯人结婚、成为集体处决中幸运的第十个等,这些恩赦完全出于非理性动机。贵族或神职人员面对恩赦恳求时产生一种不易拒绝的状态,有时也会固化为法律制度,如修道院或修女院院长因绞绳断而获得的阻止行刑权,意大利佛罗伦萨慈善会等组织的宗教义务是确保罪犯临刑前有牧师、处决后有埋葬,罗马"被砍头的圣约翰"兄弟会则有权每年访监狱抽签赦免一人。这些制度是最纯正意义上的恩赦,比现代赦免弹性更强,这些非理性的恩赦法律形式虽不能恢复,但其中某些东西是必须保留的。

当今恩赦被看作法的恩惠,并受正义支配,但正如施与从来都是自然涌动的心灵财富,恩赦也从不出于任何强制,它不仅高于法,而且是从其他国度射入阴冷的法律国度的光芒②,使宗教的慈悲价值、伦理的忍恕价值进入法的世界,它不仅是"法的安全阀",而且象征着比

---

① 巴拉巴(Barrabas)是由耶稣替他受难而自己被赦免的大盗,见新约·马太福音 27 章 11-26 句。
② 鲍西亚:"慈悲不是出于勉强,它像甘霖一样从天上降下尘世;它不但赐福于受施者,也同样赐福于施与者;……慈悲的力量高出于权力之上,它深藏在帝王的内心,是一种属于上帝的德性,执法的人倘能把慈悲调剂着公道,人间的权力就和上帝的神力没有差别。……要是真的按照公道执行起赏罚来,谁也没有死后得救的希望;我们既然祈祷着上帝的慈悲,就应该按照祈祷的指点,自己做一些慈悲的事。"《威尼斯商人》第四幕。

法更深、更高世界秩序的存在。恩赦打破法律法则，正如奇迹打破自然法则，就像由耶稣替死而被赦免的大盗和杀人犯巴拉巴，在恩赦后内心会经历何等震撼和邅变，已在1506年布伦瑞克大教堂祭坛画像上鲜明地呈现出来。

以上拉德布鲁赫围绕法与宗教相关问题，以历史和比较的视野，考察了不同的宗教观念对法及国家的态度差异，及其对教会和教会法的认识。他指出根据法和国家是否具有本质性（终极意义），可以将法的宗教哲学分为无本质性说、反本质性说、相对本质性说和暂时本质性说四大派别，尽管本人持积极入世的价值哲学论，拉德布鲁赫对基督教哲学的法和国家终极虚无论报以同情和理解，认为无论出世还是入世都有其存在的自然基础。拉德布鲁赫进一步比较了新教和天主教的教会法观念，指出新教的教会组织以个人主义、民主和自由为基石，与天主教的教会形象有明显的差别，新教主张信仰教会、无形教会，并认为天主教的法律教会、有形教会是不符合教会本质的。

恩赦与法律的关联由来已久，拉德布鲁赫从宗教教义中寻找法律赦免问题的基础，指出非理性的、偶然的恩赦具有某种合理性，它好比从上方照射下来的光芒，使宗教、伦理中的价值融入法的世界之中，这是难能可贵的。然而，作为一种法哲学的探讨，试图以宗教价值证明法律制度的合理性，要想合理设定其依据和限度，自然是无能为力的。因为对宗教哲学来说，法本身就缺乏其存在的"本质"意义，"慈悲"对"公正"而言，始终处于一种居高临下的俯瞰视角，恩赦从来就不是为了"公正"而设立的，来到法律的世界自然免不了演化为另一种恣意，这就与法的理念"正义"相违背了；恩赦内在的任意性和偶然性，又与法的"安定性"相违背了。正如教会法的悖论，当把法和圣职的权威凌驾于精神之上去界定精神，最后就只剩下权威了，信仰和爱无一不是自发的，而权威却只能带来强制性；在爱与信仰的天堂中适用的恩典，下界来到罪与刑的法律世界，却无视法律的根本理念"公正"，最后也就只剩下人类世界中有权者的擅断了。

第二节　法的历史哲学：法形式与法质料、水成论与火成论

拉德布鲁赫首先界定了法的历史哲学与一般法史学的差别，后者有时被归为法哲学，如柯勒的新黑格尔主义，它以法的存在、形成和作用为对象，研究法的内部发展、法与其他文化现象的交互作用或某时代的文化思想史。它研究法律状态的时间纵向序列，不同于比较法研究各民族法秩序的横向并列，但在文化人类学法学研究未开化民族时与比较法一致。一般法史学把一般法史趋势归纳为特定类型：（1）从原始共产制到私有财产制；（2）从母权制家族到父权制家族；从族内婚到族外婚（掠夺婚、买卖婚）；从一夫多妻制到一夫一妻制；（3）从身份到契约；（4）从礼俗社会到法理社会；（5）刑法从血族复仇到公刑罚；等等。

历史哲学的主题是从价值实现角度来看历史，即历史是实现还是偏离价值；法的历史哲学考察法的概念、理念和效力，在现实历史过程中如何实现。

一、法的形式

法形式的形塑力与法质料的抵抗力是法的历史哲学的主题。"法"不仅是一个先行于所有法律思考的基础范畴、思维方式，还是把握和塑造了一切法律事实的实在的文化形式。一个新法不可能在法的真空中实现，要么解释旧法，要么在旧法体系中植入新法，都必然受到旧的法律构筑的样式规定，法的范畴在法的实在文化形式中表现为现实。1924 年拉德布鲁赫在论文《法的理念与法的质料》中[①]梳理了形

[①] 载 *Archiv für Rechts-und Wirtschaftsphilosophie* 17 （1923/24）, 343-350。见德文全集卷 2，第 453-460 页。日译者野田良之，见日文著作集卷 5，第 69-84 页。

式与质料的关系。理念要求支配质料，理念在适用于某种质料、为某种质料而配置的同时，也被质料规定着，即"理念的由质料规定性"。先于一切质料规定来思考的理念被称为"理念的纯粹形式"。这种关系不是经验的因果关系，理念不是事实的价值表象，而是超现实的价值本身，仅产生于逻辑层面；但这种关系还不是形式逻辑的形式与质料的包摄关系，而是一种先验逻辑，它关注思维对象的构造本身，如果没有被质料规定，理念就根本没有思维可能性。先验逻辑能分析但不能创造思维对象，这种逻辑的因果判断中，因果律（形式）与某一具体现象序列（质料）的结合可以被事后证明，但不能直接作为因果判断结合起来。因果形式受特定事件的引力、向着特定质料被配置的事实是神秘的，理念中的形式如何体验质料为其确定的方向也是神秘的；唯一能确定的是，形式不能脱离质料的表象作用，质料的规定性不能被经验地察觉或明确估算。理念的形式要素只能在与其质料要素的关联中被思考，因此理念的先验逻辑批判既非现实的，也非纯粹超现实的，而是在形式和质料间不断往返。在现实的理念化中，应适当缓和严格的二元论，顾及理念基质的规定作用。

关于法形式与法质料的关系，存在两种极端理论的对峙：

一为法形式万能论：法质料对法理念的抵抗力可忽略不计。自然法学认为，法理念的材料不是某种现实历史状态，而是一种"自然状态"，这也是由理念创造出来的。自然法不承认历史或社会质料对理念的阻力，因而否认理念的可变性，因为从一般的、纯粹形式中是不能产生可变性的，因此自然法论主张普适的、永恒的法律理想。但自然法论很难反驳，永恒理性的假象下隐藏着个人主义时代勃兴的第三等级的法理念。

一为法形式无能论：法理念完全是法质料的现象形态，其形式要素可忽略。历史法学强调"民族精神"这一给定现实，社会上关键变迁不受法律影响，法秩序只能影响单个的人，只能通过作用于个人来迂回地对社会产生非常有限的影响；大众心理过程、自然现象、经济运行本质上不受法律影响，而反过来影响着法律。唯物史观认为，法形式只是经济的一个表现形式，唯物史观的"形式"与旧学说不同，从亚里士多德开始把形式视为塑造、容纳质料的核心本质，而唯物史观的形式只是被质料塑造、包容的外部现象，法律形式完全受历史社会条件制约，不存在普适的形式。尽管唯物史观也看到形式的自身规律，精神不等同于物质，而是经物质转换或改写后的新形式，法和国家一经产生就逐渐与社会疏离，但它对这一过程的形式方面是不够重视的。

法理念和法质料的真正关系是相对从属中的相对独立，这不是法理念的纯形式要素与质料要素间的先验逻辑关系，而是支配性法观念、法秩序与时代社会现实间的历史关系。法的形式是正义的形式，要求平等和普遍，法的每个目的都必然采用该形式避免独裁。法是各时刻形式和质料的产物，有时形式占优势，有时质料占优势。阐明法的形式与社会状况变化之间的紧张度成了法的历史哲学的最大课题。

罗马法继受和启蒙运动中个人主义历史哲学不承认形式与质料的高度紧张，私法故意无视社会现实中的不平等，公法民主也以拟制的平等、自由、代议为前提。民主的社会学则揭露这种紧张关系，认清所有权、素养、身份的不平等[①]。社会政策和经济的民主则使形式重新靠近质料，法律秩序从现实的社会化的人出发，考虑各种社会集团，选举中政党这一社会构造成为法的现实形态，职业法院和商事法院考虑非专业法官的阶级成分，工资法显露幕后经济集团，企业经营协议会成为法律上的组织体。马克思主义则提出法律消亡论，不仅法的内容是暂时的，法的形式本身也是暂时的，法律世界观是取代封建神学的"布尔乔亚经典世界观"，正义只是市场交易原理的意识形态投影。无产阶级过渡国家出现了有意识放弃表面正义的"阶级法"，成为一个法律整体公法化、社会法取代个人主义法、分配正义取代矫正正义的法治国家。

---

① 民主理想和社会现实的对立详见本书第七章第三节一，表 7.4。

法理念如何正确体现法质料的规定性？法或理念适用的基质并非所有现实，法的适用即把法律案件包摄在特定法律规则之下，可包摄的现实仅限于使概念形式被引出的现实。法科学就要求质料概念的预先定型，只能是第二性而非原始产出的概念工作。法秩序以哪些现实定型为前提？自然法论从自然主义概念预先定型的现实出发，社会只是孤立个人的原子式集合。但作为刑法基础概念的行为不仅是自发身体动作，如侮辱不仅是一系列咽喉运动、声波激起、听觉兴奋和脑髓活动，买卖契约也不仅是两个声波序列的汇合或两份有特定墨水线条的文书，这就必须脱离自然主义思考，在行为、契约的社会概念预先定型中寻找刑法、契约法的质料。因此，法的质料是通过社会概念预先定型了的给定现实。

这些前法的社会概念与法律概念对应，法律为将其包摄在内而尽可能与之相符。法律适用时临摹这些定型社会概念，由事实构成来包摄，就出现了既可视为事实确认、也可视为法律评价的同一概念。如审判中事实问题和法律问题很难彻底区分，而只能让位于罪责问题和刑罚问题的区分，刑法学上的包摄错误（Subsumtionsirrtum）常被归入法律错误，但行为人疏忽的不是向法律构成要件的包摄，而是法律构成要件向对应社会概念的包摄，应属行为错误。

这首先点亮了"事物本性"口号，根据事物本性来判决就是把社会预先定型的现实质料用作判决理由。但也可仅从法律这一社会事实出发得出判决，这就出现了把法本身也归入法质料的矛盾，但这种循环论证实际并不存在，交织于社会生活的法和法规内容中的法、法现实和法秩序、作为力量的法和作为说教的法（默克尔）必须清晰划分。法现实中可界分出法质料和法理念，并提出问题：既存法、既得权利、既定法现实在何种程度上共同规定着法理念？对此，自然法和正统论都给出极端的解答，歌德则认为，对当时国家形式，与其无视或神圣化，不如作为给定现实来接受。

二、法的理念

法理念在历史中的实现问题既可以从个人或党派世界观的法理念出发，考察历史在多大程度上服务于这些法理念的实现，由此找到特殊的历史哲学构成；也可以一般地考察法理念以何种方式影响历史，是人有意识的目的设定，还是无意识的社会过程。后一个问题正是黑格尔与萨维尼对立的基础。其回答是：法理念越来越成为一种有意识、有目的的历史推动力。如从民族精神到国家意志、从习惯法到制定法、从法的"有机"成长到"法律中的目的"或"为权利而斗争"、从礼俗社会到法理社会（滕尼斯）、从身份到契约（梅因）。当然，逐渐取代本能行为的目的设定，不一定总是合乎理念的，也可能是纯粹利己或恣意的，但有意识的利己目的设定与本能行为一样，往往成为普适目的理念的不自觉工具，即冯特"目的的异质化"①、黑格尔"理性的狡诈"。自由主义将此看作普遍自私与一般幸福间的预定和谐，"蔷薇装扮了自己，也装扮了整个花园"。马克思主义也指出，社会主义必然到来不是有意识的目的指向，而是社会力量的结果，唯物史观的理想主义不是主观动机，而是客观必然。

法律塑造中从自发到自觉、从非理性向目的理性的发展必然性与不同价值论有关：文化悲观主义认为事物和关系的自然理性高于一切个人理性；文化乐观主义则相信个人理性的不断进步，事物和关系中并不存在理性个人无法产生的理性。

三、法的效力

法的静态性和历史的动态性对立是法的历史哲学的基础。法科学

---

① Heterogonie der Zwecke，冯特用它描述精神现象的一种效应，在意志过程中为追求一种目的，按一种固有因果律发展，结果改变了最初动机立场。Heterogonie 是生物学术语"异型有性世代交替"。

效力论如果用于历史前后相继的不同法秩序间,就是正统性原理(Legitimitätprinzip),它要求每一种法秩序必须以合法方式从原有法秩序发展而来,否则就缺乏正统性,法不能凌驾于历史现象之上,历史过程中法不存在断裂,是静态的;而历史则在因旧法破坏和新法原生而反复出现的断裂中,通过"事实的规范力"而发展,是动态的。法对历史的支配不能越过战争或革命的边界①。费希特指出:在当今人类法中的一切都是违反法律形式而生的;俾斯麦说:"当今政治世界,有哪一处不植根于革命土壤呢?"唯一几千年来未曾中断的正统链条,就只有天主教祭司授圣职仪式的按手礼了。所以正如法科学效力论不适合成为法哲学的任务,正统论也不适合作为历史哲学的任务,法不是只能由法而生,原初法律创造、法由事实而原始产生、通过违法而成立法、在冷却的革命熔岩上建立新法,都是法产生的方式。

以上对立表明了历史哲学的"水成论"与"火成论"、法史的连续说与灾变说、历史主义与理性主义的对立,这些对比关系也体现于法学家萨维尼与费尔巴哈、诗人歌德与席勒②。不能忽视的是,历史灾变也不能完全脱离历史,事后可以察知它基于长期准备而最终爆发的历史原因;法的连续性与这种历史的连续性相应,一切法的灾变之上不变的根本原则,就是由有贯彻法律能力者来立法。革命虽然打碎了由这项根本原则预测的最高权力宝座,使社会力量乘虚而入,但根本原则依然凌驾于势力交接之上,新政府表现为旧政府这项权力的正统继承人,国家形式的变更并未改变国家本身的同一性。

拉德布鲁赫关于法的历史哲学的探讨,涉及法的形式与法的质料之间的关系、法的理念对社会历史的形塑作用、法的效力如何在历史中进行确立等问题。拉德布鲁赫基于方法二元论,界定了法律理念和

---

① 歌德《私生女》中谈法官:"我们处于生活的中层,仅在清晰确定的范围内依照严格法律来裁决诸多生活案件;但是在我们上方的广大空间里,没有评议,没有判决,只有强力和异常事件操纵着生杀夺大权,其中另有尺度、另有较量,我们看来永远是谜一般的现象"。
② 详见《法学导论》1997中译本,第30页。

法律现实的二元对立，但并未止步于此，而是通向了"事物本性"、"法质料的规定性"、"理性的狡诈"、"事实的规范力"等偏重现实层面的倾向，体现了拉德布鲁赫的现实感和历史感。拉德布鲁赫始终不是一个善喊口号的理念主义者，他的务实态度在理论中体现为他在法的三理念中对安定性的强调，在实践中体现为他对英美法尊重"事物本性"的推崇。他认为，法律的历史发展是一种结合了突变（火成论）和渐变（水成论）的过程，但突变也是有其长期的历史准备的，即使是突然的政权交迭，也体现着国家权力本身的相对稳定性、国家政府的同一性。这些主张体现出拉德布鲁赫在历史哲学中的现实倾向。

第三节 法的心理学：法律人、法感情、为权利而斗争

一、法律之人的心理学

爱德华·施普朗格创立精神科学心理学[①]，不同于价值无视的自然科学心理学，它把心灵生活作为精神产物，进行价值关涉的详细考察，提出为特定类型精神产物所必须的心灵构造或生存类型，其中包括理论人、经济人、美学人、社会人、政治人、宗教人。其中并无法律之人（Rechtsmensch），因为他把法律之人视为社会人与理论人的复合构造。这种混合也体现为法理念的三位一体，法的目的虽有社会、政治、文化属性，但正义和安定性则是不可还原的特殊法律价值，通过正义，包括理想正义和实证正义（法的安定性），法律之人可与上述六种生存类型并列。正义与安定性对法律之人的影响方向不同，前者进步，后

[①] 施普朗格（1882—1963），德国教育学家、心理学家，在《生存的类型》（*Lebensformen*，1914）中指出，理论之人的最高利益在于真理的发现，经济之人的最高利益在于有用，美学之人的最高利益在于形式和和谐，社会之人的最高价值在于人类的爱，政治之人的利益在于权力，宗教之人的最高价值是统一。

者保守，正义对应着作为秩序感情的"法律感"（Rechtssinn）。法律之人中的普通人倾向于正义和法理想主义，法律家则倾向于安定性和法现实主义，因此二者法感情的判断标准不同，前者看他是否会为了法的安定性向制定法不正义妥协，后者则看他做出这种妥协的困难程度。

法的理想主义和现实主义对立体现为席勒歌颂正义、歌德赞美秩序，但二人都不排斥另一面，只是侧重点不同。两种法律结构如果互不渗透就必然堕落：理想主义推向极端就成了亢奋的正义狂信；现实主义推向极端就成了墨守成规或官僚主义。正义的理想和实证两极性要求对抗，没有爱的正义会被扭曲，没有正义的仁慈会变得懦弱。

安定性和正义都隐含同样的危险，二者都要求用间断抽象的概念评价持续具体的生活。生活不是一个个行为的加总，而是各行为交融运动不可分割的整体。法律之人最深切的痛苦就是必须承受他们被从中粗暴分离出来的行为和生活总体图像的扭曲，他们的行为被孤立地看待，孕育行为的生活仅作为偶然个案进入观察者视野，这就是法科学的本质：只想见树木，不想见森林。法律之人就像透过正义女神忒弥斯的蒙眼布，透过概念仅看到最粗糙的轮廓，从一个伟人的传记和他的法律沉淀物（各种证书）的对比即可说明法律对生活贫乏的理解力。法律通过最抽象的属性把握具体个性的最具体生活。由于这种态度，施普朗格认为法律之人最接近于为普遍理论努力的学者。萨维尼也称法科学为"用概念的计算"，糟糕的数学家也会是糟糕的法律家。但好数学家不一定就是好法律家，如果忘记合目的性理念，习惯于无视流畅丰富的生活，法律家就会蜕变，形成脱离世事的职业习惯。法律之人在正义和安定性上接近于理论人，在合目的性上接近于政治人和社会人。

法心理学与法律之人相应，分审判心理学和守法心理学。（1）审判以法官知法守法为准则，但法官心理中也有不可控性和不公正动机。对于法官阶级出身等动因的无意识影响，可以靠察觉这些动因来控制，如在劳动法院吸收劳资双方的代表来呈现阶级对立。美国大法官霍姆斯奠定的现实主义运动从科学方法上确认判决中可预期的不同影响因素,认为法学是对法官将如何判案的预测。(2)守法可能有多种动机,如对刑罚的恐惧、对强制的预测、对自身利益的充分理解、模仿、习惯、秩序感或共同感、对国家权力的忠诚、良心、权利感等。对国法的服从基于人们对国家意志的空白委任状,是一种"默示全盘信仰"。

二、法感情

1914 年论文《论法感情》[①]是《法哲学》第 13 章的基础。

一般认为,创造法秩序的精神力量是严谨的思考、坚定的意志,而非温暖的感情。最善于为正义女神服务的,是充满才智及执行力但情绪贫乏的人。不同于其他民族,罗马法将"法起源于神"的信仰仅限于祭祀领域,严格摒除富于想象力的心和善,不存在"法与诗"、"法与幽默"的题材,也没有各民族的英明法官故事,法的外观是苛酷无情的、可怖的(普赫塔)。

法感情(Rechtsgefühl)中的 Gefühl 首先是浪漫主义的口号,法和感情的结合是作为憧憬而非经验地实现的,因此"法感情"一词含义多样,作为法学革新的呐喊曾三次出现:

(1)萨维尼《论立法和法学的当代使命》(1814)是历史法学的开山之作,"法不是由思辨根据恣意推出来的,而是与语言、艺术等文化一样,由民族精神、民族信仰,即法感情创造和支撑的"。浪漫时代法学家信奉并欢迎涌入法这一枯燥领域的、源于最高文化价值的非理性暗流。但很快这种非理性作业被其背后的古典知性主义平庸化,法感情以传统法效力为基础,法学固态依然,只是进行着更无感情的"概念的计算"。

(2)基尔希曼《论作为科学的法学之无价值》(1847)预示风暴时

---

① 载 *Die Tat*,1914。见德文全集卷 1,第 423-437 页。日译者小林直树,见日文著作集卷 5,第 83-98 页。

代的到来，他向历史法学宣战，要求审判重返国民、常识，即法律感觉。自由法运动在反对概念法学上与基尔希曼相协调，但不主张"感觉法学"，认为它难免纠缠着缺乏制约的危险。

（3）耶林《为权利而斗争》（1872）打响了决胜负的关键战役，他认为历史法学派作为法感情的"民族确信"不足以保障法的延续，法不是人的信念，而是人的劳动，只有人人都不纵容对自己权利的侵害，法的存在才有可能，为权利斗争是伦理上的义务，即法感情。

三种法感情含义比较如表 3.1。

表 3.1 三种法感情的比较

代表人物	萨维尼	基尔希曼	耶林
关联对象	法的效力：因何而正当	法的内容：何为正义	主观权利
内容	敬畏，服从现存秩序的感觉	知性、明敏、判断力、辨别力	权利信念、保卫权利的意志
典型形象	忠实的市民	正义的法官；法律的头脑	激愤的争讼当事人；伦理的斗争本能
方向	纯粹的感情	知性主义	意志主义

三、权利心理学

耶林意义上的法感情即法律之人"为权利而斗争"的形象。个人的权利感情（Rechtsgefühl）和良心两种伦理呼声在内心中争论不休：前者授予权利，后者施加义务；前者被意志激发，后者被意志束缚；前者为利益正名，后者压抑私利。良心要求不反抗恶，要爱仇敌、为逼迫自己的人祷告；权利感则要求积极捍卫权利，为权利而斗争是道德的自我保全。义务、爱、和平、谦逊，与权利、荣誉、斗争、自负针锋相对。一个人可能既是虔诚的基督徒，又是权利的坚信者，在这种灵魂深处的矛盾中，受压抑的权利像易卜生笔下的"山妖"，不断反抗基督教良心的暴政。

两个敌对伦理世界的和解归功于康德和耶林，康德使其成为可能，耶林加之以雄辩。流向良心和法感情的激流本出同源，照亮义务的伦理激情同时也照亮权利，为权利而斗争成了道德的自我主张，守卫自身权利成了道德义务。但这种理想融合状态毕竟不是心理现实，良心占优势的性格和权利感占优势的性格明显不同：前者是易怒、蛮横、好斗、顽固、坦率的英雄型，后者是温和、亲切、忠厚、卑顺或阴险不安的圣人型。因此即使在康德以后，依然有以一种片面来矫正另一种片面的伦理哲学家。或专以权利感构建伦理，高贵者把特权及其行使看作自己的义务（尼采）；或专以良心构建伦理，容忍不可抗争的不正义是人之本分（托尔斯泰）。

权利感和良心未必共存，二者差异在于：（1）良心指明个别情况下的义务，权利感则源于对一般规范的自觉，是以活跃的知性为前提的意识；（2）道德适用于孤立的人，法律则适用于人与人的关系；（3）道德要求不考虑对他人是否也适用，而权利概念要求对任何人同等普遍适用，排除恣意感情。权利感就具有某种从个别到普遍、从普遍到个别的灵活性。为权利而斗争者的强大爆发力，就来自把个别提升到普遍得出个案公正的理性主义与充满生命活力的激情、价值感与人类本能的独特混合，二者贯穿着近代史上最伟大的为权利斗争事件——"德雷福斯案"[①]。法律再次呈现出对立紧张中的不稳定均衡，一方是穷人和孩子的亲切保护人圣伊华[②]代表的宗教慈爱，一方是身披铠甲的勇猛的大天使圣米迦勒代表的法律斗士。

---

① 法国犹太军官 Alfred Dreyfus（1859—1935）1894 年被诬告误判为叛国，激起公愤，左拉为之发表《我控诉》，后掀起大规模社会斗争。经重审改判、赦免和左派选举获胜，1906 年终获平反并恢复名誉。
② Saint Ivo of Kermartin（1253—1303），法国本堂神父，律师和弃儿的主保圣人，被称为穷人的代言人。他的墓上写着"圣伊华是一名律师，却不是一个窃贼，这实在奇妙！"讽刺了当时律师的不良声誉。他常被画成一手拿救济穷人的钱袋，一手拿法官的纸卷。

但将权利感推向极端可能陷入病理性的好讼妄想,易堕入伪善自欺,使妒忌、自私、猜疑、自以为是、睚眦必报、幸灾乐祸披上平等正义要求的外衣;合法的权利感还可能堕入不顾对方利益的权力欲,也可能走向科尔哈斯为了伦理人格不顾自身利益的自我毁灭,或堕入夏洛克将道德目标和自身利益一并抛却的固执的力量角斗,即刁难(Schikane),传说中很多贤明法官也像鲍西亚一样,用反刁难来矫正它违反本来目的的后果;权利感也容易拘泥于单个事件而难以一般化;它以想象中的、不一定实存的权利为对象;最后,有价值的不仅有"好的权利",而且还有"爱的和平",那些细故案件应以后者为主。

拉德布鲁赫关于法的心理学的分析,从施普朗格的人类生存类型出发,提出"法律之人"属于一种社会人与理论人的结合,也是对方法二元论的一种呼应,法律人应该既是社会现实之子,也是理性之子,于是对应着法的现实主义和理想主义两种相反形象。但拉德布鲁赫认为,法律人在形象和法感情方面不应该是截然分立、非此即彼的,应该区分适用领域,在正义和安定性上坚持理性人的形象,在合目的性上则呈现政治人和社会人的形象。

拉德布鲁赫又从萨维尼、基尔希曼、耶林的著作出发,阐述"法感情"的三种不同呈现状态,并着重分析了耶林所倡导的"为权利而斗争"中蕴含的法律心理。权利感和良心是两种不同方向的伦理诉求,对应着人类偏重法律的情感和偏重道德的情感,康德和耶林将二者加以调和,总结为"守卫自身权利是一种道德的义务"、"为权利而斗争是道德的自我主张",但二者终究是截然不同的形象。拉德布鲁赫认为在法律感情中,应当以良心来弥补权利感可能带来的弊端。拉德布鲁赫关于法的心理学的分析,条理清晰而表述浅近,使人回味无穷,其生动感来自他对法律中的文学形象的鲜明把握,除文学之外,拉德布鲁赫还热衷于分析美术、雕塑等艺术作品中的法律形象,其主要观点汇于下节"法的美学"中。

第四节 法的美学：逃离法学院？

法和艺术可相互利用。法律所需的形象表达方式也受美学的评价。在人类早期时代，法与习俗、道德、宗教，以及艺术紧密地混同存在。但在各种文化形式中，法与艺术仍是遥远甚至敌对的，前者最僵化，后者却最活泼。但这种分化恰使法特有的美学价值更加凸显。

一、法的表达形式

法的表达常遭两种非难：法律用语枯燥无味、贫瘠，法庭辩论则花哨虚浮。法律用语排斥劝诱性、说服性、教育性的文体，冷静而戒绝感情，生硬而缺乏论证，简洁而放弃教训意图，表现出命令的国家自信的权力意识，其严密精确成为司汤达这样的大师的文体楷模。法庭辩论中为权利而斗争的语言却采用炽热的雄辩，权利感结合了法律规则的抽象普遍性与具体、直观、固执的感情，即冷静与热烈、普遍化的知性主义与个别化的热情两种对立特性。诗是给个别事物赋予普遍的象征意义，而为权利斗争的雄辩则是给普遍事物赋予个别的直观性和现实性。

法的认识也常以美学价值为基础。在法律问题得到令人赞叹的精巧解决时，优雅的解决直接带来美学愉悦。如佐姆称赞罗马法官塞尔苏斯：把一般原则展开为具体判决，极为简洁的语言有力地在高空翱翔，像照亮远景的闪电之光。法学解决方法的优雅表现为"真理的标志是简明"，它把美学价值作为逻辑价值的标准。各民族的贤明法官从不起眼的语言和事实中出人意料地得出判决，产生某种震撼力和感动。有美学感受的人在法的认识和评价中也会受美学价值影响，如分类中的对称性、分割时的受欢迎数字和不受欢迎数字、叙述历史发展和逻辑发展时厌恶断裂的 Z 字型而喜爱流线型。其危险性可由一种有趣的民族思维对比来说明：英国思维对难看的 Z 字型过程毫不挂怀，一心只做必要的事，不愿做长远计划，静待从事物发展中得到知识，因此他们总是能毫不犹豫地随时转舵；相反，德国人迷恋平滑曲线或直线，如果扣错了第一颗扣子，剩下的扣子也同样顺次错误地扣下去，一旦选定方向就硬着头皮走到底[1]，在这里，解答的精巧往往只是解答正确性的骗人标志。

二、雕塑和绘画中的法哲学

法律除了作为艺术评价的对象，还成为艺术的素材。阅读艺术尚未普及时代的人，比今人更擅长造型艺术鉴赏和寓意理解，随着概念从直观中解放出来，寓意逐渐失去价值，从前的象征艺术在今天鲜为人知。16 世纪法学家阿尔恰托斯[2]巩固了象征艺术，但寓意的复杂使其只有把绘画和语言结合才能被理解；而自莱辛的《拉奥孔：论诗与画的界限》以来，主流艺术把文学与造型艺术分立，终结了象征艺术。

造型艺术的法哲学最初体现于正义女神的寓意。克吕西波[3]眼中的正义女神形象是冷酷的："少女的美丽姿态、严厉可怖的外貌、锐利的目光，不是因卑怯或挑衅而是因敬畏的严令，而透射出良心悲悯的高贵。"正义女神像的寓意还体现于她的物品。忒弥斯和狄克[4]手持宝剑在罗马时代已众所周知，中世纪初期前又由罗马人加上天平。天平与

---

[1] 德国人夹开坚果需要从大到小的一整套钳子；电影《虎口脱险》中德国摩托兵紧盯着白线在盘山道上飞驰，最后顺着画歪了的线飞出悬崖，这样循规蹈矩的死心眼，是德国思维的写照。
[2] Andrea Alciato（1492—1550），意大利法学家、作家，民法教授，著《象征学笔记》等。
[3] Chrysippus（280—207），古希腊斯多葛学派哲学家、逻辑学家。
[4] 正义女神与忒弥斯（Themis）和狄克（Dike）有关。天神生女神忒弥斯，忒弥斯与宙斯生时序三女神，即欧诺弥亚（秩序）、狄克（正义）和厄瑞涅（和平），还生命运三女神。其中狄克手持利剑，巡视人间正义；忒弥斯则负责诸神的正义，后二者合一。

剑的结合可有多种象征：判决与执行、法与力量、民法与刑罚、定罪与量刑、矫正正义与分配正义等。法兰克福正义女神像"罗马之泉"对正义的理解尤其鲜明：天平高举、剑低握而时刻准备使用、脚下迈出坚定的步伐（见图3.1）。丢勒①的纽伦堡改革法封面木版画《神圣的正义》中，坐在纽伦堡帝国纹章上方的两个形象则比较神秘，一个佩王冠，拿着天平和剑，一个戴花环，拿着空钱包和火把，可能象征矫正正义和分配正义，或昭示蔑视贿赂和追求理想。正义有时表现为男子形象，如末日审判画中的大天使米迦勒也手持剑和天平。布克迈尔②的正义女神像穿着男子衣裤和长靴，拿着剑和放有天平的地球仪，象征法对地球的统治。丢勒的正义像则是年轻男子，拿着剑和天平，坐在狮子身上，头上戴着正义的太阳光环，但这幅画主要是占星术。

图3.1 法兰克福罗马广场正义女神喷泉

忒弥斯的蒙眼布则是后世的附加，这与正义的初衷明显矛盾：蒙住眼睛还怎么用天平和剑呢？这一附加最初来自漫画。布兰特③《愚人船》的初版木版画上，愚人在正义背后蒙住它的眼睛。在施瓦岑伯格④的《班贝格刑法典》中，合议庭全体法官被帽子遮住眼睛，寓意按照不合法律的丑恶习惯来判决。歌德的魏玛故居所藏小彼得·菲舍尔的真迹中，正义被皇帝蒙住眼睛。从这些漫画发展为正义属性的"蒙眼"，标志着一视同仁。正义与书相结合较少见，也起源于漫画，如一幅木

---

① Albert Dürer（1471—1528），德国画家，作品有木铜版画、油画和素描，如《手》《基督受难》等。
② Hans Burgkmair（1473—1531），德国画家、版画家。
③ Sebastian Brant（1457/58—1521），德国法学家，他的著作《愚人船》使他以作家和人道主义者著称。愚人船的形象据说来自古代阿尔戈号英雄传说，但在历史上确有原型，即被驱逐的疯人乘船漂泊的流浪生活。
④ Johan Freiherr von Schwarzenberg（1463—1528），班贝格主教，撰写1507年《班贝格刑法典》。

版画中拿书的法律家、拿账本的高利贷者和系围裙的妓女站在一起；布克迈尔的一幅画也描绘了摊开的书和议论纷纷的法律家们。而海德堡古桥上，正义倚靠着五本古书，这时书才有法律学术素养的象征意义。

宗教改革时期正义的严肃画作增多。木版画《米歇尔菲尔德的绒毯》中，一个法官对带足枷的三个"德"（包括正义）做出"诈骗"的判决；《班贝格刑法典》中有受贿法官、盗贼骑士和身后的魔鬼，并附说明"在路上海上行盗所获颇丰，但不及受贿法官盗得多"，作为法典中的明显警示。法庭上也经常出现这样的警示画，如日耳曼博物馆莱茵伯格[①]的一个木雕，坐在兀鹰上的法官俯身于有钱当事人一侧；撒克逊城市法要求法院悬挂末日审判图，以警示法官自己也要受审；市政厅常挂典范或警示画《所罗门的判决》《阿佩里斯的诽谤》《康帝行刑图》《图拉真之正义》；但在法科大学常见的圣伊华像在法院却极少见。霍尔班的《死亡之舞》木版画中，法官对面，站在欺诈的保护人和被欺诈的被保护人中间的死神折了杖（宣判死刑），而讼师收下委托人的答谢金，贫穷的被告不安地旁观着。《行星诸子图》中朱庇特的诸子中总有一个是法官形象。约斯特阿曼的《身份志》中，法官是衣冠楚楚的傲慢的人；韦格尔的《身份志》中，法官对权利请求者说："你静些吧！这些尘世琐屑不值得你争我夺。"

上述正义和法律家形象的描绘常是批判主题的——法官的腐败、律师的贪婪、二者的狡猾和脱离民众，但其出发点只是滑稽、挖苦、警示，真正深刻的讽刺画直到19世纪才在杜米埃的艺术中出现。

三、法律与文学

艺术家往往嫌恶法学。歌德给他的诗人法律家朋友写信说："你侍

[①] Hans Leinberger（约1480—1531/35），哥特晚期雕刻家，作品有木雕、金属雕和石雕，属多瑙河画派。

奉两位彼此为敌的神——基督和玛门①。"也有很多逃离法学院的诗人，诗人乌兰特的一首诗开头是"当我开始研习法律，与我心相悖逆"。舍费尔长叹："罗马法，我对你永生难忘，/像梦魇压在心口上，/像磨盘积在肠胃里，/脑袋被钉在木板上！"当然也有霍夫曼那样与法学和睦相处的诗人。法的事物性即抽象性，使其只知婚姻不知爱情、只问债权不问友谊；诗人关于法的言论往往比法哲学家的更有说服力，因为其源泉不仅是思考和选择，而且是整个人格，是比实存更深的本质意志。

法律常成为文学题材。(1)英明法官的故事，如圣伊华②、所罗门、日本法官大冈忠相、保利《侮辱与尊严》、维克拉姆《马车夫笔记》、黑贝尔③《珠宝盒》等，但这些故事很少有出色的法律发现，都是凭策略解决案件，当今犯罪推理小说于此更为精湛，只是主人公换成聪明的侦探。(2)巧妙规避法律的民间传说，如歌德的叙事诗《列那狐》、格林童话中的大盗、黑贝尔笔下的曾德尔弗里德和曾德尔海纳、霍普特曼的《獭皮》和奥伊伦斯皮格尔的同类故事，描写贫弱者对有权有钱者的复仇、狐狸对狼和熊的复仇，这里对被打破的法律都不报以同情。(3)犯罪心理学分析，如席勒《恶名昭彰的罪人》和库尔兹《太阳旅店主》、费尔巴哈《重大犯罪讲述记录》等，讲述犯罪深入人类灵魂的极端可能性和危险性。

法律常成为戏剧题材，悲剧的本质是无解的二律背反，而法正是基于二律背反的反题构建的，如存在与应然、实定法与自然法、正统法与革命法、秩序与自由、正义与衡平、法与慈悲等。古代戏剧中，法律常表现为强加于个人的命运，个人的反抗是无谓的，像《安提戈

---

① 玛门是财利的假神。新约·马太福音 6.24：你们不能又侍奉神，又侍奉玛门。
② 圣伊华处理的一个案件：富人起诉穷人赔偿损害，因为穷人闻了他家厨房的肉香，伊华判支持富人请求，让穷人把一枚金币扔到桌上响了一声，"以金币声音赔偿烤肉香气"。
③ Johann Peter Hebel（1760—1826），德国短篇小说家、方言诗人，著《莱茵民居的珠宝盒》等。

涅》中的反抗实际是反映不同法秩序的冲突——人法和神法。

在基督教赋予个人灵魂以固有价值之后，近代戏剧多表现法秩序与人格的冲突，实定法常体现为残酷的命运、冥顽的权力或麻木的官僚。如莎士比亚的《一报还一报》，它是一部悲剧主题的喜剧，摄政安哲鲁重大误判最后被恩赦，恩赦的本质不在目的而在其结果，它是道德世界的奇迹，其不公平性会唤起被赦者灵魂中预想不到的变化，可惜剧中缺少对安哲鲁被赦后这种变化的描述。《威尼斯商人》中鲍西亚曾对恩赦大加歌颂，但没有被夏洛克听取；众人的喜剧过后，夏洛克的悲剧上演。耶林对夏洛克的权利被践踏极为愤慨[①]；但柯勒认为，通过这类曲途修正过时的法律是法史上的常事。但夏洛克确实蒙受了不正义，当然莎士比亚通过把他描写为一个奸恶的犹太人、滑稽可恨的配角、愉快气氛中的阴影，而轻巧地回避了这个问题，使它成为一段插曲被弱化和淡忘。

歌德和席勒的戏剧创作都始于对法律的否定——歌德的《葛兹》和席勒的《强盗》。但二人后期转向对法的积极态度。歌德《围攻美因兹》中的名句"我是这样一种人，与其忍受无秩序，我宁愿忍受不正义"也使他蒙受骂名，但这里的秩序并不是指小市民的安全和秩序，而是整体世界观的表达，就像希腊人的"宇宙"一词同时有秩序和世界之意。歌德反对革命的正义，与他的地质学"水成论"、植物学变形论、伦理学连续论一脉相承[②]，他的法理念站在秩序一面缓和其与正义的紧张关系，歌德自己也说悲剧创作与他的性格不合。反之，席勒以法理念为剧作冲突中心，特别是法秩序与道德自由间的背反，他在《唐卡洛斯》中让波萨侯爵在演说中喊出道德人格相对于国家的自由要求，在《威廉退尔》中说："握紧你在天上的权利，它像星辰一样不可让渡、

---

① 见耶林，为权利而斗争，法律出版社，2007，第31页。
② 歌德的地质学认为：地质变迁不是通过灼热地壳火山喷发的"火成"运动，而是通过静静的水流作用而发生的"水成"运动。歌德在《植物的变形》上的题辞："他从我旁边经过，我却不看见。他在我面前行走，我倒不知觉。"（语出《约伯记》9.11）。

不可侵犯地在头顶高悬。"德国最伟大的法律文学家是克莱斯特，他在《破瓮记》和《米夏埃尔·科尔哈斯》中尚未克服极端，但在《洪堡亲王》中已达成对法的二律背反的协调：选帝侯和洪堡亲王最终通过服从判决和赦免达成了和解，消融了法与恩赦、事物性与人性、南普鲁士与德意志的对立。

法郎士[①]的《克兰比尔》怀疑和嘲讽法的价值；托尔斯泰的《复活》则从登山宝训的宗教情感出发否认法律。一个好的法律家不应回避这种怀疑或否认法律的内心对决。既信奉自己的天职，又时刻意识到法律的问题性，这就是法律家的宿命。

拉德布鲁赫"边缘间的鬼才"在他对法与艺术关系的分析中得到了充分的发挥。他认为，法与艺术之间的距离看似遥远，但法却具有独特的美学价值。法律表达可以是理智和枯燥的，又可能是具体和热情的；法律问题的解决是可以精巧和"优雅"的，会带来美学的愉悦；法律人的美学感受也会影响他的法律认识和判断，有时可能会造成与法律正当结果的偏离。雕塑和绘画等艺术作品很多以法律为题材，而小说、戏剧等文学作品中也涉及了大量的法律题材和人物形象。很多戏剧冲突来自法律给人类生活带来的冲突，尤其是法律与道德之间的二律背反。这一部分的分析依然体现着拉德布鲁赫二元论的清晰视角，他不无悲观地强调，法律人不应回避这些矛盾，而应暴露和面对这些矛盾，接受法律的"问题性"。

---

① Anatole France（1844—1924），法国小说家，著《波纳尔之罪》《泰绮思》《当代史话》等。

第四章

法科学的本质和历史：拉德布鲁赫论法科学

本章以《法学导论》为主，纳入《法哲学入门》和《法哲学》中相关内容和其他论文。法科学（Rechtswissenschaft）又称为法学，即法解释学（Jurisprudenz），是以法为研究对象的科学。其中，狭义的法科学即条义法科学、体系法科学，是运用体系的、解释学的方法，研究实定法客观含义的科学。根据本书第一章关于文化科学划分的论述，法哲学属于价值评判的领域，法科学则属于价值关涉的领域。本章内容仅涉及狭义的法学，即与法哲学相并立而存在的法科学，不考察法律的内容本身是否合乎价值，只就法条文本、法律秩序本身的解释、构成和体系化开展研究，因此本章与前述法哲学并列分章，处理的完全是不同类型的问题。为防止"法学"这一表述可能带来的混淆，本书对上述意义上的"法学"专门称呼为"法科学"，与法哲学相互区分。

本章将分别介绍拉德布鲁赫关于法科学的本质、历史和思维形式的思想。

第一节 价值关涉：法科学的本质

法科学是以法律为研究对象的科学。它主要研究以下三个方面：第一，研究实定的法律秩序、现行法、实然法，而非应然法。区别于法哲学（法律的目的）和法政策学（实现法律目的的手段）。

第二，研究法律秩序和法律规范，而非法生活和法事实，它直接与价值关涉，直接服务于正义，区别于法律文献学和犯罪学等。

第三，研究法的客观含义而非主观含义。研究法如何被理解而不是确定法的意图，不依法的存在、事实性、文本内容而确定其实效性，而是因其赋予义务的含义而产生法的效力，这使其区别于研究参与法律创制者和法律受众的现实心情的"法的社会理论"（耶利内克），即法史学、比较法和法社会学。

法科学属于文化科学，但经常被理解为规范科学。但如果从命令的事实中剥离命令的内容，就只剩下一个没有内容的"应该"，所以命令和规范是不可分的，尽管以经验科学、文化科学为对象，法科学在方法论上必须用规范科学方法。本节主要介绍法科学的方法论，即法科学的逻辑学。

一、法科学的方法

法科学工作有三阶段：解释（Interpretation）、构成（Konstruktion）和体系化（System）。

（一）法律解释

拉德布鲁赫《法哲学》第 15 章、《法哲学纲要》第 5 章、1935 年论文《解释的类型》[①]都论及法律解释。

法律家和文献学家的任务都是解释，但二者在目标和方法上存在根本不同。经验主义时代普遍采用文理解释（文献学的解释），是"对认识的认识"（伯克[②]）、对当时思考的考证，旨在确定主观意图的现实

[①] 法文版收入弗朗索瓦·惹尼教授祝寿论文集《法源论》第二卷。见德文全集卷 3，第 23-28 页。日译者碧海纯一，见日文著作卷 5，第 101-110 页。

[②] Philipp August Böckh（1785—1867），德国古典文献学家、史学家。著有《雅典人的财政》《菲洛劳斯》《古代度量衡计算》《阿提卡国家海军事务》《语言学诸科学百科全书及方法论》《希腊碑文集成》。

含义,即解释对象的作者的想法。一旦弄清了经验的、历史的事实,解释的任务即告完成,至于这种思想是否逻辑连贯、是否有漏洞、是否明确则在所不问。

法科学的解释则应是指向实定法客观含义的价值解释。因为现代法律往往是多人协力创制,可能有多种意见,但法律只能在一种意义上解释和适用;即使参与制定者意见一致并在法律理由书中明示,法律解释也不限于此。因为解释要探索的不是立法参与者的集体意思,而是立法者的意思,即国家意思,它只能在法律本身中表达。立法者的意思不是解释的手段,而是其目标和结果,它无非是法律内容无矛盾的统一性的拟制表达,一旦法律被造出,立法者就不再是经验世界中实在的人了,即"立法者并不是那些以其权力最初立法的人,而是以其权力使之现在继续成为法律的人"(霍布斯)。立法者意思可随历史推移而变化,完全可能是法律制定者当时没意识到的意思。就像梭伦①在完成立法事业之后自我"流放",经验的立法者必须向法律之中的理念的立法者让位。法律比其制定者更聪明,解释者可以、甚至必须比法律的创造者更好地理解法律。法律制定者的思想中不可避免存在漏洞、不明确和矛盾,不可能预见无限多样的生活现实;但解释者必须解答任何法律问题,不能以法律漏洞、矛盾、不明确为借口拒绝裁判(《法国民法典》第四条),因此法科学的解释从文理解释出发,但立刻超越了文理解释而独自掌握航向。它不是对思考的追溯,而是对可考虑事物的全面思考,像《瑞士民法典》按照"自己如作为立法者应提出的"规则来解释。解释是理论与实践、认识与创造、再生产与生产、科学性与超科学性、客观和主观两类要素的混合,这才能回答新的法律要求和问题。近代神学和文献学解释创始人施莱尔马赫指出法律解释是关于"一般命题和明显不包含于其中的事实之间的关

---

① 梭伦(前638—559),雅典执政官、立法者。梭伦改革革除了当时德拉古法的酷刑,奠定了雅典民主政治基础。执政官任满后放弃全部权力离开雅典远游,到过埃及、塞浦路斯、小亚细亚等地。

系"，将其排除在自己工作领域之外。

文理解释是学术史上较新的产物，它用于法律解释比注释这一古老形式晚近得多。原始时代的语言独立于说话人的思想，被赋予某种魔力。语言一经说出就玄妙地开始自我主宰，就像只有实现了才电光石火恍然大悟的神谕；很多童话故事也是围绕说话人自己意识不到的双重含义。偶然形成的自然现象，如形似廊柱的钟乳石洞、形似僧侣和尼姑的两块巨石，被古人看作意义的载体，自然现象和人类的精神产物一样被拟人解释。"预言的力量遍布宇宙"（奥古斯丁）；"如果无生命的自然呈现出与我们爱和敬畏事物相同的模样，那当然会使人欣喜"（歌德）。

这种超意识含义的解释被经院哲学提升为科学方法，圣经文字被认为包含四重含义：

> 载明事实者，文义也，汝所信仰者，寓意也，
> 汝所遵行者，道德也，汝所趋向者，奥义也[①]。

这种灵感论解释在圣经文字背后揭示出神的真正想法，而非固守圣经撰写人的想法。这种解释方法流传至今，牧师在布道中不断阐发出新的含义，成为圣经辞章不朽生命力的源泉。很多俗界领域也经常从语句中抽出比说话者意图更深的含义。如齐美尔所说：从词句中意外发掘出深层含义带来一种最纯粹的喜悦，更高的精神把善的解释赋予我们的智慧，使难以窥见的奥义有了容身之地，给人以慰藉和希望，

---

① 又译"文字，事之所载；寓意，信之所赖；伦理，行之所依；末世，心之所望。"解经学始于俄利根（182—251）的三种经义，后由卡夏努（约360—430）扩展为四种，沿用至中世纪末：

解释类型	意义	例：以色列人出埃及（但丁）	例：耶路撒冷
字义 littera	字义 历史	后裔的迁徙	以色列的城
寓意 allegoria	信仰 信理	神的拯救	教会的图像
借喻 tropologia	爱德 伦理神学	灵魂从罪恶到仁慈的解放	人灵的图像
奥义 anagogia	望德 末世论	从奴役到永恒的自由	天国荣福的图像

正如存疑时推定被告人有更好意图。这种不可思议的能力何以可能，也是阐明法律解释何以能超出词句真正含义的关键。正如谜语的答案未必是出题者想到的答案、下棋者一步棋的意义可能与本意完全不同。一句话一旦说出口，就进入概念世界的固有规律领域，脱离我们的支配，"语言代替我们思考和创作"，"织工并不知道自己织的是什么"。在利用自然法则和逻辑法则的同时，我们也服从其支配，把思想嵌入无法预料的语境关系中，主观精神作为部分和片段融入"客观精神"，这种知觉是一种谦逊态度和崇高自觉。

但法律解释不同于神秘的直觉解释，是理性的逻辑解释。逻辑学起源于诡辩派的修辞课，科学的逻辑学则起源于律师的逻辑学，即法庭辩论中论证与反驳的艺术。它不关心立法者的想法，只问关于本案可从法律中推知的意思。与这种理性解释最接近的是早期新教神学的圣经至上主义（Biblizismus）：凡事都要引据圣经来证明，"法律家离开文本说话是耻辱的，神学家离开文本说话更耻辱"（路德）。这种认为具备完全性、充分性、丰富性、明晰性的圣经有解释自身力量的理论，与作为法律解释基础的法律完备性理论一致。当然，法学方法不应仅援引它与神学方法这种不可靠的类似，而应有跻身于严谨现代科学的自信。

文艺学领域文理解释从前一直占统治地位。如在作家关于作品的说明、草稿、日记或书信中探索作家现实思想的"歌德文献学"等。但对主观意图含义的探求逐渐退居背景地位，甚至作家本人日后重读自己作品也会产生新的领悟，这种从作品本身出发的理解方法成为新型的传记研究方法，它不再是从人格到作品、把作品理解为人格的流露，而是从作品来阐明人格，作品的作者不再是创作这部作品现实的历史的人，而是在作品中鲜活着的、为不同时代的新问题提供解答的永远的作家或思想家。法学解释的这一特征类似于美学解释，立法者是在活在作品本身中的理念人格。

不仅个别精神史，集合精神史也可能从作品出发。哲学史或学说史从前致力于对一个思想家受其他思想家的实际影响做心理学确定。但黑格尔以来，哲学史不再考虑传记的心理学的关联，而展开思想体系相互间的客观关系，将心理上的联系也理解为逻辑过程，体系向其他体系的发展被理解为在单一意识中运行，客观精神的运行被理解为单一精神作品，正如法律变迁背后始终存续的同一的"立法者精神"。

指向超意识意义的解释在非理性形态中复活了，象征如今不仅是神学概念，也进入心理学和社会学。弗洛伊德精神分析揭示，被意识压抑了的潜意识心理过程通过象征来寻求代偿表达；唯物史观把社会意识形态看作对阶级利益不自觉的美化。二者都试图表明：理性现象不过是由非理性的原始冲动、情欲、权力欲等点燃的微光，它照亮自己周围，从而安全地把自己隐藏在黑暗之中。

（二）法律构成

法科学在解释得来的含义基础上进一步对法的质料进行双重加工：一是范畴论的加工，把法表现为法概念和包含在其中的法范畴（形式）的实现；二是目的论的加工，把法阐明为追求法理念的实现。

构成，是对法的质料进行目的论或范畴论的加工，以形成一个个法律制度。法学概念构成的工作是从法的概念出发，区分其中包含的各种范畴，由这些范畴对法律现实进行整理，如公法或私法、法律关系、买卖契约、诉讼、构成要件、违法阻却事由、行政机关等，设立这些范畴，明确其内容，并通过各种法律现实来说明。它把现有概念被解构的孤立部分重构为一项完整的法律制度，是对先前分析的再综合。法学构成与数学、技术、语法学、历史学的构成①采用同样的方法，考察某项制度或规则是否无矛盾、无漏洞。构成通常是目的论的，如诉讼法中的权利保护请求权，刑法中的刑罚目的论，行政法中国家学方法的纯目的论处理；也有范畴论的，如诉讼法中的辩论主义和职权

---

① "构成"是个通用术语，指把存在的事实与应然的原则进行对应，从而形成各种规则。其多种含义另见本章第三节二（五）。

主义，刑法中的刑罚规范学说，行政法中奥托·迈耶创立的法学方法。耶林和自由法运动攻击的概念法学，实际上针对的不是法的构成，而是一种错误的构成方式，即从"概念"或法律制度的"本质"推出法律规则，这类对法律制度本质的阐释是不能脱离其目的的。

（三）法律体系化

体系化，是进行目的论和范畴论的加工，基于某种理念来展开大部分或全部法秩序。体系化的工作是把民法、刑法、行政法等法律秩序领域汇总为整体规范意义的统一形态。体系的构建中，公法和私法的区别是范畴论的，而劳动法和经济法则是目的论的，一般法学是纯粹范畴论的。坎托罗维茨提出的法科学历史上形式主义和目的主义时代的往返更替，其根据就在于强调范畴论还是目的论。法的体系是一无限的任务，法律人面对各种案件，面对新法与旧法的冲突、法秩序内部对立法理念的冲突与融合，只能根据自己的确信来处理。自由法运动与法的完备性理论是一致的，前者处理法律的认识渊源（内容来源），后者处理效力渊源（施义务根据）；法官裁判的创造性可以根据赋予造法权的一般法律条款而有效。

（四）两种法律概念

法科学的双重任务——解释任务、构成或体系化任务，对应着两种法律概念：

1. 有法律意义的概念

有法律意义的概念（重要概念）是法律构成要件中从法律范围外拿来的概念，如窃取、故意、他人的动产、意图据为己有等。这种概念的形成，是经过各种前科学的概念或法科学以外概念的前期准备，进行目的论的概念构成。如为了预防杀人，把胎儿界定为人，这与生物学概念不完全相同；又如把葡萄根瘤蚜界定为"山坡葡萄种植园中的"害虫，这在动物学上完全不重要，但在法学上却有本质意义；又如犯罪地点、犯罪时间的解释、物的占有①等，法科学拿来这些概念并进行变形，以适应法律需要。自然法则中各种概念一经法科学的采纳，就要接受目的论的变型，完全不考虑实际目的而不变的法律要件几乎不可能。这里，法科学三阶段位置发生互换，解释反以目的论构成和体系化为前提。

2. 真正法律概念

真正法律概念（必要概念）是由法律创造出来的概念，对法律规则的规范内容有构成或体系化作用，它把法律规则的内容变成一个概念结构的对象，如权利、义务、法律关系、法律制度等概念，是为得到实定法认识，在概念逻辑上先行的工具，普适于一切实定法。这些先验的法概念是"一般法学"的对象。

《法学导论》在此处指出：法科学的双重任务造成一种在经验理论和实践目的之间不可调和的矛盾往返，一种在历史经验论和哲学目的论之间、因人而异的不停运动。这也给不同类型的法律职业选择者带来不同程度的困惑：受法律人的高社会地位驱使成为法科学生并走向法律职业的，其精神空虚、阶级偏见和麻木不仁给民族造成令人遗憾的伤害；基于父母希望或对其他学科兴趣不明显而进入法学院的优等生，足以胜任形式主义的法律工作任务；而对哲学、艺术、社会和人文科学怀有强烈兴趣却偶然踏入法律行业者，则时时体验着灵魂的困窘和冲突，歌德、席勒、乌兰特、海涅、舍费尔、哈特雷本、黑贝尔、杜米埃、福楼拜等，都曾表达对法学的厌恶、痛苦、嘲讽以至无奈。

二、法科学的特点

法科学的科学性常被质疑。洛高②从主观世界观出发否定自然的、

---

① 见德国民法典第854条。
② Friedrich von Logau（1604—1655），德国作家、格言诗人、法学家。

理性的、应然法律理论的科学性，基尔希曼[①]则基于法律目的的任意和多变而否认法学的科学性。法科学不是一般科学，它不可能像语言学、统计学那样形成统一的科学，而只能从其方法上，即解释、构成和体系上寻求统一性。法律作为法学的对象和结果，与法律互相规定，新的立法并不意味着对现有法学的破坏，而是法学的延续；法律本身大部分是法学的产物。法学是法律的解释和创造，是正当法和实定法的科学，也是关于法律生活的科学，它关系到法律、理念、生活三方面，处于价值世界和存在世界的中间位置。法科学是一种理解性的文化科学，其特点有：

1. 理解性

"理解"是把一种文化现象作为文化现象，在文化价值关涉中来把握[②]。法科学的理解性即把法理解为法概念的实现，即有意实现法理念的给定事物。法科学指向的不是思考过的含义的事实性，而是法律规则客观有效的含义。法律规则是命令，是意愿的表达，而意愿的客观含义是应然。法科学的对象是事实，是法律命令，是意愿命题，但法科学不是把它看作事实，而是通过其客观含义来考察，把这个事实作为应然命题即规范来处理。可以说法科学有存在科学的对象和规范科学的方法，它终究是存在科学，但依然是文化科学。

2. 个别化

法科学不是法则（Gesetz）科学，即一般化的科学，而是个别化的科学。它的对象不是单个法律，而是把这些法律规则结合起来的法律秩序，是"历史的因而也是个别的体系"；它的任务不是超越德国或法国法体系的特殊性而直达全部法秩序的共同命题，而是在这些法体系

---

① 见基尔希曼1847年演讲《论作为科学的法学之无价值性》。
② 《法哲学纲要》引霍夫曼·斯塔尔的诗，说明人类把全世界作为一个超经验意识的辩证过程来理解："那些生物是多么美妙，/它们说出未说之语，/读出未写之句，/在混乱迷离中被控制和约束，/在无边黑暗中找到出路。"

的个性中来理解。个案在法律中不像在自然科学中，只是一般法则的例证，法律最终是为了解决个案而存在的。因此法律家必须特别关注法律的范围、界限及其情形。所以尽管法律具有法则性，法科学却是个性描述的。

3. 价值关涉

价值关涉标准可以帮助法科学把个别事实区分为本质性的和非本质性的，文化科学指向文化价值，只与促进或阻碍文化价值的事实相关，这也意味着文化科学对象的可变性，如果对价值的评价发生变化，价值关涉的对象就会发生变化，不同时代视为重要的价值不同，被认为关乎价值的事实也随之变化，每个时代都重新改写历史，也重新书写自己的法科学。因此基尔希曼说："立法者的三个更正词就可以使所有的文献成为废纸。"帕斯卡尔说："不存在不随地理风土变迁而改变性质的正义或不正义，……在比利牛斯山的一侧还是真理，到了另一侧就成了谬误！"当然这种依时间地点的对象可变性不能否定法科学的科学性，因为科学性只能因任意的可变性被否认，而立法者的任何一笔更改都不能说是任意的，而是受历史的支配，只是法科学的改变更为突然，历史的变化通常比较漫长而已。

以上拉德布鲁赫法学方法论大体继承了拉斯克的理论。拉斯克认为，法学解释把法律不是作为社会学的事实，而是作为客观有效的规范意义的复合形态来考察；法律规范不是脱离事实而有效的应然，而是由社会意志设立的经验规范；法学是把经验规范的法与法的价值相关联来认识的独特的文化科学。拉德布鲁赫大体遵循这一思路。但他也指出，法学不是对法的含义做原样理解，而是与变化着的实体相应而加工、扩充的创造性活动；法解释学不是单纯的理论科学，而是以法律规则为基础而不断进行创造的实践科学。

但尾高朝雄提出几点怀疑：（1）关于价值关涉的方法。西南学派的价值关涉方法是彻底的理论认识方法，文化科学是纯粹的理论科学。

而法的解释如果按照"自己如作为立法者"应提出的原则来进行,那就必然是价值评判的操作,不同于理论科学的价值关涉方法。所以把法解释学的价值关涉作为法学的特点是不恰当的。(2)关于法解释学的个别化方法。实定法体系和秩序确实随社会环境变化而变动,法学确有随地点、时代变化的个别性;但法学也重视把法规范作为一般的法律类型来理解,保持与其他同样情形的均衡,也由此为构成各种范畴、保持法规则的体系联系而努力。因此法学显然是一种规范类型学意义上的"普遍化"的科学。(3)关于法科学构成的类型。拉德布鲁赫认为其包括理论的范畴概念和实践的目的概念。目的概念的使用,是法解释学为维持法的有效规范含义创造作用而必然采取的步骤,因此目的论解释的前提就必须是法的正当性概念,这就与研究正当法的法哲学紧密相连。只有把法律进行价值评判的加工和创造,才是法解释学方法在法哲学中的应有位置。在把法科学看作彻底价值关涉的理论科学这一点上,拉德布鲁赫的法科学逻辑还不能自圆其说。

三、法科学与法律创造

这里简要介绍拉德布鲁赫1906年论文《作为法律创造的法科学》[①]。

法律解释不同于文献学解释,其目的是认识事物本身,而不仅仅是对认识的认识。为实际适用法律而解释的法律家,必须从不具有对一切事实的规制力的法律中推导出规制可考虑的一切事实的判决。文献学解释可以排除逻辑解释,但法律解释必须以逻辑解释为任务。除了禁止拒绝裁判,孟德斯鸠的三权分立思想也制约着法律解释,他从英国法中引出的理论戏剧性地终结了大陆法官过去的法律创造工作,如所罗门审判、潘德克顿的现代应用、加洛林纳法典的解释等。启蒙时期把人性还原为利己和理性,摒除像"正义、明智、毅然、节制"(加

---

① 载 *Archiv für Sozialwissenschaft und Sozialpolitik*。见德文全集卷1,第490-422页。日译者田村五郎,见日文著作集卷5,第29-50页。

洛林纳法典）等非理性的法官性格要素对审判的一切影响，保障在法官独立下仅依睿智来审判，法官只能是知性的机器，解释就只能限于文理解释。上述思考过程注定是冲突的，因此三权分立、禁止拒绝裁判和法律的不完备性三者必须有一个做出让步。

先是法律的不完备性（矛盾、漏洞、不明确）做出了让步。启蒙时代，试图通过极详细的情况列举并禁止注释来抗拒，并最终开辟了理论上否定法律不完备性的道路：尽管制定法律的人的意思不完备，但法律作为国家意思、超人的"法人"被构成的意思可以是完备的。"法律比立法者更聪明"成了与当今法律家命运相系的学说。狄尔泰和施莱尔马赫都指出，解释学的最后目标就是达到超出作者理解之上的更好的理解。美学解释浪漫的"无意识创造说"被萨维尼推及法的产生过程，在法律中演绎出"观念的人格"即国家，通过法律构成而被赋予合乎思考必然性的完备意思。与神学方法有共通特质的法律学方法论，其使命既要满足认识任务，又服从裁判拒绝禁止和权力分立的现实要求。法律学固守裁判拒绝禁止和权力分立，必须以法律的完备性教条为自明的前提；而法律学方法的逻辑考察则固守逻辑规范，不能使用立法者或法人的被构成概念，只能在法学以外做科学的逻辑学考察、概念的判断，这就必然否认完备性教条，把法律看作经验的制定者的不完备的作品。

于是权力分立与禁止拒绝裁判的矛盾再次呈现，前者使法官限于文理解释，后者必然期待法官的法律创造，理由是：认为纯粹的知性劳动可从某种精神产物中得出作者未曾面对的问题的解答，这是经院哲学的错误，这种"逻辑的扩张力"或"溢出的逻辑"是修辞矛盾，是对形式逻辑给付能力的高估；权力分立要求的禁止法律创造，与禁止拒绝裁判，在法律不完备的前提下是不可兼得的，由于不完备性不可避免，后者又不可或缺，因此只能牺牲前者，对三权分立做出修正，如图4.1所示。

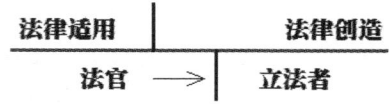

图 4.1 法官向立法者权力的侵入

法官向法律创造前进的界限只对个案有效力。这样的权力分立新形态不应导致比旧形态更大的法的不安定和不可预见的法官恣意。法律创造是法官始终具有的权力,当今法律家只是隐藏了过去或未来法律家公开承认的事实。

近年来法解释学的研究日益丰富,解释方法也有了各种分类,但并未指明严格、限缩和扩张解释以及类推解释和逆推解释在何时适用,只能依归谬法来论证,让实际结果来修正理论思维,耶林为这种论证做了定型。但何种超实定的规范能决定结果是否合乎理想?不是事物本性,因为从存在不能导出应然,而是趋向正义的"法的精神",即正当法。但何种法方为正当,无非由法官心中的规范决定,这些规范是应该探索的。所以法的科学加工或实际应用中,在多种判断或相互矛盾的法律规定中选择,以填补立法的不完备,是有本质意义的,法官或法理论家的工作要像一切创造一样,拿出全部人格,不仅思维,也有感情和意图。

当今持上述经院哲学主流见解(从不完备作品中可推出完备体系)的法学是孤立的。从前的法学尚可自夸为旧式新教教义学的伙伴:天主教把传统、现代新教把宗教感看作启示的渊源,而旧式新教只从圣经中寻找启示,由于禁止宗教指引人拒绝裁定,也不允许他们从自己心中创造裁定,就必须承认圣经的完备性,即完善、充分、自足、自我释明力。圣经的明确性、无矛盾性与法律相应;人类的不完备性通过向上追溯而还原为书本根据的完备性——法学上追溯至国家、神学上追溯至神;法学以机关说、神学以灵感说,把法律或圣经说成借作者之口说出的国家话语、神的话语。自从宗教感也被承认为启示的渊源,这一理论就过时了,法律近来也承认了法律感作为法源,以期不

第四章　法科学的本质和历史：拉德布鲁赫论法科学

再拘泥于法律完备性教条。

不同于以法律适用为职业者和为适用或修正研究本国现行法的学者，纯理论的法史、比较法、法政策的研究者不必坚守法律完备性教条，于是法律的长袍披在法律家身上就是华丽的王服，脱去或被别人披上就成了褴褛的丐衣；这些领域也不适用释明完善性的教义学方法，历史法、外国法或本国法无论多么不明确、不完备、充满矛盾，也必须如实描述，当那些法被看作失效，就不再是科学的对象，而仅是现实的文化要素，从法律学走向"法的社会理论"，从规范科学走向事实科学。

但在为适用本国现行法的研究中，运用法律完备性教条及其相关方法，对不完备的法做阐明、填补或正当化，近年来也多有主张。如自由法学自由的法律发现、利益法学通过利益衡量的法律发现、现实方法把法官从法律中解放出来、价值判断和意思决定对审判的影响、文化规范和正当法，与时代精神相通。该方法的展开以耶林《罗马法的精神》为先驱，但他后期的《戏谑与严肃》已踏上承认法律创造（目的论）之途。随后，从比洛开始，阿迪克斯、施洛斯曼、柯勒、吕梅林、贝克、门格尔、耶利内克、布鲁诺·施密特、齐特尔曼、荣格、埃里希、斯滕伯格、沃泽尔都论述了同样旨趣的见解；科尔劳施、迈耶和多纳也在刑法问题上论证责任和违法性的构成中应考虑超现实的规范；斯坦佩、赫克也与兰兹伯格展开法律方法的论战；最后施塔姆勒对超实证价值判断的认识论批判产生了广泛影响；而贝格鲍姆猛烈批判一切超实定法的著作早在此思潮开始以前即出现了。

新思潮的重大课题之一是法与民众的和解。从不完备的法典中随时可以得出明确、无矛盾的判决的法官神秘思维，早已成为外行人难以理解的怪相。也许只有坦承法律创造才能挽救法律的脱离民众。

本节所述拉德布鲁赫关于法科学本质的分析，分为法科学的方法、法科学的特点，以及法律创造三大问题。

法科学的方法分为法律解释、法律构成和法律的体系化。法律解释可基本分为文理解释和价值解释，前者只以阐明历史上的立法者原意事实为目标，而价值解释才是法科学的法律解释应有的方法，因为国家才是真正的立法者，法律一经制定即可脱离制定者，按其自身逻辑理性地发展和被解释。同时，法律的解释既是理性逻辑的化身，同时也难免受到非理性因素的影响，如被压抑的潜意识、被隐藏了的社会意识形态、阶级利益等。法律的构成是法律制度从社会生活现实出发被逐层创建出来的过程，而法律的体系化是通过理念对法律规则进行展开的过程。根据法律的双重任务——解释，构成或体系化，可以分为两类法律概念：从外界拿来的概念（法律解释）和法律独创的概念（法律构成和体系化），其中体现着法律人在现实和理性间的穿梭。

法科学是一种理解性的文化科学，其特点包括理解性、个别化和价值关涉。理解性强调法作为文化科学的应然性、规范性，个别化强调法律理解的个案性，价值关涉强调法的与价值相关性以及由此带来的相对可变性。对于这些特点的归纳带来逻辑不能自洽的质疑，我的看法是，法哲学的价值评判和法科学的价值关涉，是拉德布鲁赫秉承新康德主义西南学派的文化科学方法论做出的基本界分。法科学与法哲学不同，前者属创造王国而后者属理想王国，前者的任务是解释和创造实定法，后者的任务是评价实定法和构建正当法，这决定法科学不是单纯的价值评判；法科学又当然与无涉价值的自然科学和超越价值的宗教不同，它是志在实现正义的，其与价值又存在着某种相关性，在此意义上拉德布鲁和将其和其他价值关涉的文化科学放在一起是有道理的。但是不考虑价值评判的基本态度去思考法科学，尤其是法解释学，也加剧了拉德布鲁赫法哲学和法科学的分道扬镳，使法学难以在法哲学引领下前行，加大了理论的冲突性，体现出拉德布鲁赫一贯的二元思维特点。

法科学属于创造王国，强调法的创造。因为法的不完备性，法律创造有其必要性，但又由于立法、行政、司法三权分立的国家原则，法律解释不可超出司法权限进行法律创制，因此陷入两难境地。如果司法官不能拒绝裁判，就只能假定法律趋于绝对的理性，不存在任何矛盾、漏洞和模糊，但从经验上这是不可能达到的。若坚守权力分立原则，就只能禁止法官的法律创造；若坚持禁止拒绝裁判原则，就必须允许法律创造，容许法官就个案向立法者侵夺一定限度的权利，但必须以不至破坏法的安定性为前提，这是法官自古以来一直享有的权利。只有承认而不是掩盖法官的法律创造才能避免法律脱离民众、司法不信任的难题。

本节中拉德布鲁赫通过分析界定了法科学的本质，下面一节将是他关于法科学的历史的整理回顾。

第二节　世代交替：法科学的历史

一、法学的世代交替：形式主义和目的主义

坎托罗维茨在《法学的时代》①中探讨了法学历史变迁中形式主义和目的主义的世代交替。形式主义倾向从法条文本出发、从文字化的意志（Willen）出发解释程式化的法律规则，认为从概念和命题的完整体系可逻辑地推出一切法律问题的解决。目的主义从现实、从意义出发，按照生活的价值目的来操作和塑造法律，解决形式法律的疑点、填补法律的漏洞。形式主义更多言语主义、理论性、被动性、容纳性、保守性，目的主义更多现实主义、实践性、批判性、生产性、进步性。前者主要是文理解释，后者主要是目的论的价值解释。

1. 优士丁尼法典编纂时期

法典编纂以和谐统一、逻辑自洽为目标，禁止任何伪造来防止被

---

① 本节 1~8 内容来自拉德布鲁赫《法哲学入门》第 24 节，该书是拉德布鲁赫的法哲学讲义，却收录坎托罗维茨 1914 年发表在《行为时报》上的文章《法学的时代》。不知为了纪念亡友还是因文章实在值得推荐。用拉德布鲁赫的话说"这篇激情充溢的论文也许个别论点因后来的研究而略显陈旧，但仍不失其价值"。这里概要介绍。"9. 法实证主义运动"和"10. 自由法运动"是拉德布鲁赫的补充。

修改，认为"法律解释毋宁是歪曲"。（形式主义）

2. 中世纪初期（6世纪—1076）

这一时期信奉"法典是立法者的侍女"，法学教育缺失，由于教会法的解释要求产生著名的《伪伊西多尔教令集》①和其他千篇一律的摘录、义解、章句集、书式、语句解说等。（目的主义）

3. 注释法学时期（1076—14世纪中）

学说汇纂抄本在佛罗伦萨偶然出现，并由天才的伊纳留斯②以文献学方法整理出学说汇纂普及本。注释学派从此形式性、文献学成就出发，发现、修订古籍，阐明罗马法大全每一处细微含义，并加以整合和体系化，其代表是教会法基本文献《格拉提安教令集》。经院派形式主义的问题有：只是区别、争议点、法律发现、构成要件、基本原则、矛盾抵触的集成，而不涉及内容的相关性，如阿佐的法典集成、阿库尔西乌斯的国法大全注释；沉湎于刻板的争辩和区分；盲目信仰权威；无视当代生活和需要，是地道的历史主义。（形式主义）

4. 顾问法学家时期（14世纪中）

这一时期通常被称为后期注释法学时代，作为法律文献核心的鉴定活动迫使法学家按新的情况、观念和要求来调整罗马法，用顾问意见中的基本原理解释原典，或从原典中展开顾问意见所需的基本原理。最权威的顾问法学家是巴尔托鲁，他的老师西努斯作为诗人法学家，

---

① False Decretals, Pesudo-Isidore，由西班牙历史学家圣伊西多雷编纂，9世纪的早期宗教会议法令和罗马教皇教令的汇编，其中多有赝品，包括伪《君士坦丁遗赠》。15世纪前一直作为权威而影响较大。

② Irnerius（约1055—约1130），意大利法学家，中世纪罗马法和注释学派的开创者。在波伦那法学院讲授罗马法，以经院学方法研究《学说汇纂》抄本的复杂术语，有行间注释和栏外注释。他的学生 Bulgarus de Bulgarinis，Martinus Gosia, Jacobus, Hugo 被称为"四博士"。他被后人称为"法学明灯"。

其法学著作结合了法国文化和意大利元素①。顾问法学家不仅把罗马私法带到现实生活中，而且对整个罗马法进行了新的塑造。该时期的问题是经常有意无意地无端改写法律用语和由此导致的辩证论形式的滥用，实践法学成为决疑性、判例性的。经院派的方法受到自然主义运动的影响，正如浪漫风格与哥特式的关系，该运动如培根的经验研究、奥卡姆的唯名论、埃克哈特和阿西西的神秘主义、皮萨诺的雕塑、乔托的绘画、西努斯的甜美新诗体和顾问鉴定技术等。（目的主义）

5．文艺复兴时期（15世纪末—17世纪初）

法国人文主义法学涉及优士丁尼前的法律发掘、发现、编集和解说，以及屈雅斯②对法律知识与文献学、历史学的结合。而同时代德国的经院派不同，多坚持意大利顾问学派风格，用古典的经过注释的罗马法来清理本国秩序，无视本民族个性而从属于外来概念，正如当时德国建筑乐于采用维托鲁维③的风格。德国对罗马法的继受引起普遍愤慨，并在民法典制定时爆发，被称为"概念法学"的迷途。法国"人文主义-历史"学派和德国"经院-非历史"学派都接受现成的法律质料，但前者是纯粹罗马法，后者则是意大利化了的罗马法；前者的形式主义因古代和当代的对立而轻视当代、要求追本溯源，后者则毫不在乎这种对立。（形式主义）

6．自然法时期（1625—19世纪初）

自荷兰人格劳秀斯的《战争与和平法》以来，自然法思想开始发挥法律适用的实践作用，从国际法到刑法、民法。自然法哲学的本质

---

① Cino da Pistoia（1270—1336/37）拉丁名 Cinus de Sighibuldis，意大利法学家、诗人、法律教授，是但丁的朋友，彼特拉克的老师。他的抒情诗结合了法国南部爱情诗和意大利学院派的学养，被称为"甜美新诗体"。法学上受到法国"阿尔卑斯山博士"和辩证论的影响，最著名的法律著作是 *Lectura in codicem*。

② Jacques Cujas（1520—1590），法国法学家、罗马法专家，因法律人文主义著称。

③ Marcus Vitruvius Poll（前1世纪），罗马建筑家，著《建筑十书》。

是承认以人类理性为基础的普适、绝对、永久有效的法,到18世纪被孟德斯鸠法哲学和康德的理性批判所否定。"自然法"背后的形态,被称为不外乎"应近代法要求被粉饰的历史法的残片"(德辛①)。后来超民族自然法也被吉尔克用来掩盖自己法理念、对抗罗马法,实践的考虑渗入自然法论者的演绎中,理性目的主义以人类理性的永久立法,区别于经院目的主义的罗马法书本理性。幻想的、臆断的、形而上学的意义加上实践的、民族的内容,带来自然法的冲击力,成为普鲁士、法国、奥地利法典编纂的指导和法官适用和补充实定法的法源;法价值理念成为法律、习惯之外的第三法源,出现于"总则"中;普通私法、潘德克顿的现代应用②被现代化、科学化;国际法和国家法得到学科认同。自然法提出自由、人权,与农奴制、夫权、行会制、专制、家产制、教会精神奴役、警察国、纠问制、女巫猎杀等束缚展开斗争。自然法的否定者指责它故意无视其他法源尤其是制定法,以含糊的标准废止法律。自然法固非仇视法律,它固然使人们免受卡尔五世刑事裁判令的残酷,但它毕竟助长了法的不安定性;自然法掩饰下的恣意成为法律形态,就难免动荡和狂暴,与自然法哲学构成深刻矛盾。(目的主义)

7. 浪漫主义-历史法学时期(19世纪初—)

由萨维尼提出纲领的德国历史法学派,受18世纪思想家孟德斯鸠、伏尔泰、伯克和当时哲学家谢林③的影响,孟德斯鸠的"客观事物本性"既强调诸多要因的影响也强调法律的反作用,但萨维尼抹杀了法律对

---

① Anselm Desing(1699—1773),本笃会修道院长、弗赖辛校长,著 *Iuris naturae larva detracta libris Puffendorfianis, Wolffianis, Heineccianis*,一译《扯下自然法的面具》。
② 又称潘德克顿运动、《学说汇纂》的现代应用,是17世纪德国封建习惯法的罗马法化运动,后来在其基础上形成了概念法学思潮。
③ Friedrich Schelling(1775—1854),德国古典哲学唯心主义和自然哲学代表。著《先验唯心论体系》《宗教与哲学》《对人类自由本质的研究》。他的发展论指出"隐蔽的必然性对人类自由的干预"。

其唯一要因"民族精神"的反作用。这种浪漫主义的问题是：无目的、无意识的自我变化是谢林发展论的平庸化；否定自然法、法哲学及一切目的论和价值评判，在历史学眼界下考察民法大全的文本和蛮族习惯法的程式，接近文献学而排斥社会学方法，把一切科学作为历史来把握；同时接受孟德斯鸠的法官作用限定，把法的活动看作排斥意图的纯认识活动；否定法的任何人为确定和变革。其结果是在解释学上到达纯粹主义，回归罗马法古代阶段和德意志法中世纪阶段，在法史学上切断文化与法的关联，与浪漫的民族精神论相矛盾，带来日耳曼派和罗马派的分裂、理论和实践的分离。幸好德国法学没被历史学派左右，该时期出现豪博尔德、比纳、文克、黑内尔、亨巴赫等旧式法史家的"莱比锡学派"，甘斯、米特迈尔等比较法学者，艾纳特、里博、特尔等商法学者，科赫、威希特等现行地方法专家，蒂博、根纳等18世纪法文化追随者，费尔巴哈、格罗尔曼、基鲁夫等康德黑格尔式刑法学家、民法学家们，他们相信历史学派是迷途，成为历史主义洪水下的目的主义暗流。（形式主义）

8. 法现实主义时期（19世纪中—）

暗流浮出水面，新历史法学派在旧历史学派的形式主义中混合了法学生产性、实践性的目的主义要素，同时仍把历史研究看作法学教育手段，排除心理学、社会学课题。耶林在德国法学家中影响最为深远，尽管由于他时刻超越自我的意识，他的伟大成就都未及达成，但他区别了历史主义、概念法学与现实主义、目的法学要素，为新目的主义指明方法论道路，并提示其界限，防止了经院的、理性的目的主义的危险，自由法运动就是对耶林理论的体系性展开。（目的主义）

9. 法实证主义运动

法实证主义认为：任何法律问题都可用纯粹知性手段从实定法中得到解答。其原则：（1）禁止法官造法。法官是无灵魂的法律自动装置，只是发现和阐述法律规则的眼睛和嘴。（2）禁止拒绝审判。法科学的实践性排斥尚无定论和案情不清。(3) 假定法秩序有完备自足性，无论法律是否有漏洞、矛盾、不明确，都可通过纯粹理性手段回答任何法律问题。法实证主义要求法律解释学，往往并用文理解释和逻辑解释、扩张解释和缩小解释、类推解释和正反解释，法官在立法理由、法的精神辅助下，从法律中得出比法律起草者放入其中的内容更多的内容。这样，实证主义的解释论就超越了自身，在法官对法律精神的适用中隐藏了法官自身的价值判断。(形式主义)

10. 自由法运动

自由法运动运用逻辑学、心理学方法指出，作为法实证主义前提的法秩序自足性只是一种假定和拟制：把法官看作单纯的认识主体、自动审判机、实定法安定性的奴仆，不允许正义和衡平的操作，是不切实际的空想。对逻辑解释的固守本身就意味着否定法律，因为法律中的公平、诚实信用、良俗等一般条款都是在赋予法官价值判断的创制权限。自由法运动结合了法律存在漏洞和法官的创造任务，它并不是主张法官无视法律的"自由"权限，只是否认任何判决都只能从法律导出，只是让法官认识到如何靠自身力量来补充法律。(目的主义)

自由法运动肇端于耶林《法律的目的》对概念法学的斗争；形成于1906年坎托罗维茨的小册子《为法学而斗争》。施塔姆勒《正义法的理论》更多是认识论、分析论、形式性质的，而之前赫克[①]的利益法学也没有给出衡量利益比重的关键成果，富克斯和辛茨海默的社会学方法思想、埃利希的"活法"思想和"具体秩序思想"，都强调从事物本性而来的法律构成，以及"目的论的概念构成"，是从法理念出发考察法官的创造性法律发现。如胡贝尔在《瑞士民法典》开篇规定的法律发现三原则，使自由法向立法和审判中渗透。但这种有待补充的价值形式可能随着法官价值判断的过度深入，而影响到法的安定性，如赫

---

① Philipp Heck(1858—1943)，德国法史学家、民法学家，利益法学的先导，著《法律解释与利益法学》《概念构成与利益法学》《利益法学与对法律的忠实》等。

德曼对"逃避一般条款"的警告,通货膨胀时期超法律的紧急状态下适用情势变更原则,以及纳粹利用自由法思想服务于反法律的目的[①]。自由法运动的未来发展,可从强调法的安定性的必要出发,对各种自由法的努力附加一定的限制。

二、几种伟大的法律文化

(一)罗马法

罗马法[②]思想的特色是对法的固有规律的强烈意识,或称拉丁精神的"分离思想":① 法与习俗、道德、宗教等规范分离;② 法的价值判断与事实认定分离,如法庭和审判程序分立;③ 法与法的经济功能、经济基础分离;④ 法的规范与法的生活分离;⑤ 超法律的目的、法哲学、法政策学与法律分离;⑥ 私法与公法分离,罗马法的私法线条经由个人主义成为资本主义经济秩序的框架。以上分离思想为法的安定性、为任何法律秩序开辟了道路。

罗马法的显著标志是其判例法的形成方式,制定法只到罗马法发展终结时期才存在。十二铜表法和民法大全(corpus iuris)中体现了以事物本性和个案为基础的罗马法学发展。罗马法虽是判例法,但极重视法律形式的精简、所用法律形象的节约;这种普遍化的动机同时也使其对抽象、定义、构成及体系化极为慎重。罗马法的构成可说是把当前案件与既决案件看作相同案件的一种拟制过程。不是法律从规则中,而是规则从法律中推导而来。罗马法也建立了广泛的、影响深远的一系列法学指导原则。

罗马法本质上以超法律的目的为目标,如社会福利目的,但不是通过一般正义,而是通过"信赖法则",即个案衡平来达成的,其结果

---

① 1944年格奥尔格·达姆说:"法官原则上受法律拘束,但被迫适用与法律理念明显重大矛盾的法律,或适用侮辱民族内部感情或直接侮辱国民道德意识的规范,这是与法官的任务和尊严绝不相容的。"
② 本部分内容来自《法哲学入门》第5章,见德文全集卷3,第161页。

是罗马法不能够满足法的安定性。

一个历史的悖论是：继受罗马法的地区，罗马法从基于事物本性的法科学沦为书本科学，未完全继受罗马法的地区反而更接近基于事物本性的罗马法精神。罗马法继受以来，先后受到农民战争中的农民、1848年德意志统一和自由的倡导者、民法典之争以及纳粹党的抵制。抵抗罗马法的日耳曼学者未能看到，要继受罗马法，一方面会带来普通法的国家统一，一方面必然要求抛弃民族特性、变成万民法。由于罗马法的个人主义和私法特征，当时无论持国家统一论还是自由论的学者都厌恶罗马法。罗马法还因完全不能继受的公法，被指责为拜占庭专制。自由主义的反罗马法，实际上反对的是当时罗马法的代言人——持"清静无为论"的历史法学派和实证主义，后者名义上主张回归纯粹罗马法、拒绝潘德克顿的现代应用、反对作为时代趋势的法律改革及法典编纂。对罗马法的各种批判针对的不是古典罗马法学，而是继受过程中由后人滋生的拜占庭书本法。

（二）英美法

英国法不是罗马法继受的产物，英国法律家阶层通过亲自承担培养后辈的任务而非交给大学，从而成功阻止了继受。但这不妨碍罗马法精神的传播，反而极大影响了英国法的方法论。英国法和罗马法都是因事物本性而创制的案例法：制定法只发挥有限作用；立法未必法典化；都是法官法，法官先从普遍的、共通的习惯法引证出普通法，通过先例创制出对同类案件有约束力的新法。

英国法是法律家阶层的产物。律师学院[①]总括全体高级律师，分出庭律师和事务律师，法官和大法官出身于律师团。孟德斯鸠称赞英国法律生活，从中推出权力分立[②]。但英国法官适用的主要不是制定法，

---

① Inns of court，伦敦的英国律师学院成立于中世纪，包括林肯律师学院（1422）、中殿律师学院（1501）、内殿律师学院（1505）、格雷律师学院（1569）。

② 见孟德斯鸠，《论法的精神》，张雁深译，商务印书馆，1982，第155页。

而是由法官造法形成的先例；议会立法权仅限于对普通法的审慎保留，议会的谦抑和法律家阶层的自治就比权力分立更切实地保障了法的固有规律和法治。

随着普通法僵化为严格法，出现了旨在个案正义的衡平法。由"令状"保障大法官的诉权，在星室法庭基础上形成了衡平法院。大法官先由神职人员、后由受罗马法、教会法训练的法律家担任，衡平审判由大法官的良心根据个案公平作出。19世纪衡平判决获得先例意义。1873年法院改革合并了两大法院，但衡平法和普通法分离的说明方法保持至今。

英国判例法的本质是从事物本性、从个案、从解决问题的必要出发。大陆法学者多强调判例法的柔性，但英国学者则更多强调判例法的刚性，因为英国法律家阶层虽有更高的创造性，但惊人的先例负担使他们受到比大陆法官更强的约束，先例堆积如山、难承其重，迫切要求一有机会就进行法典编纂等立法性救济措施。

美国比英国制定法比重更大，但判例法的地位仍不可摇撼；对宪法异常尊崇，执行联邦宪法的美国最高法院成了"世界上最有权力的法院"，宪法的精神发挥了真正的力量，政治家的精神也主宰着大法官们。

（三）法国民法典

拿破仑在法国领导和参与的伟大立法活动，产生了民法、民诉、商法、刑诉、刑法五大法典。其中1804年《法国民法典》（Civil Code）对世界影响尤为深远。该法典的使命，一是促成法国法律统一（原为北方习惯法、南方罗马法和王令并行），二是以法律形式确定了大革命的成果。法国民法典打上拿破仑个人影响的烙印，尤其是父家长性质的亲属法；但这项立法事业在法学方面的主要承担者是波塔利斯[①]。

法国民法典的语言甚至影响着小说家司汤达的写作风格，它有意识地放弃无漏洞或完备性的立法要求，如波塔利斯所说："人类的明智

---

① Jean-Étienne-Marie Portalis（1746—1807），法国法学家、政治家，起草法国民法典的四大法学家之一。

在于了解自己不可能预见一切。"但法国民法典第四条还是要求法官不得拒绝司法[①]，这就期待法官造法，即法官不能像孟德斯鸠所希望那样，成为没有灵魂的自动审判机。不同于英国法，法国法官判决并不形成先例；法律学虽无法律拘束力，但仍有强大的权威。

法国民法典体现了法国大革命和小资产阶级的政治倾向：人类自由、法律面前人人平等、所有权契约自由、国家独立于教会，除家庭法以外普遍体现着个人主义原则。这些倾向随着法典融入市民生活，拿破仑极为重视该法典向各国的传播[②]。巴登和莱茵河西岸德国迅速被法国民法典主宰，直至1900年才代之以德国民法典。

（四）德国民法典

德国民法典（BGB）与法国民法典不同：（1）其中没有立法者个人面貌的痕迹，即伟大法学家为了实质的普适性而高尚地埋没其个人特征（萨维尼）；（2）法典不是为确认斗争和革命的成果，而是事后确认早已形成的市民时代法律观念，因此开篇没有提及所有权和契约自由、遗嘱自由、一夫一妻、继承权等当然的民法原则。

德国民法典生于自由放任的个人主义始现衰落、而社会思想尚未深入私法的转折期，因此仍受自由主义的中产阶级思想主导，同时犹豫不决地走向社会法思想。中产阶级财产法以平等和自由为基本思想，强调法律人格平等、契约自由、所有权自由、遗嘱自由；社会法思想揭示它走向对人的支配和剥削的自由，要求保护弱者利益而限制契约自由、让所有权承担义务。德国民法典引入了禁止权利滥用和限制劳动契约自由的劳动者保护。

[①] 法国民法典第4条："审判员借口没有法律或法律不明确不完备而拒绝受理者，得依拒绝审判罪追诉之。"
[②] 1807年拿破仑致信威斯特法伦国王耶罗迈："拿破仑法典之恩惠，公开诉讼程序、陪审审判，对阁下王国亦富特色，……吾于阁下王位之巩固，与其为伟大战胜成果，毋宁为仰彼之功也。阁下之臣民必欣悦于德意志人民从所未闻之自由、平等之社会福祉。此自由政治，必极有益于促成同盟体制及阁下王国权力。"

第四章 法科学的本质和历史：拉德布鲁赫论法科学

1878年柏林议会以后是德国民法典的关键时期，外交政策上远俄亲奥，内政上从自由贸易转向关税保护，俾斯麦联邦党脱离国民自由党，文化战争削弱、保守主义加强，一方面打压社会民主主义，一方面按讲坛社会主义①和社会政策协会的思路来立法。由于极端个人主义的阻碍，尽管有吉尔克（反罗马法）、门格尔②（社会主义）等对草案的批判，最后仅在极少的几条纳入了社会法的规定③，未能实现社会法转向。

德国民法典的语言特色是使用专业术语、逻辑性的命令式文体：冷峻无感情、简洁无说教、生硬无理由。为了经高度抽象而尽可能实现无漏洞，而采用了概念法学的方法论；但仍然保持允许法官价值判断的"诚实信用"和"善良风俗"等一般条款④。为了形成牢固的思想体系，最终没有纳入社会-经济法思想，而把少年法、劳动法、经济法、承租人保护法列为特别法。纳粹党以德国民法典中的个人主义特征为由，宣布"告别民法典"；而纳粹后的私法重建，重新强调社会法片面性的危险。

德国民法典的无政治性、无民族性、极端抽象特点，使其在东亚战胜了法国民法典和普通法，而被继受。一位美军派驻朝鲜的德国法律家讲述：德国的罗马法继受过程经历了无比细致的漫长研究才最终实现；而东亚的德国法继受却没有经过学术的考验，德国法总是能顺利回应亚洲的社会需要。

本节中拉德布鲁赫描绘了一个由坎托罗维茨首次阐发的神奇的理论模型：法科学的历史围绕是形式主义还是目的主义，一直呈现着世

---

① 讲坛社会主义是德国"新历史学派"的别称，19世纪60~70年代起流行。因其代表人物瓦格纳、施穆勒等多为大学教授，在大学讲坛上宣扬该思想而得名。他们主张在不触动资本家利益的条件下，逐步实现"社会主义"。
② Anton Menger（1841—1906），奥地利法学家、社会理论家，著《十足劳动收入权的历史探讨》（1886）、《民法与无产阶级》（1890）、《法的社会任务》（1895）、《新国家论》（1903）等。恩格斯撰《法学家的社会主义》批判他的"社会主义的法学改造"。
③ 即德国民法典第226条"权力滥用的禁止"和第618条"采取保护措施的义务"。
④ 见德国民法典第138条"违反善良风俗的法律行为；暴利"、第157条"合同的解释"、第242条"依诚实信用给付"、第826条"违反善良风俗的故意侵害"。

代轮流交替的面貌。从罗马法典编纂时期直至自由法运动时期，无一例外地呈现着交替运动。这些睿智的思考在让读者叹为观止的同时，自身也是有其哲学和自然基础的，符合"物极必反"的规律，带有二元论辩证思维的鲜明烙印。通过历史的分析表明，自由法运动符合历史发展的趋势，它强调"目的论的概念构成"，强调法官创造性的法律发现。但是必须对自由法方向的各种努力加以限制，以不损害法的安定性为必要限度。

拉德布鲁赫列举了几种重要的法文化。罗马法的特点是强调"分立"的基本思想、判例法的形成方式，强调超法律目的并轻视法的安定性。英美法同样是依"事物本性"创制出来的案例法，法律家阶层在法的形成中发挥重要作用，严格的普通法与灵活的衡平法相结合，在判例法生活中有时存在法典编纂的迫切需要。法国民法典和德国民法典是大陆法系法典的代表，前者代表法国大革命中小资产阶级的政治诉求，即自由、平等、政教分离、个人主义，法典的制定体现着立法活动中个人的痕迹，语言清晰通俗；后者则体现着中产阶级自由主义思想向社会法思想的过渡，既强调平等自由，又强调弱者利益的保护、限制契约自由、所有权负义务等，法典具有语言抽象、去政治化的特点，从而被东亚所继受。

第三节 事物本性：法科学的一种思维形式

一、事物本性的阐释

本节综合介绍 1948 年论文《作为法学思维形式的事物本性》[①]和《法哲学入门》中的相关内容。事物本性在《入门》中被补充为法哲学

[①] 原载 1948 年鲁道夫·劳恩教授 65 岁祝寿论文集，后作为单行本出版 *Herausgegeben von der Wissenschaftlichen Buchgesellschaft, Darmstadt, in der Reihe《Libelli》Bd.LIX*, 1960。见德文全集卷 3，第 229-254 页。日译者久保正幡，见日文著作集卷 6，第 83-128 页。

第四章 法科学的本质和历史：拉德布鲁赫论法科学

的任务之一。

事物的本性（Natur der Sache）是一般精神史上的概念，是努力缓和存在与应然严格二元对立、从事物中探索理性者的共同标语。在德意志精神的典型时代，成为康德和歌德两伟人两种思维方法交战的旗帜。这里讨论的事物本性是一种法学（juristische）思维形式。

事物本性思想可溯源至卢克莱修①的哲理长诗 Rerum Natura，该词由西塞罗传给罗马法律家，纳入《学说汇纂》，经中世纪的阿奎那、近代的孟德斯鸠传承，反复出现于日耳曼法学家（伦德）、罗马法学家（沃伊特、莱斯特）、历史法学（萨维尼、普赫塔）、概念法学家（耶林）、自由法运动（阿迪克斯、埃利希）、天主教法理论（毛斯巴赫），以及商法学者（维梵德）的论述中，还以"立法的现实要素"（胡贝尔）、现象学的"本质直观"（莱纳赫）、"具体秩序思考"（卡尔·施密特）等其他名称出现。

事物本性虽指向自然（Natur），但并非自然法的思维形式，可以说自然与自然法是对立的。法哲学的基础包括人类本性和事物本性，前者是法的理念，后者是法的质料；前者是永恒要素，后者是可变要素。人类本性是法理念的基础，与理念同样是普适的，但理念是纯形式的，不可能从自身中展开整个法秩序，必然需要质料的补充。自然法是人类本性，是从理性导出的对一切时代一切民族同等适用的法，而从事物本性产生的则是各种历史的、民族的法形式，所以事物本性符合历史的、民族的、保守的法律思维，是历史法学派的惯用词。只是当历史学派狭隘化为害怕破坏安定性的实证主义时，事物本性才开始承担自然法的罪名。如温德沙伊德指责事物本性"受非难亦无不当"，贝格鲍姆仇视"从事物本性中毫无道理地推论出那些子虚乌有的法律规则"，德恩伯格则指出，事物本性是包含于生活关系中作为标准的秩序，当实定法规则有漏洞、不完全、不明晰时，法律家必须回归它；

---

① Titus Lucretius Carus（99—55BC），罗马诗人、哲学家，著哲理长诗《物性论》，阐明伊壁鸠鲁哲学。

但从人类本质导出的自然法不适合直接作为法而适用。

依事物本性的思维形式可划分不同的法文化圈。继受罗马法并编纂法典的大陆各国受规范主义观念支配，只在制定法解释和漏洞弥补时才勉强适用事物本质；而罗马人和英国人都从事物本性汲取法律，判例法是来自事物本性的法律发现，衡平法更是对抗僵化的普通法而试图更好地符合事物本性。事物本性这种不言自明的惯用方式有时被不加说明地直接引入法律实务，其含义阐明有三方面：事物、本性、事物本性的拘束力来源。

（一）"事物"是形成法律的基质、质料

事物作为裁判的质料（个案）呈现于法官面前，或作为同类个案总括性地呈现于立法者或法学家面前。它是立法的基本现实（胡贝尔），是立法者面前服从其规制的自然、社会、法律状态。其原初形态是自然事实，如苹果落在墙外（相邻权）、地球公转自转（期间期日）、自然的性关系等；但这些关系并不直接成为法的质料，而是由围绕这些关系形成的社会构成物形成法律关系的先行形态，体现为由传统、惯例、习俗（甚至陋习）规制的各种关系，如日常交易、行会组织、一夫一妻制等形象。这些形象在立法者眼里呈现为由法律规制的生活关系，即债权法、法人、婚姻等关系，逐渐转化为法的质料，成为事物本性的材料。国际私法、时际法、国际法、国家教会法、诉讼法等都是在现有法基础上形成的第二级的法。正如施塔姆勒对唯物史观的批判：作为立法质料的经济事实同时也在受当时法律规制，所以经济对法律形成影响，其中现存法律状态对新的法律形式的影响和规定是不可避免的。是以新法取代旧法还是完全在新领域创立新法，二者是有差别的：如死刑等制度是废止还是不采纳；如英国的议会制度是从等级制发展而来，还是作为新制度嵌入专制国家。自然法向来无视这些重要差异。作为"事物"而既存的法律状态，事物本性自然成了法哲学、法政策学中保守、传统的要素。

(二)"本性"是事物的本质、意义

本性不是某个人现实地思考的意义,而是从生活关系本身的性质中理应得出的客观意义,它回答某一生活关系具有何种意义,实现何种理念。"法是从某种特定层面来看的人类生活本身"(萨维尼),某事物的法律意义是在某种特定见解下从生活关系全体中选取的特定表征,"样式是把非本质的东西正当舍去后留下的东西"(画家费尔巴哈)。这样得出的法律表征被汇总,成为在法理念支配下的"意义结合",通常是法的目的和手段的结合,是生活关系的法律"构成"过程。现象学将其标记为"本质直观",但按李凯尔特和韦伯的方法论,其方法是从各种生活关系和各个规范出发,与理念相关联而阐明,上升为法制度的理念型,反之从法制度出发展开每个法规范。所以事物本性不是直观的赏赐,而是严密理性方法的产物,在埃利希看来,比法律规则具有更大的明确性和确定性。

(三)事物本性可在何界限内要求法的效力?

事物本性并非存在物,但与存在物相联结,它不是靠自身力量而有效力,只在某种法源明示或默示的限度内有效力:只在不能查明具体立法者的理念,而不得不引证抽象立法者的情况下,才能作为解释和填补制定法的最后手段。

最后探讨事物本性与法理念的关系,事物本性如何成为正当法的认定标准?事物本性是对价值与现实严格二元论的缓和,如果法理念与事物本性对立,最终支配立法者的指导思想还是法理念,"法学是对神事和人事的认识(事物本性),是对正确和不正确的认知(法理念)"。但法的理念不仅必须顾及事物本性,而且由事物本性内在规定,在自身之中不可分割地融合着事物本性。

(1)事物本性约束着理念被现实化的可能性。法理念为了实现自身,不得不对愚昧世俗的顽固反抗做出些许顺应。如梭伦对市民所说"法律当然不是绝对最好的东西,但是你们可得到的最好的东西",法哲学对法政策的注入是"可能的艺术",不偏爱那些不可得的事物。

(2)事物本性限制着思想本身的形成,一切思想都事先承载着自然历史条件的规定,即使是"追求不可能的事物"的立法者(歌德语),他们的思考也在无意之间受"历史的水土"制约,这与其说是法对力量的屈服,不如说是利用力量来实现法的安定性理念。

(3)事物也以法理念的本质为基础,不是理念为了质料,而是通过特定的质料规定的,特定理念面向特定质料而配置,法理念是向着本质性的法质料(时代、民族)即事物本性而被规定下来的,正如歌德所说"理念一旦从现实分离,终将把现实和自身吞噬殆尽",又如拉斯克所说,一切效力都是向着各自特定的基质而有效的,即"理念的由质料规定性"。席勒在《审美教育书简》中论述了质料对形式、理念的反作用,艺术家在对材料施加力量的同时必须顺从自然美的面目,而"教育的和政治的艺术家"以人为质料和课题,目的就回到质料中去,于是他们必须接近质料,客观地珍视其个性和人格。这就为理念的由质料规定性加上伦理基础,"人即使作为秩序的客体,也永远作为自身目的而受尊重"(康德)。

二、事物本性思维举例

(一)席勒与歌德

席勒谈到歌德"始终从客体中获取法则,从事物本性中导出事物规则这一诚实可靠的方法",是基于他与歌德关于建筑物的对话。歌德从地基、轴部(柱、墙壁)、屋顶三要素出发,展开建筑物的理念型。席勒将其解释为"所有建筑物的类概念对种概念的自我主张",席勒先前也有"具有类特性的个体"一说。但这里的问题不是类,而是型,不是一般事物,而是本质性的事物,不是使个体挥发,而是使个体的核心变浓。歌德把上述理念型称为"根源现象",其中彰显着席勒的事物本性。

第四章　法科学的本质和历史：拉德布鲁赫论法科学

根源现象问题已在此前二人的对话中提出，从歌德的"原始植物说"开始。席勒认为这是一个理念，但歌德认为它可以经验地证明。席勒在康德的意义上提出异议"与其相符的对象不可能以感觉来领会"，歌德则回答，纯粹的理念"即比现实更加现实的理念"。"根源现象"是概括歌德自然认识的思维形式。原始植物不是作为被留在植物发展史上的原始形态来把握的，而是在一切植物种类和个体中的重新自我展开，不是一种由多种植物共同晕染、洗掉而褪色了的平均型，而是在多种植物的多样性中自我实现的一种构造模型。与康德认为理念不可描绘相反，歌德在对话中描述并呈现了原始植物的多种特征，并认为可通过这个模型，把并不实存和可以实存的多种植物，无限地思考出来。

根源现象是自然科学的思维形式，属存在领域，但如果对其概念做二元论的分析，会从中发现规范要素，特别是美学要素的注入。根源现象在歌德的美学中运用于建筑学，文学中体现为"人类生活的自然形式"，伦理学中体现为"隐得来希"（Entelechie，来自亚里士多德，意为完成），是人类个性的核心，因为人类自我存在的根本命令要求以其为目标，并由人类实现，即"变成你所是"。这种与实在和规范相融合的人类本性，与事物本性并肩而立。

席勒《论美书简》（Kallias）中也有对事物本性的定义：本性与事物中"偶有的，即使去掉也不会使该事物本质被扬弃的东西"相对而言，它把该事物与其他一切事物区别开来，在此意义上的本性是某事物存在的内在原理，是其形式的根据，即内在必然性，是由该事物自身给出并由其自身遵守的规范。这就走上从康德到歌德之路，即对严格的存在与应然、性格与义务二元对立的缓和之路。席勒关于事物本性论述来自"美的灵魂"价值概念，其中，性格自发地接受了义务，走向道德（ethos）的最高形态。

（二）《物性论》

卢克莱修在哲理诗《物性论》（Rerum natura）中谈及人类起源的

历史、文明的建立、国家与法，但他用"rerum natura"仅指世界整体，特别是世界严格的自然法则性。

但西塞罗用这个词还表示复数事物的本性（自然）。西塞罗在《法律篇》[①]指出从事物本性中产生理性法则，"理性来自宇宙的大自然"，不承认人的头脑中有宇宙中没有的理性和智力，而法律就是植根于自然的最高理性。但他又指出，法的基础除了事物本性，还有人类本性，"正义的本质必须在人的本质中寻求"；从事物本性和从人类本性导出的法律规则间并无矛盾，因为内在于二者的理性本出同源，即至高神的正确理性；所以事物内在的理性就可以被人类理性获知，"在人类的意识中牢固确立并完全展开"而成法律。但事物本性优于人类理性，法律不是人的思想产物或各民族的立法，而是以其智慧统治整个宇宙的永恒事物。《国家篇》也指出，永恒不变的法律对一切民族和一切时代有效，法律在罗马和雅典、现在和将来并无不同。

罗马万民法也体现了罗马法思想家对各民族法一致性胜过差异性的确信；这一词最终被纳入优士丁尼立法中。据格拉登维茨考证，《学说汇纂》中"rerum natura"有三种含义：（1）全世界、宇宙；（2）遵循牢不可破的自然法则的世界发展过程；（3）单个事物的本质。其中"事物"既可以是纯粹事实性的质料，如人性、动物的野性，也可以是先于法律的生活关系或活法关系，如买卖、行业组织。古罗马法正是从事物本性而来的法律发现，但继受罗马法各国的罗马法却成了书本法，法律书籍成了正义女神的象征物之一。

（三）孟德斯鸠

孟德斯鸠的《论法的精神》有一种独特魅力，使其在专制时代的书籍审查中不受牵连，如故意缺乏体系，世故、格言性而多变的文体和怀疑、宽容、相对的思考方式并存，故意晦涩不明、含糊其词，不

[①] 参考西塞罗，《国家篇 法律篇》，沈叔平、苏力译，商务印书馆，2002，第104，187-188，157-158，191页。

露把柄地含沙射影和对主流观念的公然让步等。读者往往要"目透纸背"来阅读,找到其中披着历史法或外国法外衣的政治批评。该书以从历史、民族的法秩序出发的归纳取代从原理出发的演绎,开辟历史法学和比较法学;对抗政治观念论的片面狂信,主张政治受自然历史条件制约,政治作为实现可能性的技术,要求保守和进步之间的明智妥协,以英国宪法生活为楷模。理解该书的关键在于开篇的事物本性概念:"从最大限度的广义上说,法是源于事物本性的必然关系。"

该书序言指出"这些原则并非是我的偏见,而是从各种事物的特性中精选而出",而他要纠正的偏见,就是把人类理性等同于事物本性,这就区分了从人性中推出的自然法和事物本性。第一章要求法律要尽可能接近自然法;原始人不是由理性,而是由自然法则,包括和平、生活欲求和社交本能而组成社会;但意识到自身力量的人类开始依理性制造人定法,与自然法则并立。但人类的理性只是形式的能力,不是现成普适真理的武器库,各国法秩序是人类理性的特殊适用,其结果因民族而异;如果某个民族制定的法也适合其他民族,则实属偶然。接着列举了各种"事物",如气候、地形、国家位置和面积等自然事实,生活方式、所有权、人口、商业、习俗、性格、宗教等社会事实,政体、个人自由、事物秩序、各种规范的管辖等国家与法的事实。不仅良法的发现,甚至法的滥用也可成为法的质料:滥用胜过频繁的修正,确定的善胜过不确定的最善,因为是事物本性。事物本性于是发挥着保守作用。

事物本性与"法的精神"的关系、事实与法的关系,暗含于"本性"一词,这是一种因果联系中包含规范要素的关系,法不仅由生活关系规定,也应当适应生活关系。孟德斯鸠的整个法律思想仅从对主流观念妥协来看,有自然神论根基。神按自然法则创造世界,不干涉自然法则而由世界自己运行,世界的法则性牢不可破。这就默许了格劳秀斯的看法:自然法即使没有神的存在和神对人事的关心也依然有效。卢梭在这一点有不同意见,他不仅不承认神意对人事的影响力,也不承认由神而来的事物本性，这就为人类理性法"社会契约"开辟了空间。这再次证明了事物本性和自然法在精神史上的对立。

（四）莱斯特

莱斯特[①]对事物本性的论述最为宏大而根基深厚，影响深远。他起初认为事物本性一词较含糊，对科学讨论较危险，他在论文《自然之理和事物本性》中指出自然之理（naturalis ratio）是比事物本性更明确的概念。后来在《民事法研究》第四卷以"法的现实基础和质料"为主题，解释罗马的事物本性和自然之理的区别：前者是单纯的事实，是法的自然基础；后者是现实的自然秩序，是具有观念预定形态的社会基础。但二者相互沟通，后者包含了前者，二者和其他要素一起形成法的质料。莱斯特感慨法学家没有像罗马人一样从生活关系中直接展开法律规则，而是透过罗马法学的镜子去看生活关系。他把对法的质料的研究称为"自然研究"，由此得出"自然法则"；他还提出私人经济学。法学不仅要认识正义，还要认识人间万事，莱斯特在历史、史前、解释学研究中试验或具体阐明他的方法论，如在劳动中找到所有权的基础，堪称科学社会主义的先驱。

但莱斯特没有论述法的质料规定法的形式这一逻辑问题。萨维尼在《现代罗马法体系》中提出："任何法律关系都以若干质料为基础，这样法的形式才得以适用。"普赫塔把法的形式由质料规定与事物本性联系起来，"法越是成长，就越多接受从人类及事物本性而来的要求，放弃自己的原理而包容这些要求的形式就越少僵化，越多弹性。"质料的规定性、个别化和事物本性，在这里被等同看待。较晚的布罗德曼[②]也研究这个问题，法的质料是"具体现实中人的社会生活"。他关注质料与形式关系的逻辑构造问题：法作为生活的一个侧面如何把诸多生

[①] Burkard Wilhelm Leist（1819—1906），德国法学家、法史和罗马法教授。著《民事法研究》等。
[②] Erich Brodmann（1855—1940），德国法学家，1911年任最高法院法务官。

活现实结为一个统一体，如何用法律把来自生物、经济、伦理质料的无定型的诸多理念隔开或围起来。他详细的逻辑论证受到拉斯克的赞誉。

（五）法律的构成

构成并不限于事物本性。但随着耶林早期的精彩阐述和后期的否定，出现了种种解释，有必要在此明确其含义。

1. 概念

构成作为法学，或几何学、语言、历史、技术的方法，意为综合（Synthesis）、同一，即重组，首先分析一个整体，然后把析出的各要素重新组合。法律的构成就是对从法律形成物中分析出来的各要素加以综合。

2. 对象

表现为事物本性的思维形式的构成，即寻找生活的法律意义，是把生活关系变形为法律关系，把法律关系变形为法律制度，法律关系只在当事人之间，法律制度还包括他们与立法者的关系。

3. 本质

构成的目标不是抽象掉特殊差异通过最接近的种而形成一般概念，其目标是本质性的，是包含于特殊差异之中的意义内容，对构成起作用的不是类概念，而是型概念。耶利内克区分了平均型和理念型、经验的型和理想的型，一个是取自事例共通点的现实形成物，一个是应然或价值形成物。韦伯的理念型则不一定是理想的范型，它是洗掉个别的偶性而逻辑一贯地构成的，是提升了的现实的观念图示，这种理念型随着经验现象的本质来把握事物本性，不需像立法者或法学家一样用许多事例来归纳，可像法官一样仅从一个事例即提取出意义内容。这种提取来自与理念的关联，"意义"就是在存在中实现的应然、在现实中体现的价值，一个经验现象的意义需向价值世界中寻求。法律的构成多为目的论的概念构成,但也有非目的性的考虑,如法的效力的构成由法安定性指引,平等选举权由正义指引。

4. 具象性

构成的成果不像类概念那样干枯苍白,也不像平均型那样淡化模糊,而是有形象和色彩,可呈现为各种有清晰个性的形态,如权利的产生、消灭、移转等。佀具象性也有危险,容易导致表象性的轻率结论,从一个具体化的明晰命题,可能推出泛化的结论从而容易被滥用。但只要意识到表达的形象性,就不妨碍构成的具象性描写,如物理学依然保留具象的表达(流、波),或创造新的形象(原子的撞击或打碎)等。

5. 效用

构成的具象性有助于理解、记述、传承和记忆,但构成首先有助于认识。构成本身从个体向全体,构成的结果则从全体到个体。被构成的法律制度如果是从各个规则展开的,即可证明法律规制的逻辑一贯性和完备性;如果有漏洞,也可通过构成该规则的制度本质中派生出规则来填补,这种填补来自法制度的本质,与立法者所定规范相协调。于是,构成也成了使法律有秩序的基础,这种秩序不同于类概念产生的秩序,单个现象在这里被列入一个个型概念之间,通过它们与型概念间的距离而被标识出来。

(六)事物本性与社会法思想

法律为先于法律的质料量身定做,或多或少地考虑和表达生活关系的个性。法律与生活较接近和较疏远的时代交替出现,有时正义和安定性理念占上风带来法的一般性,有时公共福祉占上风而带来法的个别化。距离生活的远近是不同立法之间最深刻的差异,但这种差异与价值没有必然联系。当代从个人主义向社会法的变迁的原动力正是事物本性。

劳动法部门的形成体现着这一事实动向。法的质料领域新形成的事物逐渐与法的形式对立，民法只知法律人格平等，劳动法则看到劳动者对雇主的屈从、劳动阶层的团结、企业的一体化，以及劳动契约背后的职业联合和经济实力斗争，更接近社会生活面貌。从前法律家看不到或不愿看到的事物本性，重新得到立法者的尊重。除了事物本性，保护弱者的应然意志也打开了立法者的视野。劳动法是事物本性和法理念共同形成新的法律思想的实例。

社会思考在刑法中获得力量也以事物本性思想为媒介。刑法中事物本性思考的对象不是法律关系，而只是法律关系的构成，即犯罪和单个犯罪的概念。社会刑法之争始于宾丁和李斯特的论战。宾丁坚决反对事物本性思维形式：生活关系并非由其本身来规制，事物本性是全无内容的概念，所谓遵循事物本性，要么从制度的法律性质推出，要么是类推的规则发现，要么是人的主观见解。宾丁的刑法思想也回避和反对对法前质料的追溯，反对从法心理学、从科学心理学获得内容，犯罪行为概念也应从法本身中寻求。李斯特与宾丁针锋相对，强调构成犯罪概念有必要追溯到自然行为，犯罪一般概念以行为概念的本质为法前基础，特殊构成要件的解释也受法益侵害的刑法前概念的本质影响。此后几十年，那些犯罪背后的法前基础相继呈现，"反社会行为"成为一般和特殊犯罪构成要件的质料，阐明了"违法性"问题。面对法律规定的漏洞，"责任形态论"从事物本性中展开，故意、间接故意、过失等概念已形成广泛共识，无需刑法典的定义，责任问题无疑是从事物本性获得源泉的，其法前基础在于人们的良心，与伦理的责任形态相应。在"犯罪人"概念上，刑法解释学深入刑法的法前质料，在抽象的犯罪人概念背后呈现出具体的人，分解为心理学和社会学上不同的犯罪人类型，刑事社会学派的新思想"不是犯罪人，而是人"把作为社会学的事实的人类整体纳入法律视野。

本节把"事物本性"的思维形式引入法科学的视野。"事物本性"是指从事物中探索本性，从实然中探求应然，从法律思维形式来说，与"人的本性"的概念相对立，体现着在理念—现实二分法中偏重现实的倾向。"事物本性"思想从罗马时代起由来已久，其基本内容包括：事物是法律借以形成的质料，本性是从事物出发而非从人出发的客观意义，"事物本性"仅是最后的法律解释手段。事物本性限制着法理念，同时也以法理念为基础，这体现了康德哲学理性主义的色彩。拉德布鲁赫列举了歌德、席勒、卢克莱修、孟德斯鸠、莱斯特、耶林等思想家关于事物本性的讨论，探讨了法律的构成过程，也揭示了事物本性思想在20世纪初个人主义思潮向社会法变革中的推动作用。

以上拉德布鲁赫关于法科学的本质、历史和思维方式的阐述，与他的法哲学一样继续体现着"应然—存在"二元论的智慧。法的目的论解释、法律的创造、法的目的主义、从人类本性出发的法律思维，代表着应然的一面；法的文理解释、法的形式主义、从事物本性出发的法律思维，代表着存在的一面。从个人立场来说，拉德布鲁赫并未止步于康德的先验论和不可知论，而是不自觉地贴近了现实的一面，这从他对"事物本性"思维方式的推崇可见一斑。

第五章

拉德布鲁赫论部门法

本节介绍拉德布鲁赫《法哲学入门》中有关部门法哲学的内容以及《法学导论》（1929 年第 7/8 版）有关部门法的内容。部门法学与部门法哲学的重叠曾经是本书论证体系的一个难题。因为《法学导论》是成书最早（1910 年）但经多次修订的本科生入门教材，包含了拉德布鲁赫法哲学思想的萌芽甚至定型，但更多是既非法哲学、又非法科学的欧洲法律发展史，篇幅所限，这里只好甄别和取舍，把重点放在拉德布鲁赫围绕法哲学本质论和目的论的部门法阐释，舍弃《法学导论》中与法哲学无关而富有时代色彩的德国部门法内容[1]。本章首先总述拉德布鲁赫论证的法的样式或类型，接着分别介绍他关于公法、私法、经济法、劳动法和国际法等主要法律部门的思想。

第一节 总论：法的一般样式

一、权利与法

根据宾丁[2]的规范说，法的本质是命令，包括命令和禁止、指令规

---

[1] 基于同样的考虑，也舍去了拉德布鲁赫《法学导论》一书中关于教会法——教会内部法、国家教会法和教会国际法的论述。详见《法学导论》第十章。
[2] Karl Binding（1841—1920），德国刑法学家，著《规范及其违反》《德国刑法教科书》《德国刑法的罪责》等。

范（Bestimmungsnormen）和义务规范。其实践结果是刑事不法要求违法性意识。但规范说不能说明产生民法损害赔偿义务的不法状态的法律性质，也不能说明合法行为中不需要有意识合乎义务的行为。实际上，指令规范和债务规范只是法的第二性形态，法的第一性形态是价值规范，它把特定状态或行为标记为合乎社会期待或反社会。所以，不法不应被解释为不服从命令，只要有反社会行动的意识即可，这必然包含不服从命令的违法意识。另外，法秩序也不全由指令规范构成，指令规范产生法律义务、法益概念，但权利概念不依据指令规范，权利只是由权利人自己要求或发起的保护法益可能性，它来自授权规范。指令规范基于法律义务，授权规范则以法益重塑权利，当立法者期望与个人利益或期望方向一致，则以后者赋予权利，方向相反则以前者课以义务。

权利的前提是人格概念，意味着以人为自身目的而非手段。权利的内容，本质上是"受法律保障的意思能力"（温沙伊特[①]），目的上是"受法律保护的利益"（耶林）。耶林的"为权利而斗争"既是道德的自我主张，也使道德义务履行成为可能。但①权利往往只是自称的，未必有法律意义；②和平也是一种价值，民事细故多以和平为主，家庭法和公法的权利才更有义务性；③私权所负义务不仅是道德义务，也受法律保证，如社会法。权利的种类有：物权与债权、公权与私权等。

物权与债权的比较如表 5.1。

表 5.1 物权与债权的比较

物 权	债 权
对物权、绝对权	对人权、相对权
不发生侵害时对一切人，发生侵害时对个别人	对个别人
自己行为的权利	要求别人行为的权利

[①] Bernhard Windscheid（1817—1892），德国法学家，参与德国民法典草案起草，著《学说汇纂法教科书》等。

续表

物　权	债　权
永续享有	一经实现即告消灭
目的	手段
静态秩序	动态秩序

前资本主义的法律状态是以物权为基础的静态秩序：居住权和劳动权建立在所有权上，领主权建立在农奴统治权上；债权只是实现物权的暂时手段，直接联结消费者和生产者。信用经济下的资本主义法律秩序是以债权为经济目标的动态秩序：居住和劳动基于房屋租赁和雇佣契约；资本投入不限于物权，也包括请求权、股票、有价证券、银行账户等；物权间的请求权通过中间商，经历长长的链条。

权利又可分为私权与公权。私权主要是民法上的权利，公权又分为市民权和国家公民权。市民权包括基本人权和对国家的请求给付权，如法律保护、社会扶助等；国家公民权是参与国家政治权，如选举权和被选举权。在此国家作为法律主体，与公民处于同一平面上。

二、实体法与程序法

实体法和程序法的区分也是先验的。任何法律秩序都需要形式法来实现实体法规则，无论自力救济还是诉讼手段。诉讼程序使权利的内容变得可见。罗马法是诉讼法的、诉权的体系，其实体法由裁判规范构成。近代法律思想实现了实体法和程序法关系的严格划分，实体法规不再仅是裁判规范，而表现为生活规范；诉讼作为特殊法律关系成为独立的规范总体。

实体法与程序法的关系正如法律与其目的的关系。目的是法律的创造者（耶林），但一经创生，法律就不考虑原本目的而按自身固有规律发展。法的固有规律对国家目的、私法对行政提出的要求，就是法官独立。因为法秩序有独立于国家秩序的自身规律，法理念中正义和安定性不考虑国家合目的性，法的形式不受国家目的影响，法的内容中如科学艺术等文化价值也不受国家目的影响。法在实现国家目的同时也利用着国家。正如国家对科学的保护管理不妨碍科学自由，司法判决被称为认识（Erkenntnis），表明法官独立是科学自由在法实务领域的体现。程序法为实现实体法这一目的服务，但程序法的效力不依赖于它是否实现实体法。其他领域中假言命令与定言命令相对，前者促进后者的达成，所以只有目的得到实际满足方为有效；但法律只承认定言命令，为实体法服务的程序规范只有定言性，没有假言性，法律命令没有程度之别，它对自己毫无例外地要求约束力。程序法的效力独立于合目的性，在理论上表现为程序法关系和实体法关系的鲜明对比，也导致实务上的各种后果①。如刑事诉讼中，实体法关系围绕责任和刑罚，而程序法关系则围绕嫌疑和判决。只要有有责嫌疑，刑事诉讼即为正当，即使事后证明无罪；反之，当律师明知被告人有罪而为其做无罪辩护时，他依然是合法的辩护人，虽不是实体上的辩护人，但依然是程序法上的辩护人。

在程序法内部，上述法与法的目的、实体法与形式法又与判决既判力形成了平方关系（施密特②）。对确定实体法状态和程序正当性的判决产生既判力，而不问它在实体法或程序法上的瑕疵。如对无辜者作出有罪判决的误判在程序法上有效，因为它即使不正确，也总算是终结性的判断，这是出于法的安定性的必要③。只有法的安定性能支持不当判决的既判力，正如只有法的安定性能支持不正义法的效力，"但也存在一种情况：法的内容是如此不正义、如此不合目的，以至于曾

---

① 史怀哲（Albert Schweizer）在《在水和原始森林之间》（1926）中描绘土著居民只在现实定罪时才感受到正义，而当事实上的罪犯因未能形成优势有罪证据而不能定罪时，对判决无比义愤填膺。
② 见卡尔·施密特，《论法学思维的三种模式》。Carl Schmitt（1888—1985）德国法学家、保守哲学家。
③ 出自1948年《入门》23节，德文全集卷3，第178页。

由制定法保证的法安定性价值失去了分量，制定法就可能因不正义而无效"①。同样，有既判力的判决也可能因为某种实体或程序瑕疵而绝对无效，因为此时的问题已不再是判决内容的不正义和不合目的，而是法安定性内部的冲突：从法安定性出发实现实体法和程序法的要求，与法安定性自身要求的判决既判力的冲突。法与法理念、程序法与实体法、生效判决与法律的对立中，手段成为自身目的的倾向成了法的一切问题的起源之一。

三、私法与公法

私法与公法的区分是先验的，但这不是说人类自古以来就意识到这种区分，不是所有法秩序都有二者并存，二者的界限也并非总能清晰划定，这种先验性仅在为每个法律规则界定时才有意义。在古罗马，公法处理罗马国家组织，私法处理个人利益；当今公法调整上位者和下位者关系，私法调整平等者间的关系。二者的概念来自法的先验概念：法律要求实定规范制定机关，作为实定法基础的法安定性要求私法规范制定者本身也受规范约束；规范制定者对规范受众的拘束也必然是上下级间的公法关系。在法理念中，私法对应矫正正义，公法对应分配正义。

关于国家法（宪法）和私法的关系，从法学上看，前者是后者产生的源泉，但从历史上看，稳定的后者是多变的前者的基础。私法关系由不同历史形态国家的意志赋予拘束力，但始终建立在私有财产权、契约自由、一夫一妻制和继承权基础上。公法责任通常产生于他人命令，私法责任通常产生于自愿服从；公法的对象是上下级关系，私法的对象是平等的关系，但并非个人与国家间一切法律关系都是公法

---

① 这段话极其重要，出自 1932 年《法哲学》第 25 章，有助于澄清从同书第 9 章推出拉德布鲁赫在纳粹上台前是实证主义者的误解，被 1948 年《入门》原话采用。中译本此处翻译有问题，见德文全集卷 2，第 416 页。

关系。

私法与公法的价值优位关系，取决于历史变迁和世界观。中世纪封建国家和近代初期等级国家[①]不区分私法和公法，如兵役义务是契约问题，纳税义务采贡租形式，劳动关系则以世袭隶属身份为基础。罗马法的继受带来了公私法的划分。

1. 公法优位

专制国（警察国）把公法关系从半私法契约中解放出来。保守主义认为，一切私权都被包括在公法中，是暂时的、可撤销的，只是一个被委托给私人意思自治的活动范围，如果不符合履行义务的期待就可以剥夺私权。社会主义认为国家优先，但只是作为经济弱势个体的保护者才优先。二者动机不同，但结论都是公法优于私法。

2. 私法优位

法治国把私法从公法束缚下解放出来。自由主义力争私法优位，认为公法只是保护私权的狭窄外围。1789《人权宣言》宣告人类自然、永恒、不可侵夺的权利，王位不是为君主利益，而是为一切人的利益，它由国民委任而来，也可由国民撤回；但私有权却是天赋、不灭的神圣权利，绝对君主向绝对财产让出了王位。社会契约论把公法的上下级关系归于一种拟制的平级个体间的协议，试图把公法融解于私法中，它不仅是国家理论，还成为社会生活的组织原理。无政府主义则把社会契约拟制当作现实，认为不存在威权权力、只存在私法规制下的共同生活。这种拟制的现实化也可在自由主义中看到：国家作为国库成为私法上的法律人格；国家在刑事和行政诉讼中作为一方当事人；"公

[①] ständestaat 是欧洲历史上出现于封建国与专制国之间的国家形态，产生于中世纪末王权和等级的对抗。等级议会在国家发挥重要作用，出席者有贵族、僧侣、市民代表，有时还有农民代表，如法国三级会议、英国议会、德意志帝国议会和领邦议会、西班牙科尔特斯等，但除英国外都未能发展为近代议会。等级议会争点包括课税、王位继承等问题。

法契约"也是私法范畴在公法中的适用。

3. 公法与私法混合阶段

社会法给私权加上新的公法限制，是公私法的混合物，它把作为社会存在的每个人视为目的，承认人的社会差异，明确其社会地位强弱并加以法律考虑。社会主义的平均化取代自由主义的平等，分配正义取代矫正正义，有组织的社会互助和国家协助取代个人自助，在私法关系背后浮现出国家形象，通过监督和干预来涉足私人事务，最私人的法律关系也有了社会性、公法性。除了私法的公法化，社会法还表现为社会义务向私法权利的渗透，如魏玛宪法第 153 条。在此社会法呈现出与中世纪封建法相同的结构，但不是为官吏凌驾于权利之上的特权，而是为公共利益服务，通过用法律规制授权内容来防止这种堕落，并通过立法来随时保证违背义务行使的权利被限制或剥夺，征收和社会化成了魏玛宪法高悬于私有财产之上的达摩克利斯之剑。

四、社会法

社会法是一种新的一般法律样式，是"法律中的人"新观念的成果，拉德布鲁赫 1927 年论文《法律中的人》[①]和《法哲学入门》第十章都涉及该思想。

立法者眼中人的形象的变化，是立法划时代变化的决定性标志。从人的具体个性出发只会通向无政府主义；任何法秩序都必然从普遍的、平均的人类形象出发。法秩序建立的基础是权利行使与义务履行价值基本相当。法秩序在人的冲动与法律方向一致时授予权利、与法律方向相悖时课以义务，所以法律对人的形象的理解决定着权利义务

---

① 载 *Recht und Staat in Geschichte und Gegenwart*, 1927, S. 5ff。见德文全集卷 2，第 467-476 页。日译者桑田三郎、常盘忠允，收入日文著作集卷 5，第 1-24 页。

的创制。

中世纪德国法中人的形象的特色，是权利被义务浸透和支撑，权利的实现以通过习俗或宗教与义务、共同体联结起来的人为前提，这成了中世纪经济及国家秩序的基础，如行会制、采邑制。文艺复兴、宗教改革和罗马法继受把个人从共同体中解放出来，法对人的引导不再靠义务，而靠利益。个人主义的人是精明、利己、孤立、不受社会束缚的商人形象，"买卖不讲交情"，商法是整个市民法的开拓者。警察国也把个人看作利己形象，但不信任法律受众的理智，作为监护人保护国民免受自身错误所害，为了其幸福不惜违背其意愿，认为人不足以充分辨明自身的利益，对利己个人的引导主要靠设定义务。而启蒙和自然法时代人的形象从罗马法出发，不仅利己而且精明，能冲破一切社会束缚一味追求自身利益，受法律约束也是出于精心计算的个人利益，这是一种拟制的经验平均类型，就像古典经济学的"经济人"，中世纪家长式法律形态消失殆尽，权利和义务完全分解；法为聪明人而立，法不保护怠懒者；忽略一切法律之外的社会、经济束缚，把法律上形式的可能性看作事实可能性，利己、知性、灵活、自由的人被看作互相平等，契约当事人如镜像般平等。

这种从私法出发的个人主义人的形象，在民事诉讼法中表现为当事人主义，即辩论主义，当事人被看作两个娴熟的对弈者，熟知并追逐自身利益、相互平等、不需法官保护。在刑法表现为费尔巴哈的心理强制说，犯罪人被看作在有意识权衡犯罪利弊、知悉自己的利益基础上的逐利行动者。在国家法中表现为社会契约论的拟制，国家面对知悉自身利益的国家成员个体，证明自己的正当性。但即使在个人主义时代，家庭法中人的形象也不是仅受精明和利己驱使，它期待丈夫、家长的权利行使与义务相适应，其对家族成员的绝对支配权与爱护和责任相适应；公法中人的形象不仅基于经济人理念，也是由义务规定的，如选举权同时也是选举义务。

个人主义的人的观念表现为平等的"人格"概念，把贫富、强弱等一切差别平均化，要求所有权和契约自由，但现实中这二者的结合造成社会强者独裁的自由和弱者对强者的依附，成为掩盖实质不平等的形式平等。由于认识到个人主义这种拟制形象的危害，从取缔高利贷的立法开始，以法律来保护轻率、无经验、贫困的人免受自己错误的损害。接着在劳动者保护上限制契约自由，保护童工女工，限制劳动时间和规定公休制度。民事诉讼法上，克莱因在奥地利实现了法官对当事人双方的辅助和指导作用。社会法"集体人"形象的特点有：

（1）人格被分解为多种不同类型，无差别的抽象人格背后的个别特征凸显。

（2）由类型化的结果明确每个人处于社会强势还是弱势地位。

（3）法的根本思想由平等变为对不平等的调整，平等不再是法的出发点，而是目的地。

（4）不再全面放任自由竞争即私法，私法被公法化。改变了公法和私法的顺位，私法在公法范围内受限制地活动，如租屋人保护、住宅管理、价格监视等；同时也赋予了各种权利社会义务成分，如所有权负义务、亲权转向社会教育；社会法逐渐得到法律强制可能性的保障，如公用征收、保护教育等。

社会法的推动力是经济法和劳动法，二者都以具体的、社会化的人为对象。经济法限制强者，如反卡特尔立法。劳动法保护弱者，其特点有：

（1）劳动法把纯社会学事实提升为法律，以事物本性为新法律形式的基准。

（2）在人格平等概念背后确认差别的形态，如雇主与雇员、工人与职员，方式是劳动者和经营者各自的组织化。

（3）在雇主和雇员间的个别契约背后确定团体劳资协定，作为个别契约的基准。

（4）雇员不再互相孤立，经营者集体和从业者集体作为统一体进入法律视野。

（5）劳动法院以非专业人士参与裁判过程，劳资各阶级代表列席法院，有助于法官判决考虑阶级对立立场及其社会效果。

新的人的形象也进入公法视野，民主思想的基础从孤立个人转向集体人，民主不再是个人的加总，而是复杂的社会学整体，如集团、阶级、政党，通过比例选举法，这些集团被赋予法律意义，政党从幕后走出，登上国家法及国家法学的舞台。集体人的形象带来权利的伦理化，权利被赋予伦理义务内容，一切权利都成了可撤回的。但社会法是有界限的，即人权，它保障外部自由从而使道德行为的内部自由成为可能的、先于共同体的人类权利。无所有权即无自由，社会法只反对私有权由对物权变成对人的支配权，而不反对作为生产手段、消费财产或享有财产的所有权，社会主义法秩序并不动摇私法的地位。

最后考察作为法律主体的人的形象：立法者。日耳曼古代法与习俗、伦理、宗教合一，法从先民的智慧、民族良知、神意而来，而非人的立法；立法很晚才产生，始于国王对官吏的命令，官吏法与民众法（习惯法）长期斗争；近代法学和法律实务不仅援引法律，还经常援引圣经或典籍等权威文本来强化法律，自然法时代不因法律是国家权力的命令而因法律的内容正当性而承认其效力，但霍布斯也强调"法律不是规劝而是命令"；罗马皇帝成文法的继受为承认国家意思的制定法效力开辟道路，这种效力直到专制国家才得以实施，最终在官僚国家，官吏法获胜；启蒙时期立法者的目的意志取代了民族精神的本能意志，产生了现代国家彻底定言命令性的法律语言，最终人以绝对统治者形象，作为立法者登上历史舞台；宪政国家在国家意志中吸收了民众意志，法走向非人格化或共同体化，制定法成了一种新型民众法，只是充分组织化的民众目的意志不同于民众精神的本能意志。历史进程总结如表 5.2。

表 5.2 "法律上的人"形象的历史发展

法律主体人	无意识的 整体意志 →	有意识的 个别意志 →	立法者有意识的 整体意志
法律客体人	共同体中的人	孤立、利己、精明、抽象的个人	具体的、社会化的集体人
社会形态	共同社会（家长制）	利益社会	共同社会（社会化）
权利和义务	权利由义务支撑	权利义务分离	权利负社会义务

本节探讨法律的基本范畴，包括物权与债权、私权与公权、实体法与程序法、私法、公法与社会法，将这些范畴称为法的一般样式。其中值得回味的是"手段成为自身的目的"的倾向，法律是为着各种目的而产生的，但是一经产生成为法律，就不能保证永远为原来的目的服务，法的形式本身就成了目的，这也成为法律生活中各种矛盾的起因，由此，法律分为实体和程序两种目标，二者难免会产生冲突。在探讨程序法内部判决既判力与法的关系时，拉德布鲁赫在1932年出版的《法哲学》中感知到纳粹上台前的政治倾向，旗帜鲜明地指出，法的内容可能会因为不正义、不合目的而失去效力，因为这会导致法的安定性完全丧失。

拉德布鲁赫围绕公法和私法的划分，探讨了二者之间的历史关系和价值顺位关系，警察国是公法优位，而自由主义国家是私法优位，社会法国家中公法与私法发生混合渗透。作为一种新的法律样式的社会法，改变了法律中"人"的形象，从抽象的人格到具体的个人，从无差别到个性化、从分配正义到矫正正义、从全面放任到国家干预，体现了时代的发展趋势。

第二节 公法：宪法、行政法、法院组织法、程序法、刑法

本节简要提炼拉德布鲁赫《法学导论》中对国家法、法院组织法、程序法、刑法的主要观点，并详细介绍《法哲学入门》中有关刑法和

国家法的法哲学相关内容。

一、宪法（国家法）

19 世纪的德国法学家，通常以"国家法"指称用以规定国家根本性制度的根本法，即宪法。

（一）宪法的法哲学

法治国如何成为可能？国家与法、个人与国家、国家法与行政法，这些问题在以前的学说中表现为法与国家的优先权问题：是国家命令权应限于法律界限内，还是法的效力受国家意思制约。两种回答都面临困境：如果说国家优先于法，就无法解释国家不仅是法的来源，同时也是作为法的形象和法的存在的国家法的产物；如果说法优先于国家，就意味着自然法的复活或者国家法基于习惯法。国家法上的根本问题历来争议不休，但这种争议只能靠国家权力意思决定来终结。

1. 国家与法同一说

凯尔森认为，国家与法的同一说可解决这个两难困境，因为国家与法合一，不存在孰先孰后。对法律家来说，国家只在法的表达中存在，不是作为社会力量和历史形象，而只是作为法的创造者和总和而存在。立法（Gesetzgebung）一词中的 gebung 同时表明一个过程和它的产物、一个意愿和被意愿之物，立法中的意愿内容就是法律，立法中一定内容的意愿就是国家的拟人化，国家与法之间是有机体与组织的关系，国家是作为规范活动力的法，法是作为被规范状态的国家。

同一说虽然未能解决国家受其法律拘束的问题，但消除了这个问题。因为只有在一切国家都是法治国的意义上，警察国家的信条（国家永远处于法律中）和法治国家的信条（不法的国家就不是国家）才成立。同一说虽有定义-分析意义，却没有法哲学-政治内容。

从纯粹法科学考察方法来看，同一说无疑是正当的，但关于国家除了有法概念,还有现实概念,它是个法现实概念,国家只是应该实现法律(但不是必然实现)的基质。国家法的现实概念和法概念的区别是,前者把后者统治权载体从形式的权利主体变成领导人,把统治权变成一种预期领导人正当性和应服从性的盖然性(坎托罗维茨)。但对这种区别可提出下列质疑:可以用同一个词表达规范和规范基础,如艺术和科学既是作为尺度的理想概念,又是总括了好艺术与恶俗艺术、真理与谬误的现实概念。两个概念的区别还因为除了法概念之外关于国家的其他概念的存在而被复杂化。法概念分真正法概念和有法律意义的法概念,如作为法制度总体包含前提或法律效果的"所有权"概念,和作为设定权利构成要件标志的"契约"概念。上述有关国家的法概念属于真正法概念,是由作为主体的国家反映的法秩序或国家法的内容;国家不仅是法本质概念,而且是法内容概念,而后者属于有法律含义的法概念。但后一类概念是法以外的现实概念的变形,其核心来自实际生活,因此,与国家相关的法内容概念最终意味着,作为现实事实的国家作为有法律意义的概念进入法律世界中。

法与国家优先权问题所涉及的,既有法的规范概念,又有国家的现实概念,但这两个概念间绝不存在同一性,而是处于规范与现实的紧张关系中。法这一规范对国家这一现实来说是不合格的规范,因为它除了国家目的,还服务于可能与国家目的冲突的法安定性理念、与国家无关的正义理念,当然国家可以事后把正义和安定性纳入自己目的中,来多少缓和这种紧张关系。于是证明国家与法优先权问题无意义的尝试归于失败,必须直面这个问题。

2. 国家的法律自我拘束理论

耶利内克试图调和国家优先权与法对国家的拘束力,提出国家的法律自我拘束理论。但对契约说的批判中已经指出,法的自我拘束其实不是自律而是他律,国家被拘束的自我不是拘束的自我,前者是作为现实的国家,后者是作为国家法律总体的国家,结果是,任何国家外的规范绝不是由其法律拘束国家这一单纯问题。耶利内克"事实的规范力"表明：特定时代视角中的国家本身是否受到国家抽象意思表示拘束，这一问题是最重要的。但这种说明并没有回答问题而是切断了问题，事实的规范力本身是个悖论，"特定时代的视角"这一事实，只有被一定规范赋予规范力，才能具有规范力。

3. 超实定法的自然法拘束论

必须迈出实定法和国家法的事实世界，进入自然法的规范世界。法哲学效力论表明，最彻底的国家和法实证主义恰以一个自然法律规则为前提，即服从共同体中最高权力持有者的命令，因为他可以提供法的安定性，所以承认他所做决定的效力；安定性既是国家权力创制法律的基础，也必然是权力的界限，国家只为了法的安定性才持有立法权，立法任务的授予以国家受法律约束为条件，这就把掌权者立法和掌权者受法律约束两个自然法原则结合起来。掌握国家权力，就不可违抗地接受了法治国家的义务。国家是依据超实定法、自然法，即证明实定法本身效力的自然法根本命题，而受自己制定的实定法拘束的。

对于这一最小限度的拘束，人们指出这是法治国思想的实证主义的空虚化，法治国思想的最初形态是国家受人权和自然法拘束，法治思想对个人与国家的关系，不仅一般地适用法概念而且适用特定法理念的拘束。但也不能轻视对法治国理论构成适用法概念，因为法意味着正义而正义要求平等，只适用于个别人或事的国家命令不是法而是恣意，这一思想在政治现实中足以强制恣意和利益至少披上法律外衣，正如资产阶级为自身利益争取的自由一旦具备了法律形式，就也为无产阶级带来了利益；尽管是国家恣意，一旦被司法机关作为法律规则，就在平等原则下由优秀的法律家来解释，使其得以脱离利益甚至反利益，只为法形式的自身规律而发展，被压迫阶级也因此在统治阶级制定的法律的实现中受益；同时本为阶级压迫制定的法秩序的卫护者，正是为权利而斗争的被压迫阶级。这就使阶级法披上了法律的外衣，不管法的内容如何，法的形式总是能为被压迫者服务。

（二）国家法的类型

国家既是所有制定法的渊源，也是法律的产物。国家像雅典娜身披铠甲从宙斯头部跳出一样，披着国家法的甲胄跳出历史生活现实，并创制其他法律。

1. 等级国家

欧洲各国宪法的共同起源是中世纪遗留下来的等级国家，其中的帝国议会、等级代表参与国家管理是现代国家人民代议机构的起源。

2. 专制国家

专制国家是从等级国家到立宪国家的中间阶段。其中从17世纪中期起至19世纪中期欧洲各国实行君主立宪制，被称为警察国时期。警察国不知国家权力的界限，它为了保护人民免受他人以及自身无知的侵害，以牺牲人民自由来换得人民福祉。警察国不知"许可"，只知"禁止"或"命令"。专制国家的内部孕育了进一步发展的倾向，王位从权利转变为职务，统治者从国家的所有者转变为国家机关。这些认识的转变催生了一种个人主义国家理论，从"为民众"向"由民众"过渡，因而呼唤民众代议机构来实现。

3. 宪政国家

立宪思想要追溯到孟德斯鸠的三权分立学说，并提出了民众参与立法、行政合法、司法独立三项要求。

英国直接实现了从等级国家向立宪国家的转变，成为欧陆立宪的典范，对美国独立革命和法国大革命产生影响。德国立宪之路起步较晚且不彻底，因为它要同时处理互相矛盾的两重任务：既要立宪和自由，又要民族统一。肩负同样任务的意大利在民族复兴中神奇地融合了民主和王室两股力量，最终走向议会统治的统一国家。德国却走向了有意识制衡议会专制的联邦国家,首先在各邦中解决了立宪问题,其后才随着各邦的联合德意志帝国的统一解决了民族问题。

立宪思想的第一要求是民众参与立法,但仅仅是公民参与国家活动还不足以称为立宪国家,还必须承认公民的自由是国家不可逾越的界限。如瑙曼[①]的概括"国家属于全民"和"国家不能为所欲为"。立宪国家如果符合前者,就是与专制国家相对的人民国家;同时符合后者,就是与警察国相对的法治国。警察国把国家视为臣民的当然监护人,立宪国家撤回了一些领域的干预和监护关系,以1789年《人权宣言》明示了各种不可侵犯的权利,确立了宪法基本权利和自由。

君主制国家中对民众参与立法可以有两种理论:一是国家权力由王室和代议机关分掌,因为王室和议会的权力都要以宪法为依据;二是国家权力属于王室,只有权力的行使才受制于议会的同意,宪法的权力反而来自王室所代表的国家权力。德意志各邦宪法通过1820年《维也纳决议案》采纳了后一种理论。德国的君主制成分始终凌驾于议会制之上,具有君主立宪的专制国家特征。

议会制政体则完全相反,在英国、法国,国王或总统只能按照议会多数意见来任命政府部长,国王没有部长的副署就无法发布任何法令,于是议会独揽了立法权和行政权,违背了三权分立原则。但在英国的两党轮流执政中,内阁(政府)直到下次选举之前,始终会得到议会多数同意,于是议会统治变成了内阁统治,内阁和首相一经产生就不再依附于议会,议会成了表决机器和表演舞台。但英美的两党制都不能阻止多党制的形成,政府与议会的关系也由之改变。对实行委任内阁的法国来说,由于党派关系的不稳定,政府只能保持与议会的密切关系,成为一种"议会政府",议会长期掌握政策领导权,容易带来政治生活的不连续性。议会制下的国家元首"统治,但不治理",这使平庸者不能为害,而有才能者也不会因此成为"影子国王";但这种

---

① Friedrich Naumann(1860—1919),德国政治理论家,民主党创建者之一。

安排对议会共和制下（如法国）的总统不利，总统权限极少，会随政府瓦解而被牵连下台。

分权制与议会制的差别十分显著。分权的君主制是自由主义的国家形态，让个人自由在君主和多数议会的斗争中渔利。分权共和制（如美国）由总统组阁，独立于议会多数党，具有强烈自由主义色彩，而不是严格的民主形式，民主是要求多数专政的。公民自由在分权制下是相对于国家的自由，在议会制下则是参与国家事务的自由。

4. 联邦国家

德国不仅是宪政的德国，而且是联邦的德国。第一次世界大战前德国以外的整个欧洲世界都是不同形态的民主统治，只有在德国才存在君主立宪的专制国家，君主立宪是俾斯麦帝国宪法的基础[①]。

由 25 个邦联合建立的俾斯麦帝国，肩负着帝国统一与保持多元的双重使命，联邦国家形式的确立是符合王朝利益的。联邦形式对传统国家法的主权学说提出了挑战，主权的无限性无法解释各个邦国活动领域的受限。所以国家要么是帝国掌有主权的中央集权国家，要么是邦国享有主权的一个国际法上的邦联、一个德意志联盟。但保尔·拉班兹的国家法理论认为：主权不是国家的必然概念，各邦从属于帝国，但仍然是非主权国家。它们与国家的行省不同，是可以凭自己的力量而生存、在帝国崩溃后仍独立存在的。

德意志帝国实际上实行帝国议会的一院制，联邦参议院和皇帝分享君主权力，共同治理国家。皇帝是个别国家的结盟政府中的帝国政府，结盟的君主和议院通过联邦参议院（即授权代表会议）来执政。普鲁士国王也是德意志皇帝，除了在联邦参议院中表决，还独立参与帝国政府。联邦参议院有立宪君主的立法地位，可以驳回帝国议会的

[①] 俾斯麦（1815 – 1898），德意志帝国首任宰相，人称"铁血宰相"，任普鲁士王国首相期间，发动普奥战争、普法战争，统一了德国，1870 年成立了德意志帝国，自己任德意志帝国宰相兼普鲁士王国首相。1890 年被德皇威廉二世解职。

法案，皇帝则不能。皇帝在内政上仅有联邦总统的权力，在外交上却享有与别国君主同等的自主权。在这种宪政形式下，联邦参议院代表联邦主义成分，皇帝代表普鲁士的霸主地位，帝国议会则代表中央集权成分。

虽然美国同样是实行联邦制的国家，但二者有本质的差别：

（1）美国众议院相当于英国下议院，参议院由各州议会代表组成，是上议院，这是联邦共和国的表现。但德意志的联邦参议院不是上议院，而是统治实体。

（2）美国总统完全享有政府，也有元首的全部权力，尤其是对立法的否决权。德国皇帝则与联邦议会共同享有政府。

（3）美国总统来自人民直接选举，权力极大，他自由任命国务卿（政府首长），类似于德国皇帝任命宰相；也不同于法国政府由议会选举产生。德国皇帝则由普鲁士国王担任，享有有限的权力。

（4）美国总统身份与各州政府地位无关，合众国不强调各州的统治地位，各州都有两个参议员席位。而德意志帝国皇帝直接体现普鲁士对帝国的统治，各邦国在联邦参议院有席位差异。

1918—1933年是德国历史上的魏玛共和国①时期，《魏玛共和国宪法》于1919年生效，与俾斯麦共和国宪法相比，其特点有：

（1）体现着不稳定的联邦主义，有向中央集权发展的趋向。

（2）国家是人民国家，国家权力出自人民，这种民主是代表的民主，即帝国总统、政府、议会。

（3）魏玛宪法中议会基础更广泛、作用更大。

（4）魏玛议会政治是有意识的政党政治。

（5）政府是合议制，各部长独立处理政务，总理仅决定政策方针。

（6）魏玛宪法实行基于议会信任和人民意志的政府和人民直选总

---

① 俾斯麦时期的帝国、魏玛共和国和希特勒的第三帝国，都用"Deutsches Reich"一词指称与各邦相对的统一国家，都可译为德意志帝国，区别于现在的联邦共和国。

统的共同领导,总统取代了皇帝。

(7)做出新规定以促成国家的重新划分,尽管并未完全实现。

(8)参议院是唯一一个权力不来自人民的机关,它是联邦主义的工具,用来应对地方分离主义,对议会决议有一定程度的否决权,其基本任务是为国家立法介绍各邦的施政经验,影响国家政策。

二、行政法

立法权创制法律,司法权解决法律争议,行政权则旨在实现公共利益。但严格的三权分立从未被真正实现过:立法通过国家预算参与行政,通过议会惩戒权参与司法;法院通过法官造法而参与立法,通过司法行政、非讼管辖、法律警察参与行政;行政则通过行政命令、行政司法参与立法和司法。19世纪行政法的兴起体现了行政向司法的靠近。

行政曾长期不需要法律规范,国家只有行政技术而无行政法,行政法是在赋予私人利益与国家对立的法律请求权基础上产生的。封建等级国家虽曾允许臣民起诉君主滥用权力,但这并不是行政诉讼,具有民法上的请求权特征。专制国和警察国没有行政法,国家有不受法律限制的统治权,行政首脑作为立法主体可以随时更改法律。立宪国家基于分权学说,使国家行政受立法制约,产生国家的自我约束、依法行政,以及臣民对国家的主体权利和对行政的法律限制,并在后来肯定了行政法学。

依法行政意味着行政行为不得违法,同时任何设定负担的行政行为必须以法律为依据。法治国的标志是不再像警察国那样坚持国家利益至上的合目的性,而把国家与人民的关系置于行政法之下。行政法争议只有经独立于双方的法官才能得到公正解决,行政相对人可对国家提起民事或行政诉讼。英美司法通过审查行政合法性或法律合宪性来监督行政和立法。而德国设立了不同于普通法院的行政法院。

宪政国家除了要求行政法和行政诉讼，还要求自治。自治体现为公民自治和法人团体自治，前者如非职业法官参与司法、公民代表参与立法；后者表现为市镇村保留的自主活动范围。等级国家的城市是享有广泛自治权的国中之国；警察国的城市则完全没有自治性；现代国家恢复自治市、城市联盟、县和省的有限自治。在新的德意志共和国，由自上而下的官僚组织体系和自下而上选举产生的自治组织分别行使行政权，传统威权政治的公职人员与民主的新公职人员并存，谨慎的统一意志与锐意进取的多样性并存。

行政法的扩张意味着法治国家向社会福利国家的迈进，未来的福利国家民法可能会融入行政法之中。

三、法院组织法

法官是把法律由精神世界带到现实世界的大门。法律规范一旦为某个目的而由立法者创制出来，就成了不考虑原先目的绝对存在，法律本身就成了法官的目的，而不再考虑当初的其他目的，法官应该仅仅服从于法律。这就是得到宪法承认的法官独立的司法原则的哲学基础。法官独立是孟德斯鸠三权分立理论的体现。

首先，司法与行政分立。德国旧法律观念中司法与行政并不分立，君主的绝对命令、内阁司法可左右法院司法[①]。元首的赦免权被看作内阁司法的残余，在18世纪被看作干预司法而遭抵制。司法和行政不仅应分设于不同机关，而且应独立于行政。法官原则上也应不听从上级法院的解释，但事实上有判决被上级法院撤销的危险，因此仍有出于法的安定性的"先例崇拜"。

法官独立的保障有：

（1）宪法保障，如终身制、有保障的薪俸等；并以法官自助、专

---

① 腓特烈二世与磨坊主米勒的故事是虚构的；他以命令推翻高等法院对另一个米勒的判决倒确有其事。

业机构和法官协会来维护。

（2）为预防政府通过法庭选择或组成对特定诉讼施加影响，规定一般法定管辖权；实行合议庭中的不可变动性，法院人事安排或案件分配由法院主席团每年预先决定；禁止设特别法庭等。

（3）为预防政党政治观点左右司法，通过赦免权、检察制度、政府的法官任命擢升权等传统的国家影响司法的方式来贯彻国家精神。

其次，司法也不得干预立法。

（1）禁止法官质疑立法的合宪性（俾斯麦宪法）；取消法官的自行审查权，以宪法法院对违宪或合宪做出普遍的最终解释等。

（2）法官更不能因法律内容的不正义而拒绝适用，法官职责只是适用法律，而不能撤销或创制法律。

但法官的职权是否仅限于对法律的适用？实际上是不可能的。由于法律的空白、法律之间的冲突、法律规定的含糊不清，而同时又禁止以上述借口拒绝审判，于是当代法官采用字面解释、扩张解释、限缩解释、类推、反证等解释方法，来让沉默的法律开口说话。解释方法实际上是就已有结论的事后理由说明，解释被视为暗含在无法预见未来情况的法律起草人所定的规则之中，并未赋予法官任何新权力，而只是使法官意识到他始终不自觉地行使着的权力。法官自由裁量的幅度依领域不同而不同。耶林以来的"自由法运动"的主要贡献是把不自觉的造法实践上升为有意识的活动，它不仅要求法学和其他学术素养，还要求法的信念，要求真正的法学教育，也要求减少文书格式束缚、限制审级、独任审判等司法改革，以重建法律人与事物之间被切断的联系。可通过合议庭和多审级机制来控制法官法律创制的主观性，以免危及法的安定性、司法统一、判决可预见性。英国的法官有最大的造法权限，英美法律生活的稳定性与灵活性并存，与罗马法极为相似。

此外，拉德布鲁赫在《法学导论》中还论述了刑事诉讼中的陪审制、律师和法律援助组织、妇女参与司法的优势和价值等问题，此不赘述。

四、程序法

（一）刑事诉讼法

刑事程序的历史反映国家观念从封建，到专制，到宪政的发展过程。

中世纪犯罪的私法性体现为刑事程序的民事程序性：受害人自诉、被告口供的形式审查，当事人负举证责任。同时被告必须通过宣誓证人、神明裁判或司法决斗证明自己无罪。大量刑事犯罪难受惩罚使国家意识到国家参与的必要。

德国 1532 年卡洛林法典开始了纠问制刑事诉讼。① 追究犯罪不再是受害人的私事，成了国家的职责。但其错在使法官成为追究犯罪的一方当事人，没有公诉人的纠问程序中，法官依职权直接审判，使被告面对法官权力毫无抵抗能力。② 证明方法上的进步，如证人证言的采用、举证责任从被告转向法官、规定法定证据原则来防止法官专断、规定通过刑讯强取口供等。纠问诉讼蒙上残酷和不人性的污点，尤其体现于 17 世纪的女巫审判，被告的生死全系于卷宗。废除刑讯的改革经历了漫长的过程。

保护被告免受国家侵害的需要催生了 1948 年开始的现代诉讼程序：

（1）公诉原则。它把纠问制下国家追诉的职权原则与中世纪自诉原则相结合，形成公诉人检察官。

（2）自由心证原则。法庭根据审理形成的自由确信来决定证据调查的结论，不再依赖供认或见证人，因而法官有了更大的裁量空间。随着犯罪心理学、证言心理学的发展，勘查技术的提高，科学证据理论取代了法定证据理论，人证证明价值降低，物证的证明价值提高，口供的优先地位随之取消。刑讯逼供的"纠问技巧"被不得自证其罪的沉默权取代。

（3）当事人原则。法官不得干预控告和辩护，仅负责指挥审判，举证由当事人通过交叉询问自由进行，如英国法。

（4）直接原则和言词原则。预审卷宗威胁着直接言词原则。

（5）集中审理原则。它把证据调查和审理集中于一个主审程序中，防止过长的中断以致印象淡化。

（6）公开原则。它是上述原则的保障，尤其是媒体和议会的监督，同时司法公开还可提升对司法的信任，促进公民法制教育。

（二）民事诉讼法

德国民事程序法也适用自由心证、言词原则和公开原则。但不同于刑事程序，民事诉讼实行处分原则，而不是职权原则：提起民事诉讼只是检察官的权能而非义务，义务人也可以通过自愿履行来处分；民事诉讼不能判给多于当事人所要求的利益，不能主动调查当事人未主张而对他有利的事实，也无需调查当事人自认的不利事实；民事程序满足于诉讼双方达成一致的形式真实性，当事人没有保证诚实的法律义务；法官只会采信当事人援用的证据，而不是有利于澄清事实的所有证据。民事程序涉及举证责任分配问题，即哪一方在争议事实得不到证明时承担举证不能的不利后果。

以前民事诉讼的进度主要取决于当事人及其律师的推动或控制。民事程序与刑事程序的对立很多不符合现实需要。法官被动地无所作为，无论是否有强制性律师参与都容易损害一方当事人利益，类似于旧的经济自由放任主义。民事程序应该给法院依职权支持当事人留出空间，与私法上法官更为自由的地位相应。1924年德国程序法改革即代表这一发展方向。

比诉讼改革更重要的是法律的和平。为权利而斗争、为荣誉感和法律感而战虽然优于人们忍受不正义的麻木不仁，但也应看到对一切琐碎权利被侵害的过于敏感而带来惊人的诉讼成本，看到以和解代替诉讼的必要性和以此带来的法律秩序与和平。

五、刑法

（一）刑法的法哲学

刑法理论分为刑罚根据理论和目的理论，前者出现于国家与人民对立的历史状态下，后者出现于"国家属于人民"的观点确立以后。

1. 刑罚根据理论

在国家还不建立在人民意志基础上、不允许个人积极参与的时代，有必要证明出于国家目的的刑罚对个人的正当性，因为"不能把人作为实现他人目的的手段来对待，或把人混同于物权的对象，应该保护他天赋的人格"（康德），而国家对个人来说也是"他人"。刑罚的证明方法有两种：

（1）同意说（Einwilligungs Theorie）。

用意说推定犯罪人实际同意处罚，是费尔巴哈的早期主张。他认为实行犯罪的人是同意了附条件的刑罚，也同意了作为条件的刑法本身，因此对他施刑就像要求履行契约的权利一样正当。这种经验论学说进一步采纳精神形态，就成了作为社会契约一个条款的契约形式，它事先约定犯罪则服从刑罚。这里的个人也不是现实的个人，而是理性的存在，如小偷和伪造文书者通过犯罪行为希望得到某种权利或秩序，也就同意了保护它们的法律，包括刑罚。行为人逻辑上必然得出的意愿被归结为行为人行为时的意愿。黑格尔说："认为刑罚即被包含着犯人自己的法，所以处罚他，正是尊敬他是理性的存在。"

（2）报复说（Vergeltungs Theorie）。

该说认为刑罚的正当性在于它是犯罪人应得的。这种权威思考方式的主张者却是创立自律说的康德。他认为即使一个市民社会经全体同意而解散，监狱里最后一个谋杀犯也应先处决，"让每个人都可以认识到自己言行有应得的报应，也认识到不应该把有血债的人留给人民"。这里的人民不是个人的加总,而是超个人固有价值的承担者。

2. 刑罚目的理论

在人民意志上建立的国家对个人来说不再是"他人",于是出现刑罚目的论,证明刑罚对国家、社会、法律秩序的必要性。可根据法理念中三种目的设定来展开:

(1) 刑罚正义理论。

正义理念认为刑罚以报复为目的,即矫正正义所要求的犯罪与刑罚相抵。这种矫正正义刑罚的思考方式,要上溯到刑法仍为私法的时代,国家代替被害人私力救济,为满足被害人而执行刑罚。但在刑法成为公法、国家为自己利益执行刑罚的时代,用矫正正义衡量刑罚仍有意义,因为法治国的本质就是国家在很多关系中与市民处于面对面的平等地位,由此可以出于法治国的自由主义刑罚观来理解报复说。当然,自由主义的报复说与权威的超个人主义见解是不可分割的,前者如宾丁的刑法理论,后者如俾斯麦"国家自由主义"思想。

刑法的各种目的理论要求的正义是分配正义,不是与犯罪相抵,而是对不同犯罪人按罪责比例来处罚。当然,单凭分配正义思想还不足以导出目的论,因为刑罚分配正义虽能导出同罪同罚、异罪异罚,却不能给出测定同罪还是异罪的标准是责任、危险性还是其他;它只说明刑罚的相对关系,却不能指出绝对的刑罚程度和种类,不能给出确定刑罚上下限的体系。正义理论未能解决的问题,有必要走出正义框架,借助合目的性来解答。

(2) 刑罚合目的性理论。

从合目的性也可展开各种刑罚理论。法治国自由主义刑罚观的代表是费尔巴哈的威吓说(Abschreckungs thorie)。它把刑罚与法律和构成要件结合,成为保障犯罪和刑罚之间均衡的手段,在这一点上类似于报复说。威吓说和报复说都把行为从行为人、把行为人从人类剥离出来,刑法的行为人概念与私法的人格概念同样,违法者是行为的无个性的行为人。刑法关系是部分的关系,纳入这种关系的不是人类整体而只是行为的行为人,犯罪就要赔偿,这种部分性体现了报复说和威吓说的自由主义特点,它解放了人对人的身份法这种整体关系的束缚,代之以轮廓清晰的部分关系。

威吓说经过超个人主义的改造,体现为法西斯恐怖主义刑法。1930年意大利新刑法典从有机体的法西斯国家观出发,宣告国家不是个人的总计,而是超越个人、集团、阶级生命而世代存续的,有其固有生命、固有目的、固有需求和利益。这种国家刑法不再是"社会防卫"(菲利),而是国家的自我防卫,以广泛适用死刑的威吓和消除损害为手段,把犯罪人看作蚕食国家制度的最危险敌人,必须对其动用威吓和消灭的最重要国家机能。

刑事社会学派持保安说和改善说(Sicherungs-und Besserungslehre)。社会法以具体现实社会生活中的个性取代抽象孤立的个体。社会刑法认为,犯罪不能从犯罪人中剥离,而是在一定视角下的人类整体。李斯特说:"不是行为,而是行为人。"更准确地说,"不是行为人,而是人"。具有心理社会学特性的具体人进入法的视野,行为人概念分解为多种类型:惯犯和偶犯、可改善者和不可改善者、成年犯和少年犯、完全责任能力者和限定责任能力者。这种倾向不再把犯罪作为有自由意志的人自己选择的罪孽,而是作为各种社会原因引起的社会病理现象。社会贫富差异导致的贫困和反自然、不健全的生活状态成为犯罪的温床,不去除这一原因而以报复和威吓来预防犯罪无异缘木求鱼,"社会政策才是最上等的刑事政策"(李斯特),于是产生刑事政策中以改造和教育为使命的"教育刑"理念。

(3)刑罚的法安定性理论。

刑法的形成无法由特别预防说单独决定,而是特别预防目的与正义及法安定性理念共同作用的结果。各种刑法问题鲜明地表现出法理念内部的紧张关系:一方面,法的安定性防止把刑罚推向犯罪预备或思想犯；另一方面，在某种意义上要求对不同人或事也同等对待①的正义思想对抗着彻底贯彻特别预防思想所产生的个别化。与基于保安说和改善说建构的刑法中的这种二律背反相对，报复思想更具有方法论能力：它既为刑罚的正当化也为刑罚的目的规定服务，既满足正义也满足安定性。

最后在报复理念意义上形成的法制度仍表现为"刑罚"，但彻底的改善说和保安说意义上形成的刑法已经不再是"刑法"，菲利刑法草案和1960年苏联联邦刑法典把特别预防说彻底化，用"制裁"、"社会防卫处分"来代替"刑罚"。但正如报复说不能仅因其能统一解决刑法理论各种问题的便宜性就被看作真理，刑罚概念也不能作为未来刑法标准的规范和界限，未来刑法发展会超越刑法，走向比刑法更好、更明智、更人性的改善法或防卫法。

刑法的法安定性基础不容置疑，而刑罚又有着各种不同的目的观，这就出现了信仰犯问题。为守护实定法的安定性，维护现行法律秩序，必须以强权压制损害秩序的犯罪者；但信仰犯因忠于自己的信念、坚信现行秩序错误而犯罪，如果对信仰犯与普通罪犯同样处理，就违背相对主义的一切世界观等价精神，因此相对主义要求对信仰犯的处遇做特别立法。

尾高朝雄认为，拉德布鲁赫在《法哲学》中，由于将法哲学的理论模型过于精致地运用于刑法问题的分析，而妨碍了对作为他专长领域的刑法深层问题的自由探讨。此外，拉德布鲁赫刑法哲学富于特色的信仰犯问题也有讨论余地：信仰犯现象的确是一种悲剧性的矛盾，但只要单凭法的安定性理念结束相对主义的争论，承认实力决定主义的法律规制，就绝无解决之路。对信仰犯的特别处遇，对殉道者既加以尊重，又进行束缚和监禁，是对法的不合理、不健全的自我坦白。实定法虽无法根除这样的不合理，但法哲学不应满足于伫立在这类悲

---

① 因为没有绝对平等，只有抽象平等。

剧面前：法必须志在正义。在法与正义相符的健全秩序中，"信仰犯"与不正义的犯罪合为一体。民主主义的法秩序应以消除信仰犯现象为己任：因为宽容和言论自由，有规制的斗争被合法化，将大大减少忠于信仰而犯罪的概率；而终极民主下已成为绝对正确的正当法秩序，无论基于何种信仰被破坏，都是彻底不容许的。信仰犯是仅立于专制主义或国家权力绝对主义对立面的悲剧性概念。仅以信仰犯的特别待遇为满足，不能算是忠于法哲学使命的态度。

（二）拉德布鲁赫的刑法主张

1. 死刑的存废问题

只有超个人主义能把死刑正当化，承认国家有生杀予夺大权。俾斯麦说："不能从上方找到正当性的人，就没有足够的强力挥动斩首刀。"法西斯意大利刑法典把从与死刑废除结合的外来意识形态影响中完全挣脱看作意大利民族精神的获胜，这种"错误的外来意识形态"指的是个人主义观念，即把个人当作自身的目的而非手段（康德）；国家是具有自身目的而活动的有机体，个人作为极小而短暂的元素，服务和从属于社会有机体。

但第一个基于个人主义观念攻击死刑的正是意大利人贝卡里亚。他指出，死刑与社会契约论形式的个人主义国家观不相容，生命不是可放弃的法益，必须排斥自杀，包括社会契约论中对死刑的自杀式同意，因为违反善良风俗。但这种观点忽视了契约论中"意愿"的拟制性，不是受刑者现实的同意，而是在他真正利益要求、根据逻辑必然同意处分自己生命，才能证明死刑的正当性。问题不是受刑者的同意是否被允许，而是这种同意是否可能。

反对贝卡里亚的卢梭也犯了同样的思考方法错误。他认为国家契约中的死刑同意是有效力的，因为做出同意时人们并未预见自己杀人，不是同意自己死，而只是同意死的危险，为维持自己的生命而把自己置于死的危险中并不违反善良风俗。但"做出同意时"滑向了卢梭自己曾明确否认的契约的史实性，而忘记了这种同意只是拟制的，拟制的契约是超时间的，不是曾经同意，而是在每个瞬间都重新签订。国家只有在一切时刻一切活动都被看作依全体成员的契约而成立，那才可以说是正当的，只有在罪犯把头放在断头台上的时刻也能得到他拟制的同意，才能证明死刑的正当性。

康德认为贝卡里亚的证明是"诡辩和对权利的颠倒"，他把卢梭看作时间关系的理解为先验关系，不是受刑者的一次性同意，而是他超时间的理性来判断死刑的必要性，缔结国家契约的不是有现实意志的经验个人，而是对经验个人提出要求的理性，"是作为我内心立法者的纯粹理性，把我作为一个现象的人，和市民团体中的所有人一起服从刑法典。"因此即使在执行的一刻，这种理性也是必然同意死刑的。但即使把个人看作理性的凝结，也不能认为他同意死刑（尼尔森），因为只有保留受刑者的生命，无论是多么悲惨状态下的生命（如终身监禁），他的理性和自身利益才能承认对自己的处罚，证明刑罚的正当性；而死刑消灭了利益的主体，所以死刑不可能得到理性的同意。施塔姆勒认为：每一个法律要求只有在义务人作为邻人而存在的意义上才能成立[①]。

虽然契约论的论证并不能否认国家成员在战场上为国献身的要求，但国家不可能要求成员必须牺牲生命。而为某种理念自愿献出生命与个人主义并不矛盾，这是通过献出生命来实现生命的价值。如果把这种观点放到犯罪人为赎罪而自愿接受刑罚的情形下，死刑也是可行的，但即使在这里，被强加的死刑和自愿赎罪也是有概念差别的。

对个人主义的废除死刑主张还有一个更重要的异议。俾斯麦指出，紧急防卫中是允许杀人的，为了防卫有必然杀人意志的加害者，个人和国家都允许杀人。但贝卡里亚指出，只有作为防范某人犯罪的根本唯一手段才允许处死某人，可以镇压暴乱、杀死抵抗的暴徒，但这种

[①] Rudolf Stammler, *The Theory of Justice*, translated by Isaac Husik, The Macmilian Company, 1925, pp. 217-223. 把义务人当做邻人，就是当做目的而不是手段、共同体的参与者而不是孤立的个人。

杀人应看作"事实上的宣战结果",它的基础不再是法和社会契约,而是必然的实力。但可以沿着这个思路把契约说的形式贯彻到底:

(1) 在紧急防卫状态下,社会契约无能力保护缔约所试图保护的法益,因此重新回到自然状态的自力救济,紧急防卫权是被攻击者保留的根本人权,而死刑的权利则是在国家契约基础上才设定的。

(2) 紧急防卫是出于击退攻击的必要而毁灭攻击能力,此时若发生攻击者的死亡是事实上的结果,而不以杀人为目的,所以紧急防卫权指向的也不是生命的毁灭,只是生命的危险。

(3) 在实在心理事实上,被紧急防卫者直到最后一刻都相信有逃避的可能性,而被处死刑者则陷于对时间完全确定的不可逃避的死亡的极度恐惧。

以上论述旨在阐明对个人主义法理论的社会契约思想形式的难点和功绩。反对死刑的关键论述只能靠伦理和宗教讨论,以及统计学和心理学经验,而非法哲学所能。

2.《拉德布鲁赫草案》的改革要点

拉德布鲁赫在《法学导论》中指出[①],1918 年前的德国刑法是国家主义和自由主义的产物,把刑罚看作对权威的维护,体现为刑法典中的威吓和报复思想。随着民族-自由主义集权国家向社会人民国家的转变,刑罚观念转向保安和教育思想已渐成定势。刑事政策上的争论的新焦点已成为刑事司法中的安定性与扩大法官刑事裁量空间的争论,即严格法治国家与福利文化国家之争。

刑法的根本难题在于,刑罚是故意对人施恶,它只有由更高层的力量(如神或道德律)赋予才能心安理得,而当国家以社会必要性、目的性、价值观之名施刑,就难以问心无愧。但阶级社会中正义的刑法永远只能是相对正义的,有难以避免的不平等,刑法"以庄严的平等禁止穷人和富人露宿桥下、沿街乞讨和偷面包"(法郎士),社会让

---

① 拉德布鲁赫,《法学导论》,米健,译,商务印书馆,2013,第 127-145 页。

穷人犯罪,接着又惩罚穷人,所以"社会政策才是最好的刑事政策"(李斯特)。何况通过刑事诉讼和执行的威慑和报复根本不足以阻止犯罪,于是教育和保安的刑法学说可以获得社会伦理的接受。

基于上述刑法理念,从刑罚执行方面,需探讨自由刑是否与刑法的教育目的相容的问题,这涉及现代化监狱建设的问题、刑满释放人员如何回归社会的问题等,因此有必要提出避免自由刑的政策,替代的方法包括不起诉、免于处罚、罚金、缓刑,或减刑、赦免法等。从刑事程序方面,在对犯罪"行为人"从偶然行为的断面进行观察时极大地扭曲了人的形象,审讯过程又颠倒了从人格到行为的心理学判断进路,对犯罪原因的追究止于诸如贪婪等动机,而不寻求动机背后的心理学背景——错综复杂的潜意识深渊。如果没有社会的协助制度,法院在这种任务下显得孤立无援,这就给未来以"行为人"为中心的刑法提出了新任务。

上述刑法难题使得刑法改革不可避免,但只能从局部改善开始,拉德布鲁赫论证的刑法草案[①]涉及以下四方面:

(1)刑罚体系方面。草案维持了当前自由刑、罚金、名誉刑和死刑的体系。但是基于"保安—教育"的刑法体系,主张废除死刑,同时也主张废除名誉刑,将这种变相的囚禁并入自由刑。1927年的草案除重惩役和轻惩役之外还规定禁锢和拘役两种自由刑。前者取代了从前针对信仰犯的强制拘押,即意在强制改变信仰的特别刑罚,后者则是非刑罚的治安处罚。同时主张应扩大罚金刑的适用来取代自由刑,因为任何一种自由刑对罪犯的改造都弊大于利。

(2)科刑学说方面。草案在刑罚体系上回避了彻底改革,但在科刑学说上大做文章,按照"针对行为人,不针对行为"的信条,依据人身危险性来划分行为人,刑罚的目的也随之不同:对因激情或机会而犯罪的"状态犯"的刑罚,以警告为目的;对因习惯或天性而犯罪

---

① 埃布哈特·施密特主编,《古斯塔夫·拉德布鲁赫普通德意志刑法典草案(1922年)》1952,第53页。

的惯犯、常业犯的刑罚,则以矫正(有改造可能的)或排除危害(无改造可能的)为目的。矫正,对成年犯是意在改造,对少年犯则是意在教育;对限制责任能力者依其精神是否可治愈,可分别以治愈或安置为目的①。与过去的"消极刑事政策"对比,通过减轻情节设置,草案减轻了对状态犯的处罚,加重和增加了对不可矫正者的处罚措施。

(3)保安措施方面。这是草案的主要革新,对无责任能力者、限制责任能力者、酗酒者、不可矫正的惯犯分别规定了治疗护理、戒酒治疗、不定期移交保安管束。刑罚与保安矫治的双轨制指明了以教育、保安处分代替刑罚的发展方向。实行双轨制能适应当时刑罚仍受报复观念主宰的社会大环境,同时最终旨在通向单轨制。唯有一种现实情况必须实行保安措施的单轨制,即将非社会化生活方式和反社会行为区分开来,对非法、粗暴、不安定的弱势群体如流浪乞讨者、无业者、妓女等的轻微犯罪,以行政管理代替刑罚,以劳动教养法加以规范,以期使未来的刑罚发展为一种保安照顾措施。

(4)法官地位方面。未来刑法应更有弹性,为法官提供在包括刑罚在内的多种处分手段中选择的可能性。刑法有保护社会和保护犯罪人合法权益、设定刑罚和限制刑罚权的双重目的。在刑事诉讼改革中,不利于被告的法定原则在轻微刑事案件中可由法官打破,仅在严重犯罪中坚持。未来的刑事法官,将是社会法官或社会医生,更像行政官而不像民事法官,他们的关注点将从罪责转向刑罚,从犯罪事实认定及其法律裁量转向量刑理由和处罚方法的选择,依行为驱动力来自动机还是性格而减刑或加刑。新型刑事法官要具备犯罪侦查学的教育、人性和生活的丰富知识,有刑事技术、犯罪心理学、监狱学和实务方面的素养,具备理解的心和坚定有力的手。刑事法官须铭记:"他应处罚,他应关怀,他须以人性度人!"

本节介绍拉德布鲁赫从宪法(国家法)、行政法、法院组织法、程

---

① 按罪犯分类的刑罚目的参见《法学导论》第94页示意图。

序法、刑法几方面讲解的公法理论与实践。

国家与法的优先次序问题是宪法必须首先面对的问题，法哲学家有不同的理解，如以凯尔森为代表的国家与法同一说认为国家与法只是同一概念的两面因此无所谓孰先孰后，由耶利内克提倡的国家的法律自我拘束说认为国家通过法律进行自我约束，超实定法的自然法拘束论则主张国家仅在符合自然法的限度内受实定法的约束。国家的类型，包括中世纪等级国家、专制国或称警察国、宪政国家、联邦国家，德国既是宪政国家也是联邦国家，魏玛共和国时期与俾斯麦帝国时期相比，宪政有不同的特点。

行政法方面，拉德布鲁赫的讲解涉及行政法的产生、依法行政、宪政中的自治以及行政法扩张等问题。法院组织法方面介绍了法官独立原则及其基本要求，同时涉及法官职权范围是否仅限于法律适用、法官在法律解释中的自由裁量范围等问题。程序法方面，介绍了刑事程序的历史发展和现代刑事诉讼程序的特点，以及民事诉讼法中的基本原则，还特别表达了通过和解达成的法律和平观念。

拉德布鲁赫作为刑法专家，在其法哲学理论中着重介绍了刑罚根据理论和刑罚目的理论及其学派分支。依刑罚根据理论，刑罚的正当性可以说来自犯罪人的同意，也可以说是出于报复观念；而刑罚目的论则围绕拉德布鲁赫法理念论中的正义、合目的性和安定性而分为三类学说。从拉德布鲁赫的主张来说，对贝卡里亚等基于个人主义而主张的废除死刑学说，他持支持态度，但也承认法哲学对证明废除死刑的合理性是无力的。拉德布鲁赫的部分刑法主张体现于1922年他担任司法部长期间完成的刑法草案，其中的主要改革努力包括：废除名誉刑、废除对信仰犯的强行改变信仰拘押措施、将拘役改为治安处罚、增加罚金刑代替自由刑、减轻对"状态犯"的处罚和加重对具有较高人身危险性者的处罚、实行刑罚与保安矫治的双轨制、增加法官裁量余地等。尽管这一草案因政治因素而被搁浅，但他的这些刑法主张中体现的现代观念和人性光辉是难以抹去的。

第三节　私法：人法、物法、债法、商法、家庭法

罗马法作为普通法、成文法，被看作德国私法的祖先之法，在1450—1550年，它通过建立帝国最高法院统一适用罗马法、编制市民易懂的法律书籍、记录邦法和城市法来取代地方法等方式，在德国蔓延开来，这就是罗马法的继受。对罗马法继受的不同评价，体现出罗马法与日耳曼法的对立、个人主义与超个人主义的对立、私法与公法出发点的对立。但罗马法带来的法学思维和法学概念、它对核心概念"权利"的界定，则是对任何立场来说普遍适用的。罗马法给德国带来了统一的法学，却未能带来统一的法律。私法的统一直到1900《德国民法典》始告实现。

一、人格权

除了秩序，法的概念还内在着目的。法律主体是法的世界中目的的目的、终极目的、自身目的，法律客体则是服务于目的的手段。法的主体概念即人格（Person），以经验为基础但不以经验为限，而是具有思维必然性的普适范畴，它以自身为目的，必然排斥等级秩序，是平等概念。个人主义把个体看作无个性的自由的凝结，确定一切个人的平等；社会法思想对抗这种剥离社会属性的个人概念，代之以具有差异的具体社会人，但人格概念依然平等，强者与弱者、富者与贫者、弱小个人与巨大集团被等位放置。因为私法要求矫正正义、交换和给付对等，没有平等这个公约数，比较与均衡、正义的衡量、私法乃至法律都不可想象。

这验证了法律主体与现实主体相对的人为性，构成人格本质的法律平等并不是人和人类团体内在的，而是有了法律秩序才被赋予的，

从奴隶地位即可知，人格不是天然和与生俱来的，而是法秩序人格化作用的产物。无论自然人还是法人，人格都是法秩序的产物，严格意义上自然人也是"法人"，二者都是拟制的、人为的，这并无争议。

法人本质论的中心问题围绕法人"前法律的基质"问题：自然人背后是人，法人背后是否也有一个前法律的实在物？人格是以自身为目的的存在，要证明人类团体有法人人格，不必证明它是生物学上的有机体，只需证明它表现出自身目的。但"法人有机体说"则以法人的生物学基质代替目的论基质，把目的统一体实体化为自然主义的形象，或最多把目的论的确证隐藏在自然主义言辞背后。法人有机体说首先确定基质的存在，然后才从这种存在察觉其目的，而法人目的说则从目的的独立性中演绎出存在的统一体：固然，法人背后确实存在着很多成员，存在着社会学的统一体，即"共同体"，但这样的事实对回答法人背后"实存的"统一体问题并不重要；而且统一体永远只能是在一定观点下的统一体，法人的基础统一体只能是在统一目的观下的统一体。因此，法人的实在基质，是由超个人目的而结合为"目的论的统一体"并为之服务的人们。

但上述考察尚未回答这种目的是个人、超个人的、还是超人格的，是否有不能消解在法人参加者个人目的之内的法人固有目的。实定法中的三种人格类型学说可归于三种法律观：

1. 个人主义的法人拟制说（萨维尼）

法人这一人格没有任何特别的基质，只有单个人才是目的的主体，人的团体即使被赋予人格，也只是作为目的主体的一个巨人的拟制，它没有特殊的前法律基质，只是一种立法技术处理。

2. 超个人主义的实在团体人说（吉尔克[①]）

去掉这种学说的有机体论-自然主义见解，它主张的目的不是团体

[①] Otto Friedrich von Gierke（1841—1921），德国历史学家、法哲学家，著《德国团体法论》《德国私法论》《自然法与德国法》。

成员个人目的的简单加总,而是固有的超个人的团体目的。

3. 超人格主义的目的财产说(布林兹①)

法人也被赋予特殊的目的,但不再是个人或团体人人格的目的,而是超人格的客观目的(如文化目的),人格意味着为了特定客观使命(如文化使命)的特定财产和人的结合体。

三种学说各从法人的一个特定形态出发:拟制说从单个的人、实在团体人说从私法社团或公法团体、目的财产说从私法财团或公法构筑物出发。拟制说只能对法人做个人主义的解释;而后两种学说则只能把自然人做超个人、超人格的考察。权利成了职务或服务,单个人的人格属性意味着机关属性,"个人也只有作为共同体的机关才被看作主体"(宾德尔)。但在实定法中,个人人格、社团或团体、财团或构筑物被分别解释而互不联络地并存。

二、所有权

人与人关系的规制,就是在一个生活财富有限的世界中,物在人与人之间分配的规制,因此物权是一切法秩序中不可或缺的概念。但物权中的所有权不是建立在法的经验基础上,而是先验的范畴,是任何法秩序关于物首先要回答的问题,因为不可能把人们对物权的多种态度无遗漏地区分为一定数量物权限制的内容,所以有必要确立所有权,来规定关系方式不限的、权利人对物最终支配的权利。内容受限的物权不是对自己之物的权利,而是对他人之物的权利,是各种法秩序的产物,而不是思维上必然产生的。不同于所有权概念,私有权或公有权不是先验范畴,只能得到经验的回答,应该实行哪一个只能由法哲学来回答。私有权的法哲学表现是所有权理论。

---

① Alois von Brinz(1820—1887),德国法学家、政治家,罗马法学者。著《补偿理论》《民法内容批判》《潘德克顿教科书》《善意占有法》。

最古老最普及的所有权理论是先占说和加工说。对无主物的占有扩展了人对自然的支配，把单纯的自然物变成经济财富或文化财富。广义加工包括先占，狭义加工说（劳动说）则认为自然物只有通过对材料的加工才能完全处于人的支配下，劳动是所有权的源泉。先占说对劳动说有两种异议：（1）劳动说只能在特定经济关系下证明私有权。即财富生产以自己劳动为手段的个人劳动、手工业劳动、农业劳动或精神劳动。在以他人劳动为手段的工厂经营、大农场经营的生产分工中，劳动说必然导致没收不劳动的所有权者的生产资料归劳动者共有的社会主义结论。（2）对加工者取得新物所有权的规定（德国民法典950条）不限于亲手劳动，在自己名下的劳动也被承认为所有权源泉（庇护十一世1931年通谕）。

上述实质的两面性也带来对劳动说和先占说方法论的异议：两说只能证明在私有财产制前提下所有权取得的正当性，不能证明私有制本身的正当性。私有财产是否应存在，这只能依对法秩序终极目的的根本观念来回答。根据所有权是为谁服务，所有权论可分为个人主义所有权论和社会所有权论，前者如自由主义和民主主义，后者如保守主义和社会主义。保守主义的终极目的是社会整体即"整体社会"，社会主义则认为所有权最终是为个人，即为由个人组成的"利益社会"服务。

（一）人格说：个人主义所有权论

歌德在《浮士德》中描述了所有权人格说的最崇高形态："从祖先手里继承的财产，要努力利用才能安享；不用的东西乃是沉重的负担，只有应时的产物才能有应时的用场。"这里出现了与私有权永恒根据的静态观点相对的动态观点：必须对所有权进行持续的"整合"、反复充分利用而重新获得和创造，所有权就是不断进行重新占有和加工的劳作。歌德在此想到的无疑是收藏品，收藏品生成、活跃和表达收藏者的个性，是其人格的扩张、表达和投影，这样的所有权成为人格的一部分，成为多方面渗透着人格的有机整体，其中每个个别对象被交织到近似对象的系列中，产生一个价值高于部分之总和的统一体，所有权成了生产性的。古董收藏家的愉悦往往片面地来自所有权、来自对物的排他占有而不是物本身，而歌德则保持着占有的喜悦与物的观赏两方面的均衡；并在与他人一起观赏时达到顶点。歌德在《威廉·麦斯特的漫游时代》中表现了这种个人所有权论的定型，并清楚呈现出向社会所有权论的转变——作为共同财产的所有。

人格论中的所有权不是人对物的支配，而是人与物的关系，不是只有人才有尊严，物也具有自己的高贵，不止人利用物，物也要求人对其价值的保护、照料、利用、观赏，即不仅对宠物，对无生命物也有爱。宗教上把这种人与物相互的义务关系称为"神的恩赐"，特别是在弥撒仪式中被神圣化为"圣体"的面包。

但人格理论适用范围是狭窄的。所有权理论以情感联系为前提，人与物的情感联系仅限于服饰、住宅、书籍、收藏品、工具、作品等范围，可以说明手工业、农民经济；但不适用于工厂、银行或大农场经济，其中人们占有物不是为了物本身的持续占有，而只是为了尽快脱手、实现价值，商品只以其价格被评价，财产失去了所有权质的差异，变成货币，而货币已不再是物，只是对物的债权。物、货币、债权在这种经济下形成新的概念，这里的所有权完全失去了情感联系，成为单纯的目的关系。

另外，贝卡里亚指出，所有权是一种可怕的权利，它不仅有对物的享有这一积极方面，还有排除他人这一消极方面，人格在所有权中的发展必须同时以在无数他人那里不再发展为代价。所以有必要改造人格说，阻止所有权只对强者才有可能的自由主义，发展对一切人提供均等机会的民主主义。人格说不仅要承认财产权，还要承认借以获得财产的劳动权，但私有权是对一人之物的排他享有，私有权只有在物的享有的一切领域相互间都坚持这种排他，才符合民主主义的平等。正如社会契约，拟制的所有权契约中，每个人也相互保障其所有权，但无产者并不能被拟制为这种契约的当事人,因为他必须严守他人的所有权,却不能请求尊重自己的所有权。只有在一切人都享有所有权而生活着的条件下,每个人才享有所有权,从某人穷困潦倒的一刻起,他已失去了所有权中把他从潦倒中解救出来的条件,哪怕只有一个人被排除在所有权之外,所有权也失去它在社会上的存在根据。这一法哲学拟制隐藏着一个社会学事实:只有在众多小所有者大体平等地互相并存的社会状态下,基于私有权的经济秩序才为正当、才能充分发挥功能,维系这种社会状态的是一切相关者平等的利益。商品市场的相互性产生了对所有权的相互承认,所有权越来越被觉察为人与人之间的权利,但随着自由市场经济按固有规律发展,产生了有产者和无产者之别,产生了对所有权的承认不发生任何利害关系的阶级,失去了所有权的相互承认。

(二)社会所有权论

人格说基于承认个人私利与共同善的预定和谐,而社会所有权论认为这只是幻影,所有权的社会功能不仅与个人主义功能相连,还必须有其他东西来追求和保障。上述教皇通谕是对社会所有权论的权威表述:所有权仅体现着个人幸福的侧面,所有权行使则体现着社会共同善的侧面;所有权的个人功能属于自然法,规制其行使的社会功能则属于伦理。只有用实定法规定所有权人伦理的社会义务,才能以诉讼方式保障这种社会功能,立法者考虑共同善的要求,对所有权行使做出更详细的规制;如果特定种类的财产结合着巨大的权力,交给私人必然危害公共福利,立法者则可将其保留于公共手中。这就把所有权相关的个人主义自然法及与其行使相关的社会伦理,与为了社会目的而规制所有权行使及征收的实定法,妥协地结合在一起。魏玛宪法153条就体现了保护和社会性行使的伦理义务的结合,这种立法把所有权的社会负担从道德层面提升到法律层面,伦理委托给法律的社会功能也转变成法律义务。法律上,私有权在今天已经是由集体交给个人的私人活动领域，一旦其行使不符合社会期待即可随时撤回，因此是有限制的，而不再是神圣不可侵犯的权利了。

至于私有权的社会功能和个人主义功能并存的范围、为防止个人权利滥用限制私有权的程度、土地等特定客体有必要转向公有领域的程度等，就不再是法哲学的任务，而是与经济事实相关学科的问题了。

三、债和契约

物权和债权好比法律世界中的质料和力，分别是静态和动态因素。债权自身孕育着消亡的萌芽，一旦履行即告终结；物权则是永续状态。劳动秩序基于生产资料或劳动者人身所有权的法律生活是静态的，资本主义法律生活则是动态的，所有权不仅是对物的力量也是对人的力量，所有权自由作为契约自由发挥作用：劳动契约用所有权吸附劳动，借贷契约则用劳动吸附所有权，所有权成为契约关系的经济结点，契约关系把所有权连接起来，经济价值从一个债权向另一个债权不断运动，作为静止物权的停留时间越来越短。法律客体间川流不息的往返与某些定点的稳定状态，成了法律生活中鲜明的对比。

这个动态世界的原动力就是自由契约。在自然法体系中，契约是一切法的基础，解决法律如何为个人服务并把个人结合起来这一个人主义法哲学根本问题。通过把国家建立在成员间契约基础上，所有义务最终成了自我义务，所有他律被还原为自律，公法溶解于私法中。但实际上他律未被克服，自律也未被证明：(1)因为自律是只受自己承认的义务拘束（Verbindlichkeit），这里的自律不等于自我施加义务（Selbstverpflichtung），契约意思只是想要拘束自己，但这还不是拘束，因为意思绝不能引起义务，它最多只能产生把一个凌驾于意思之上的规范与约束相结合的状态。因此，不是契约在拘束，而是法律在拘束契约的遵守，契约拘束没资格成为法律拘束的基础，而以法律拘束为前提。(2)社会契约在粗糙意义上是他律,社会契约中拘束意思与被拘束意思并不同一,遵守社会契约的是现实的个人,但订立契约的则是理性的拟制个人,因此社会契约中存在着一种意思拟制的他律拘束。

社会契约与普通契约经常被比较。有人认为,私法契约意思同样是拟制,甚至拟制性更强:(1)国家必须在它存在的每个瞬间用社会契约的标准来衡量,因此社会契约必须被认为在每个瞬间都重新缔结;但私法契约则与一定的时间点结合,超越这个缔约时间点具有永续拘束力,所以私法契约的拘束意思与被拘束意思间的分离程度比社会契约中更大。用昨天的易变的经验意思,来拘束今天或明天的一贯恒常意思,因此这种被拘束的意思是拟制的。契约拘束是用经验的意思来拘束拟制的意思,因此不是自律,而是他律。(2)如果认为私法契约至少还有真实意思表示的事实,而社会契约根本没有任何事实,因此私法契约中的意思拟制程度不及社会契约,这是夸大了二者的差别:①社会契约的拟制也与事实结合,只有属于国家的人才是拟制契约的当事人,契约中的一切内容才会被认为是他的意愿;②私法契约当事人现实的意思表示是与契约解释结合的,它把曾经表示的意思看作永恒的,把表达的意思的逻辑结论看作当事人的共同意愿,因此当事人意思大部分其实是被看作当事人意思的立法者意思,不是当事人意思自我拘束,而是法律对当事人意思的拘束。

私法契约的意思说(Willen theorie)把契约拘束力限于当事人经验的意愿范围内。以上分析表明,意思说不符合法律逻辑和自然法的思维必然性。意思不是拘束,契约的拘束来自法律,契约应适用法律说(Legal theorie)。基于法律说又产生了作为法哲学原理争论的意思说和表示说(Erklärungs theorie)。法律应如何认定意思或表示决定契约拘束力的程度?这体现着私人自治、个人自由与交易安全、社会和平的对立:个人主义法律观主张仅在契约意思限度内受拘束(意思说),且契约在意思限度内总有拘束力(契约自由);社会法律观则主张他方对意思表示的信赖也产生拘束力（表示说），且契约可因某些理由失去拘束力（契约自由的限制）。

有必要以法律限制契约自由，因为辩证法过程本身已限制甚至扬弃了契约自由：（1）契约自由一开始就受契约环境的限制，如决定物价的不是双方当事人，而是市场，即缔结同类契约的所有人；（2）只有在完全由小所有者组成的社会，契约自由才是对一切人的自由，如果当事人出现贫富对立，契约自由就会沦落为强者命令的自由和弱者对命令的服从；（3）随着自由资本主义经济变成受拘束的资本主义经济，个人契约自由受到来自集团的限制，这些集团生于契约自由，反过来为契约自由划定越来越窄的范围。既然法律的契约自由成为社会的契约奴役，法律就应当限制法律契约自由、重建社会的契约自由，如规定某些协议无效、某些机关的撤销权、强制法律规则、强制团体契约、缔约强制等，如劳动法和经济法这些新领域。魏玛宪法152条规定"经济关系，应依照法律规定，为契约自由之原则所支配"。契约自由进入法律领域，个人利益进入社会利益界限内。

四、商法

商法是私法的先驱。私法上人的形象是按商人描绘的；商业贸易的需求是德国继受罗马法的主要动力之一。中世纪的欧洲商法保存至今，以其更新和应变能力丰富了整个私法秩序。商法首先开辟国内法和国际法统一的道路，因为商贸无国界，只承认世界公民和世界市场。中世纪意大利商法和北方汉萨同盟商法都有国际影响力，德意志关税联盟的成立早于德意志帝国，商法典制定也早于民法典，票据法轻易完成了保罗教会所未能完成的德意志全境统一，未来欧洲统一票据法也将是"欧洲合众国"的先导。

商人的特征有：（1）具有丰富的商业行为经验，无需法律的特别照顾，无需法律为其设定繁琐和高度形式化的要求，熟知交易规则，对严格的交易秩序有充分的预期。(2)对交易安全要求极高,商人负有及时检查交付货物和瑕疵告知的义务,他们对外表事实要件的信赖受法律保护,如代理权和占有者的处分权。(3)商人的一系列商务活动统一为一个整体,商号由此成为具有财产价值可进行转让并在其死后存续的特殊资产,随着众多人加入生意,个人逐渐隐藏于公司背后,商法进而以规范各种公司企业为己任。

商法的特征有:(1)商法的形成体现了从经济关系,到一般交易习惯,到商事惯例,再到商法的过程。只要不与成文法相违背,商人即可自行创设权利;即使面对不利的强行法,商人也会巧妙地规避。(2)商法还创造了自主的司法途径即仲裁,来排除普通法院的管辖和影响。(3)商法规则比其他法律更为鲜活生动,不是停留在纸面上,而是必须在商贸往来中观察,商法更能体现出经济史观中物质基础对上层建筑的决定作用。它充当了个人主义时代私法的开路先锋,正如劳动法对未来社会法时代的作用。商法与劳动法是现代私法个人本位和社会本位的两极。

五、家庭法

(一)婚姻法

婚姻法清楚呈现了法理念的受质料规定性。法律对婚姻中高度自然的、社会的事实,不能自主地形塑,而只能进行协调。正因此,罗马法律家把婚姻的性共同体和子女的生养教育作为自然法、事物本性的例证。法哲学的任务仅限于说明法律对婚姻的自然、社会事实如何协调,对这个事实的批判则是婚姻社会哲学的任务。

因为给定事实的不断变动,协调任务在现代变得尤为困难。以前社会学的关系覆盖在婚姻和家庭的自然基础即性关系和血缘关系之上,规定着婚姻法律形式,如把同样的自然性关系评价为合法婚姻或非法同居,同样的自然血统关系评价为嫡子或庶子,婚姻的法律形式也不能由自然基础做出单义的规定。而当今上述社会学的媒介关系坍塌了,婚姻法越来越靠近婚姻事实的自然基础。资本主义打破了手工业、农业经济体中共同承担经济任务的房屋、院落、家庭生产共同体,企业作为一种更强有力的社会组织、新的经济单位,使家庭成员被分解为不同经济单位的成员,促成了这种坍塌。家庭不再是承担独立生产任务的社会组织,只剩下消费共同体的角色;连消费任务也逐渐从家庭经济中分离,而成为特别行业的经营任务,如纺织、洗衣、烤面包、养鸡场等;接着家庭教育的任务也分给托儿所、学校等。家庭逐渐丧失了有机体、个体特征。住宅楼把众多家庭融入一个过道楼层共同体,家庭成了纯粹的家庭成员关系。家庭周围也形成了新的经营、职业、政治志向共同体,家庭从这种有经济基础的发展引出了文化、法律结果,如妇女运动和青年运动。婚姻家庭从承担实质任务的共同体向心理生理的结合关系发展,随之产生婚姻、教育等难题。

法律难以把握婚姻的社会性、自然性事实,因为其变动和复杂性,法律的规制也呈现了多种视角,可归为个人主义和超个人主义两种婚姻家庭观。前者更注重夫妻双方的契约和夫妻关系;后者更注重婚姻生活状态和亲子关系。

1. 超个人主义婚姻观

超个人主义婚姻观概括表现于天主教婚姻观。1930 年教皇通谕指出,婚姻主要目的是子女生养和教育,第二目的是夫妻相互扶助、爱的实行和自然欲望的规制。配偶间的关系从属于婚姻主要目的,夫妻的自由仅限于"是否愿结婚,是否愿同对方结婚"。婚姻的本质则不属于自由范围,一旦进入婚姻,就要遵从神的婚姻律法和婚姻本质,其结论是夫妻法律地位不平等、婚姻不可解除。天主教的夫妻关系象征基督与教会关系,夫是妻的主宰,不可离婚。婚姻的缔结和使命属于宗教和教会,目的在维持人类生存繁衍,培养神的子民和信徒。

宗教观认为家庭高于国家,而政治保守观则把婚姻与国家目的完全结合。保守主义认为婚姻是一种承担固有超个人价值的秩序,夫妻地位不平等,不许离婚,在财产共同制中剥夺妻子的权利,表现为德国民法中"夫之管理权和用益权"。魏玛宪法也受保守婚姻观影响,第119条婚姻目的"为家族生命及民族生存增长之基础",第120条家庭任务"教育子女,使之受身体上、精神上及社会上美格",同时将其置于"宪法的特别保护"和"其实行由政治机关监督"的国家关系中。魏玛宪法婚姻观不同于宗教婚姻观:(1)家庭目的放在世俗-国家而非教会-宗教视角下;(2)维持或增加人口数量而并未考虑限制人口、提高人口质量,这与提高民族经济军事实力这一超个人目的有关。(3)向个人主义婚姻观的妥协,表现为"以男女两性平权为本",及不再把夫妻的身份关系置于夫妻利益之上。

2. 个人主义婚姻观:法律婚姻

个人主义婚姻观把婚姻看作爱情共同体,自由主义促进了因为爱情而结婚的理想,在自然法惯于利用的契约思想中寻求婚姻的法律形式。但爱情婚姻与法律形式是难以克服的一对矛盾,易变而任性的恋爱与理性如一的法,很难实现质料和形式的统一。恋爱婚姻被看作无涉法律的良心婚姻,进一步被看作自由的爱,被纳入友谊、社交、艺术、科学、道德、宗教等本质上属于人内心世界的领域。但这些否认婚姻法、主张自由爱情的要求并没有最终话语权。恋爱与法存在两难困境:尽管爱是易变的内心事实,它却在其最高形态中向自己提出持续和永恒要求,爱情在短暂性上拒绝法律束缚,又在永恒性要求上希望法律拘束,性爱在反对法律婚姻的同时,又要求在法律婚姻中最终实现。于是婚姻法拘束就有可能得到恋爱意识或意志内容的支持,婚姻法的任务就是支持这种恋爱永恒性意识或意志,使其从幻想提升为现实。该任务因恋爱通过婚姻结成的各种实体关系而成为可能,弥补了恋爱的缺陷和易变性,各种稳固的共同利益如共同的子女等创造了巩固持久的基础。

3. 社会主义婚姻观：无法律形式的契约婚姻

但上述观点并不能克服法律婚姻的问题，上述法律形式针对的只是理想情况，婚姻法的现代危机是，法律婚姻的不可解除性所包含的恋爱永恒性要求，一旦后来不能得到共同利益的强化，就会变成夫妻的灾难和牢狱。于是法律婚姻就向恋爱的短暂性让步，或者扩大离婚权，用破裂原则代替有责原则，或者引入时效婚、试婚、友爱婚（Kameradschaftsehe）等。

这种几乎无法律形式的契约婚姻发展倾向中，苏俄婚姻法最为激进：婚姻关系成立形式自由，婚姻解除要件和形式自由。（1）婚姻缔结不以国家同意为必要，婚姻登记只是为了证明方便而非婚姻成立前提。婚姻成了纯粹的事实状态，不再是法律关系，而只是法律效果的构成要件。事实婚扬弃了婚姻与非法同居素来的矛盾，既减弱了婚姻的法律拘束力，又以法律保障补充了私通关系的无权利状态；在婚姻中与这种契约性相应，实现了婚姻中最完全的夫妻平等。（2）婚姻解除可不受要件和形式拘束，基于双方协议或单方意愿为之，离婚登记只是宣告而没有创设意义。婚姻是"没有公务员介入的私人契约"（倍倍尔）。

社会主义对婚姻法要求纯粹个人主义形态，似与其一贯的社会化主张矛盾。但婚姻家庭的个人主义解体是资本主义发展的结果，社会主义由于让法形式符合社会现实的倾向，出于给定现实的结论而对婚姻法提出这些要求。家庭法的发展不仅带来社会关系的非社会化，也呈现出社会组织体被其他社会组织体取代的态势。如魏玛宪法120条提出教育子女的"实行由政治机关监督"，《少年福利法》和《少年法院法》暗含着教育权由亲权向国家共同体的转移：家庭教育由共同体委托而来，其前提是符合共同体利益，一旦这种信赖被颠覆，委托就有必要撤回。新的教育权限定了狭窄社会组织体的权利，扩大了广泛社会组织体的权利，与社会法的发展一致。

（二）继承法

经济单位的存在不仅为所有者盈利，也服务于公共福利。这种社会功能期望在所有者死后依然存续，否则就会出现极大的反生产的力量消耗，所以必须由法律规定经济单位中死亡所有者的继任，任何社会都必然需要一种继承秩序。

1. 个人主义继承

个人主义继承秩序体现为继承法，它与所有权同样建立在私利与公益预定和谐的思想上：遗嘱继承中表现的被继承人利益、无遗嘱继承所基于的家族利益，同时也有助于社会利益的实现。对这一假定是幻影的认识以及切实保障社会功能的努力，比所有权领域更不彻底。当今继承法混合着对立体系或原则的妥协，如遗嘱自由与无遗嘱继承、强制分割继承和强制不分割继承；个人、社会、家族目的设定纠缠在一起。遗嘱自由是所有权自由的死后延伸，有遗嘱则由当事人意思决定，无遗嘱则推定最近亲属继承权符合当事人的默示意思。但无遗嘱继承和法定保留份（Pflichtteilsrecht）一样，也可以从继承人的角度得到个人主义的直接证明：在经济生活尚未急遽变动的时代，与被继承人共同生活者在被继承人财产状态基础上成长，因此家族成员由于习性要求在家长死后继续享有财产权有其社会学根据，这种生活稳定安全考虑，只适合证明被继承人的家人或被抚养人的继承权，而不适合证明当今继承法不限亲等的、与被继承人毫无往来者的继承权。以血缘和姓氏为纽带的"大家族"不再是社会学上的实在，无限制的无遗嘱继承也就丧失了基础。

2. 超个人主义继承

对继承法的家族功能还可以做超个人主义的理解，家族不是有血缘的人们的单纯聚集，而是位于他们之上的超人格整体，不是单个人格的关系，而是跨越数代结合不同亲等的单一体，其象征是家族纹章和家族声望，个人应尊敬家族、为家族牺牲。继承法要确保家族荣耀的物质基础，就有必要保持继承财产的不分割。个人主义的家族功能要求强制分割继承；超个人主义的家族功能则要求强制不分割继承，适用世袭财产制（Fideikommiss）和一子继承制（Anerbenrecht）。

这一点受到民主主义平等思想的反对，体现为魏玛宪法155条对世袭财产的废止[①]。世袭财产的形式和少数人继承权产生了大量丧失继承权者，富有的继承同时也是贫困的继承。拉特瑙指出，德国社会上的阶级分化、国民间财产分配的僵化呆滞都是继承权的产物；这种命运的力量让无产者永远劳作，富有者永远享乐。民主观念主张，即使保留私有权，也应限制或废止私人继承权。如果废止私人继承权，同时能够阻止通过生前赠予来规避，那么不久后国民财产就会集中到国家手中，实现社会主义。

私人财产权和强制不分割继承，除了"家族社会主义"动机，还有社会动机。经济单位在创设者死后依然存续的期待是经济文化创造的动力，于是继承秩序的原则应是"只有适合继续发展所有权真正目的者才应成为继承人"。但问题是：谁更适合继续发展被继承人的事业？是在他的活动领域成长起来的人，还是他作为继承人培养的人？现行继承法规定的强制遗产分割导致的零碎化、无限无遗嘱继承的偶然性，与继承权的上述社会功能似不协调，但对继承人和财产来说，继承法已丧失了该功能。遗产大多已不再是一笔为特定经济目的的集合财产，而是一个价值总额，正如所有权从质向量的发展，装满各种股票证券的金库也不再是个必须保存的经济单位，强制分割继承就有量的特点。随着经济的非人格化和企业客观化，从有死的自然人手中转移到不死的法人手中，退出了继承法的领域。

所有权和亲属法问题交织于继承法中，现代继承法的问题性表现

[①] 第155条第2款：因应住宅之需要，奖励拓殖开垦或发展农业，土地所有权得征收之。家族内之土地财产应废止之。

于魏玛宪法第 154 条[①]，个人继承权和国家对继承份额的要求，体现了继承权的个人功能和社会功能的对立，并置于法律裁定之下。

从拉德布鲁赫时代的德国法来说，亲属法的时代任务不是加以新的限制，而是解除旧的束缚。《德国民法典》对婚姻的规定采取超个人主义立场，而新婚姻法强调契约观念，因此强调夫妻平等、放宽离婚限制、承认非婚生子女法律地位等。在家庭法领域，民法典同样采取超个人的家族观念，而新家庭法则以自由主义观念废除家庭世袭财产权，松动远亲的无限继承权，走向国家或市镇继承。此外，当时的德国家庭法还通过与民法典的"亲权"不同的"教养权"体现了社会法思想。

尾高朝雄认为，以上拉德布鲁赫的私法法哲学论述的广阔视野、现实感和中正稳健的正义观难有可批驳之处，虽有模糊现代问题的焦点、减轻作者自身论旨感染力的不足，但这也正是尊重各种分歧见解的相对主义态度的体现。在法人、所有权、契约、婚姻、继承问题的论述都对比个人主义与超个人主义立场，拉德布鲁赫对后者原本持批判态度，但通过向极端个人主义导入社会考虑，又开辟了超个人主义的道路。这就说明，人类平等不是只能通过二选一，而是通过二者的协调实现的；二者在更高层立场上被综合，如辅以超人格的文化主义，就会成为正当法理念的运用。拉德布鲁赫虽在法哲学总论中将三种立场并立，认为三者都不能得到科学的证明，只能在其折中和妥协中发现真理，但在私法哲学上却肯定了寻求三者一体化的道路，作为"正当法之学"法哲学的任务。这就在某种程度上背离了相对主义，使广泛的绝对主义成为可能。

但笔者认为，私法哲学中看似出现的这种背离，并不违反拉德布鲁赫所界定的相对主义，因为他的相对主义是仅限于理论理性的，绝非无定见的墙头草和怀疑一切的自暴自弃，更不是放弃选择，而只是理论上的自我克制，在实践理性中则允许各人保持斗士的饱满状态，

[①] 第 154 条：继承权，应依照民法之规定受保障。国家对于继承财产所应征收之部分，以法律定之。

让各人通过努力"发现戒指的魔力",在私法法哲学中他所选择的个人主义、超个人主义、超人格文化主义三者和解的立场,与认识论上的相对主义并无根本矛盾。

第四节 社会法:经济法和劳动法

经济法和劳动法是随着社会法思潮动摇了私法与公法、民法与行政法、契约与法之间的严格界限,而产生的不同于私法和公法的新的法律领域。

一、经济法

私法中的经济关系只考虑两个私人间的平等关系,却忽视了作为利害关系人的第三方,即公众。世界大战中德国经济与世界经济的隔离打破了纯私法的自由竞争和利益平衡,德国的经济法应运而生:立法者通过法律规范,按照社会学的运作法则来控制自由竞争和有效干预。战时经济是彻底的组织化经济,但"战时社会主义"并非社会主义的前身,它不是共同经济基础上的新式国家,而是传统国家对经济生活的控制,接近专制国家的重商主义,只能算作紧急经济法;但它也确实不可逆转地动摇了财产和契约自由。

公法侵入了经济生活。德国魏玛宪法对所有权和契约自由依然加以保护,但强调其内容和限制由法律规定。"强制契约"等法律形式大量出现。所有权从一种利己的权利转化成一种负担义务并服务于社会公共利益的权利,处于国家的监督之下。宪法使"社会化"成为可能,社会化的表现除了国有化之外,还有各种形式的公司化、公有化、地方共有化、混合经济企业、强制辛迪加化的经济自治、国家对特定行业的公共控制或国家垄断,等等。

私人经济也渗透进了政治生活。如战时经济代表与政府的平等谈判，经济界的代表越过党派给政府施加影响，其影响甚至远大于宪法规范的影响。魏玛宪法设想，在国家宪法之外还有一个社会宪法，在平等—自由的个别人格组成的建筑之外还有一个由各种经济部门和社会阶层所构成的更大建筑。但社会宪法无法用可计算的标准反映经济部门和阶层的社会比重，只能平等看待劳资双方。所以魏玛宪法没有用联邦经济会议取代立法机构和上议院，而只是将联邦经济会议作为咨询性的评议会。一个由职业阶层组成的议院也不适合作为立法机关，因为它缺乏作为社会整体代言人的意识形态动力，可能造成国家整体政策偏向经济化和工会化。这类职业阶层国家的设想已经在民主的敌人国家多次实现，如法西斯意大利的"工会国家"。

二、劳动法

劳动法在20世纪初无疑是个新学科。同样是考察经济关系，经济法着眼于国民经济，倾向于企业主立场，劳动法却着眼于保护经济上的弱者对抗经济上的强者，侧重劳动者利益。劳动法以民法精神为基础，但民法只承认作为平等主体的"人"，不考虑劳资双方的优劣、工人团结、行业公会和企业整体性；劳动法则看到具体的雇主、工人、职员，承认工会和企业，注重契约自由背后的力量角逐背景。

劳动关系在罗马法中被归入物权，劳动者是主人的财产；中世纪则归入人身权，被看作产生于人身隶属性的劳动义务和相应的保护照顾关系；资本主义时代将其归入债权，在契约自由之下暗藏着隶属性和依附关系，实质上只是雇主的契约自由。而新劳动法的使命是将劳动关系重新确定为人身权利关系，实现劳动者人身自由上的人权。劳动法以"强行法"针对劳动契约自由泛滥的危险，用劳方和资方的集体劳动契约取代个别劳动契约，在劳动契约中附加社会保险等公法权利义务，以职业介绍和失业照顾等来解决劳动契约订立困难。具体内容包括：

1. 劳资协议法

劳动者的联合使其在对企业的谈判中强大有力，该联合得到宪法结社自由的保障。工会与资方或资方集团签订的薪资和劳动条件协议，不再以具体缔约人的意愿为转移，而是不可任意变更的、默认的合意。违反劳资协议的个别劳动契约可能被法律确定为无效。

2. 企业组织法

新劳动法有行业性和企业性双重特征，使劳动关系从企业主和单个工人间的特别关系变成企业和工人的整体关系。企业协议属于企业自治法规，它与劳资协议的并存中也潜藏着危险，容易以小团体分散劳动者的力量。因此行业公会和工会要保持最终决定权，劳资协议优于企业协议。

3. 劳动管理局

劳动法的统一不仅包括劳动法典的统一，也包括通过统一的劳动行政管理实现劳动法精神的统一。劳动管理局分设多个分支部门管理职业介绍、失业保险、社会保险、企业劳保监督，并使劳动调解、仲裁和劳动法院与其步调一致。劳动争议仲裁处理集体劳动契约或集体协议等"集体劳动争议"。

4. 劳动法院

劳动法院处理劳动者和雇主之间的"个别劳动争议"。在法庭人员组成上，从劳方和资方各选出数量相同的陪审法官，使其在法庭上对峙以呈现阶级对立，借以影响职业法官的独立判决。这样劳动司法就体现着劳动法的精神：斗争精神和和平精神。

拉德布鲁赫时期的经济法和劳动法尚属较新的法律门类，二者同样处理经济关系，不同的是前者倾向于企业主，后者倾向于劳动者。经济法和劳动法的出现体现着传统私法和公法领域的互相渗透，共同成为崭新的第三类法律领域"社会法"产生和发展的推动力。

第五节 国际法：法哲学观、战争和世界法

一、国际法的地位

普遍性是法秩序的本质，法不可能以部分规制为目的。（1）即使只规制部分情况，也通过遴选规制的部分对未规制的部分表达了排除法律效果的态度；法律虚空的领域不是不受法规制，而是消极地受法规制，法秩序对这些区域没有意图，但这是一种意图；表面的无政府状态其实是法秩序通过任由这个事实领域的各种力量自由活动来规制。（2）在一个法秩序看来，其他法秩序的活动只是通过自己的承认对它的效力让位的结果，每一个法秩序的效力主张都覆盖全世界；国际私法、国际刑法作为国家法秩序的组成部分，通过消极否认本国法效果而明示了本国法对涉外事件的处理要求。各个法秩序都要求"规范体系的统一"（凯尔森）。这既证明法体系最终达到一个世界法的思维必然性，也对一切法秩序间的冲突由于法安定性必要，而提出高于一切国家秩序的国际法的存在要求，表明了国际法的问题性：国际法的普遍效力要求与各国国内法普遍效力要求的矛盾。

（一）个人主义：世界国家论

个人主义法律观简单解决这个问题：每个国家必然消解于未来的普遍国家，无个性、无国民性的个人成为世界公民。无个性的个人通向无民族性的人类国家，即不经民族的中间环节而涵盖全人类的世界国家，"推向彻底的个人主义不会到达超国家的、国家间的国际法"（宾德尔）。而世界国家反过来对各民族做行政技术的区分，按操同一语言者的人类地方团体处理，但从逻辑上这样的民族就与地方自治体只能在国家中考虑一样，不是先于世界国家，而是在世界国家之中和之后

的。尼尔森认为：纯粹法理念不考虑把社会分割为各国，法律规则的普遍性会直接到达覆盖整个社会的一个共同体；国家和政治团体的存在只是法律不置可否的偶然，依据人类各种偶然界限，是否设置以及如何设置特殊化的法律组织，只是便宜性问题。这一思维过程最终会得出地方分权的世界国家，而不是各民族的联盟。康德认为：作为各国家松散结合的国际联盟只是实际上不可实现的世界国家的代用品。世界国家从抽象人性出发，走向的不是历史具体的人类整体，而是作为抽象一般性的人类，即"灰色的国际"（拉加德）。

（二）超个人主义：主权理论

民族权力国家的法学表达是主权理论。为解决主权国家服从国际法问题，个人主义尝试把具有不可让渡的人权的主权个人观念推向国家，在自我拘束思想中寻求解答：国际法是在各国合意基础上建立的。但正如契约理论，自我拘束其实是他人拘束，国际法必然存在他人拘束，试图脱离所谓自我拘束就成了违法，自我拘束的幻象源于用抽象个体代替具体个性。从具体国家个性出发到达的不是国际法，只能是国际无政府状态。因为"无政府的法"是自相矛盾的，同位秩序的法（如私法）只能在上下位秩序的法基础上建立，而国际法却没有一个更高秩序。同位秩序的法甚至无法解释契约，只有更高的规范才能解释我今天的意志必须受我昨天的意志拘束，正如斯蒂纳的最极端无政府主义否认契约的拘束性，主权理论通过承认情势变更原则而松弛了国际法上的契约义务。主权理论必然得出对国际法、对条约拘束力的否定。

对主权理论的批判：（1）无政府国际法观的出发点是多数主权国家可能共存，但国家想要主权，就必然排斥他国的主权，成为唯一的法实在（凯尔森），一个国家的主权性直接排除其他国家的主权，从而毁灭了作为一般法原则的主权性本身（尼尔森）。各国对各自管辖的有限领域有主权，这是一种修辞矛盾：主权不可能限定在一定事项或地域范围内，各主权的法秩序把自己限于国境之内而不要求普遍统治全球，只是靠明智的自制而不是靠其他法秩序的命令，否则就不再是主权了。主权理论无法解释各国宪法为自己划定的边境①相互一致事实，也无法解释国家作为平等条约当事方的相互承认。各国就像政教协定（Konkordat）中国家与教会一样对立，承认和条约同意只能被看作各国以单方面法律行为对他国的恩惠。这种各国并存状态就像猛兽各据一方对峙咆哮的斗兽场。

（2）国家主权思想是把自然法思想中天赋人权引入国家，但正如人是由国家承认才升格为法律主体的，国家也是作为国际法主体才有主权的，因此主权概念只能从国际法展开。由此，主权概念意味着国家不允许地球上存在任何高于其上的法律力量，其结论不是完全不容许国际法存在，而正是国家直接服从国际法，"除国际法规范以外对任何法规范都不负法律服从义务"。这样，位于主权国家之上的国际法就成了同意反复。

（三）超人格主义：国际联盟

多个主权民族国家结成国际联盟，是超人格文化思想的国际政治目标。超人格主义既为了维持文化创造力而反对民族国家消解于世界国家中，又因为文化任务的国际性而反对民族国家绝对化的无政府状态。不存在特定民族的真善美，民族性不是文化活动的目的或动机，只能是忘我投身于事物的结果。一切自我表达的民族特性只不过是不成熟的虚弱民族意识的表征，人格性和民族性的评价都是事后的历史评价，只有在一个民族把超民族的理念作为自己的使命来信仰、把自己作为人类民族，才能构造强烈的民族意识。因此，要实现既指向超民族目标，又在民族中、以民族形态实现的文化，国际文化共同体就要求在民族文化分化基础上成立的、统一的、地方分权的世界组织。

---

① 如魏玛宪法第 2 条：联邦领土，由德意志各邦构成之。其他地方，如其人民照自决原则愿归属者，得依联邦法律接受，使归入于联邦版图。

超人格主义符合现实的发展动向。因为存在着实定的国际法，其方式是明示的国际条约和默示承认的习惯法，是超国家共同意思的沉淀，当然国际法规范还不完备。弥补国际法律漏洞也适用瑞士民法典[①]的法律发现原则，其次序：①"公认的学理和惯例"，即在自然法基础上形成、自然法终结后依然统治人类的实证国际法；②依据"自己如作为立法者应提出的规则"来决定。这就把正当法具体化为实定法，模糊了法的绝对有效性和实际效力的界限。但这并不会引来非议，因为不管是超国家法还是国内法，在法律规则背后都存在支持创造性法律发现的超国家或国家共同意思，即要求国家间、个人间法的存在，内在着不允许法律虚空的普遍完备性的倾向。

在勉强承认和公然否定国际法的态度间游移不定的主权理论的特征是承认战争权。战争既是国际法现象，也是对国际法的否定。

二、战争

战争的价值判断不应基于它或好或坏的副作用，如英雄美德的激发、生命力的考验和觉醒；而应看它在多大程度上达成了固有使命。战争的特殊意义是以胜败解决纠纷，因此对战争的评判只能看它是否是一个有利于纷争解决的方法。

1. 从伦理学

伦理学价值判断只回答个体参加战争及其战争责任问题。但战争责任的含义只能是意图战争，所以战争责任就很难清晰确定，因为只要战争作为法律制度而有效，无论何种外交或政治背后都内在着战争可能性。战争是政治以不同手段的延续，这一名言的根据不是政治规

---

① 《瑞士民法典》引言第 1 条：(1) 凡依本法文字或释义有相应规定的任何法律问题，一律适用本法；(2) 无法从本法得出相应规定时，法官应依据习惯法裁判；如无习惯法时，依据自己如作为立法者应提出的规则裁判；(3) 在前一款的情况下，法官应依据公认的学理和惯例。

定着战争的本质，而是战争规定着政治的本质，战争就像银行的储备金，成为政治的最后手段。政治与战争就好比依托暴力的威吓与暴力，为了威吓的有效而诉诸暴力有其必然性，政治导致战争也同样不以自身意志为转移。如果不是为了万不得已时拔剑而战，人也不会一直把剑握在手中。

2. 从法哲学

法哲学回答战争权、战争正义性问题。关于战争的法理论试图在紧急避险、报复、强制履行、正当防卫中寻找正义战争的标准。（1）但对一切不相信预定和谐的人来说，战争是解决权利问题最不恰当的手段，是民事纠纷司法决斗废止后久已终结的诉讼形式。（2）战争也不是"人类的原动力"，因为战争权利总是站在维护而不是变更原有国际秩序的既存利益一方，给历史偶然的领地划分赋予不变性。（3）战争法理论扬弃了战争本身的概念：如果正义战争是对实际不法的正当防卫，那么对方的抵抗（对正当防卫的正当防卫）就是不合理的，是一个新的不法；战争是对伦理劣势方执行刑罚，这就扬弃了战争作为同等权利当事人间决斗的性质。于是战争的任务就不是证明权利，而是创造新权利，胜利者的权利不是战争的前提而是其效果，只能通过战争来获得和证明。

3. 从战争历史哲学

战争历史哲学根据战争效果来评价过程，胜利的战争就是正义战争；但正义战争问题即参战权，在战争之前就要求回答。不同于只有一方正义的法哲学观，这里的战争双方当事人都是正义的，因为只有正义与战争整体相关，才能为尊重敌方、双方同权的战争本质思想奠定基础。但在历史哲学的视野下，一方面战争的正义在胜者一方，另一方面后来战败者也应被赋予参战权。这一困境的解决是区分"涵义"（Bedeutung）和"意义"（Sinn）。一个事件，围绕价值则有涵义，生成价值则有意义，为了"好事"的战争如果失败，虽无意义，却有涵义；双方正义战争的范畴肯定的只是涵义，而非意义。如果战争是为了解决只能通过战争解决的利益或价值冲突,它对双方就都是正义的。

战争是否有决断价值冲突的涵义?这取决于胜利中能否做出决断,只有胜利中存在意义,战争才有涵义。有必要验证前面的假定:胜利者的权利由战争来证明,在胜利中实现,军事优越能证明其他方面如文化的优越。但国家文化不是可比较的量的测定,而是不可比较的质的规定。军国主义认为各民族可以按照武力的量来区分和比较,形成了质上相等的列强。战争是军国主义的顶点和民族差别的最低点,像平时多彩的服装和战时清一色土黄的军装,战争手段也被强求一致。武力与文化当然有某种比例性,战争也是文化的较量,但虽然自然科学技术等可转化为军事优势,但绝非一切文化财富都可转换为军事能量,尤其是最本质的文化;即使靠鱼雷和毒气推行本国语言文化,也不过是偶然掷骰子的决定,世界史作为世界审判,无非是胜者永远记录历史。总之,历史哲学在战争中发现的也不过是武力而已。

4. 从宗教

只有宗教才能为战争辩护,它肯定一切存在都有终极的神圣和价值。科学探讨战争的动机、原因和规律,哲学探讨确定战争正义的标准,只有价值超越的宗教才能在不正义的战争中也发现终极价值。任何纯粹经验观察带来的绝望悲观论,都可由人性的宗教态度变为形而上学乐观论,这是人性最悖论的特征。因为只有不幸才能通过与价值的矛盾,强有力地提出形而上学价值问题、唤起内心的宗教气质。但神义论是神的辨明而非人的辨明,宗教哲学不是伦理学,宗教对既成事实的妥协并不事后把肇因者正当化,福音书关于犹大的话表明[①],结果和产生结果的行为适用完全不同的评价法则。宗教思考看待战争如同看待痛苦,既因痛苦具有纯粹化的力量而赞同其神圣性,同时又否定痛苦的施加。

---

① 指马太福音 26.24"……人子必要去世,正如经上指着它所写的,但卖人子的人有祸了,那人不生在世上倒好!"卖耶稣的犹大问他说:"拉比,是我吗?"耶稣说:"你说的是。"

只有宗教家才勇于在战争中发现祝福,其他一切思考都认为战争是既无意义又无涵义的不幸和灾祸,胜利只不过是较轻的灾祸。对战争的无奈妥协与法律家的使命最不相容。法律家应扪心自问:人类应受偶然支配还是受理性支配?在决定地球命运的时刻,法能否无力地把绝对统治权交给无政府状态?

拉德布鲁赫在《法学导论》中指出,对战争的肯定可源于完全对立的世界观。超个人主义支持国际共同体中的国家发动战争,它赞扬战争带来和平时期未能显现的民众力量,赞美战时鼓舞人们为之献身的国家象征所体现的生动的民族人格,把胜利的战争看作社会的崇高理想;个人主义则赞美战争对个人人格完善的激发作用,没有战争,阿喀琉斯那样的英雄就无用武之地,战争带来了在和平、安逸、法律下被埋葬和压抑的勇气和力量。这种对法律和秩序消除世间不可预见性的不满,对生命奇迹、惊喜或失望的向往,对冒险的自我扩张的渴望,表现为第一次世界大战前的战争浪漫主义。从伦理上,无政府主义和战争固然有作为"义务履行的材料"(费希特)和"道德砾石"(康德)的长处,法律固然限制了人们以粗暴方式亲自实现伦理的勇气和活动,但法律和和平也会创造很多新的道德责任领域,规范更为复杂细微的人际关系。战争浪漫主义和战争伦理已不再适用于今天的战争,当战争开始用来针对平民妇孺,采用毒气、饿死、虐杀方式,带来暴利、青少年堕落、恶德和犯罪,战争就失去了一切名誉。基尔大学的古训是:"和平是万物中最好的。"伊拉斯谟说:"战争只对未曾亲历者是美好的。"雨果呼吁:"鄙视战争!"我们也不应放弃对人类和平的呼喊:"告别战争!"

三、世界法构想

《法哲学入门》第十章总结了未来世界法构想。无论是国际联盟还是联合国,都只有当超国家的人类为着超国家的使命而甘心服从时,才可能成功。要解决国际争端，不能单靠妥协，而应超越国家对立，冷静地区分合法和不法。法官和仲裁员必须从更高的利益层次出发，而至今尚无这种超国家共同体意识，反而强化了国际摩擦和战争的危机。只有中世纪天主教会曾达到这种超民族的整体文化组织，把基督教世界联成一体。宗教团体如修道会横亘各民族间，整体文化得到教会的保护扶持并被赋予超国家属性，基督教艺术使欧洲文化融为一体，统一的拉丁语推动了统一的学术和文学，教皇创立的大学向各国迁移，罗马教会法开始统治欧洲。直到宗教改革后，文化领域才被各国从教会手中夺回。但教会圣座至今也依然代表着宗教文化领域，成为国际法上的主体。梵蒂冈城国不只是单纯的历史遗产，也是未来国际法建设的榜样，它代表着文化领域的组织化，有权与各国在同一平台上磋商。

作为国际法和平活动前提的共同体感情，只能从各种超国家的力量出发，如科学、艺术、宗教、法律、经济。但当今承载着超国家价值的"知识分子"不仅没能显现出超国家意识，反倒先陷于某种国家主义的精神病中。这是因为文化只有在致力于超国家使命的文化代表者团体中，才能形成超国家的共同体意识，其中人们不仅是单纯的知识共同劳动，而且在人格和工作中表现出超国家的崇高性。一个法律秩序存续的前提，是共同体成员不仅满足自己特殊利益，而且怀有共同的法感情，超国家的法呼唤超国家的人，没有世界公民，就没有世界法官。

国家与文化团体、国家与教会作为国际法主体的并存虽会产生紧张关系，但这些利益对立正是超国家文化组织的应有之义。目前很难期待国家主动把这类对立者、敦促者认作国际法上的伙伴。只有在世界舆论强烈回荡着超国家热情的时代，才能推动对这类文化团体的国际法承认，如第二次世界大战以原子弹爆炸为顶点的恐怖体验，让人直面这一选择：要么世界和平，要么世界毁灭。人类不能放弃靠理性力量认识并驱逐这些危险的努力。

纽伦堡审判展现了未来和平的前景，与崩溃了的极权恐怖国家形象相对，贯彻着英美司法的客观精神。其价值包括：（1）认识上的突破，国际法义务承担者从国家扩及个别政治家或国民，实现了国际法向世界法的跨越。（2）教唆侵略战争罪和反人道罪两种新型犯罪，反人道罪表明，对本国人的罪行同时也是对全人类的罪行。（3）创设国际刑法，针对政治家或个人施加的国际法的不法。国际刑法不实行罪刑法定，并溯及既往，这与占领军恢复德国刑法的罪刑法定原则看似矛盾，但禁止新刑法溯及既往的原则仅适用于法典化的刑法，而在刑法作为法官法的形成阶段，判例法的思维方式必然要求溯及地适用于当前每个案件。国际法的特色是由案件推动的渐进性法律发展。当然，纽伦堡只是一个开端，只有当国际法院有能力对不是战败国，而是更强大的违法者审判和执行，才能强化这种国际法的革新。纽伦堡首席大法官杰克逊指出：只有能够宣判任何国家的侵略为有罪，也包括今天坐在法官席上的国家，这样的法律才真正有效。

尾高朝雄指出，拉德布鲁赫国际法哲学有三点值得注意：

1. 受凯尔森国际法理论的影响

凯尔森以他的规范逻辑主义证明国际法与国内法的一元构成，即不看国际法与国内法的差异，而在一个总的体系中找到其位置，国际法既可看作一个法律秩序的两部分，也可看作互相重叠的两个阶层。国际法或国内法的优先次序就取决于世界观立场差别，拉德布鲁赫分别从个人主义和超个人主义立场出发，说明这个纯粹法学的两种理论构成。但国际法与国内法是否完全同质，并可由一个法秩序总括在内，是值得怀疑的。众多国家法作为异质的法秩序并存，国际法以给这些并立的法秩序填入框架的形态存在于其上，这种国际法与国内法的多元构成（瓦尔茨），似乎更符合国际法的实际状态。

2. 支持超人格主义

拉德布鲁赫认为由于彻底的个人主义将到达世界国家，而超个人主义又导致对国际法的否定，只有超人格主义才能为国际法赋予基础，因为它既注重民族国家的特性，又要求国际文化协作。而这就背离了他自身的相对主义，表明了拉德布鲁赫法哲学的客观志向，超人格的国际法也必然要求具有各民族特殊性的文化国家，与个人主义和超个人主义相协调，并要求法的正义性的最高标准。

3. 否定战争

1910年《法学导论》表明了拉德布鲁赫最直接切实地废弃战争的信念；1932年《法哲学》中这种反战态度则稍为缓和，因为宗教哲学还可以微笑面对战争的残酷性。20年代的德国正是衷心贯彻反战论的和平国家，为何十年后遽变为一个横冲直撞的军事国家？人类为何难逃周期性战争的厄运？如何确立根深蒂固的世界和平基础？这是"跨越国际法、国际政治、世界经济的多元、多角度、全面综合的人类整体的最深刻问题"。为解决这个问题而努力也正是超人格文化主义的追求。

综上所述，拉德布鲁赫在他的著述中经常表达出对超人格文化主义的向往，在国际法方面体现为他对"民族权力国家"和主权理论的反对以及对国际联盟这类国际事业共同体的支持，在战争方面则体现为对战争的反对态度和对战争罪恶的揭示。其中有很多重要观点与他的法哲学相呼应，如从具体国家个性出发将导致国际无政府主义，国家文化的比较不是通过量而是通过质，通过武力来强行推行的文化并不能证明文化的优势，等等。战后的拉德布鲁赫反思战争和随后的纽伦堡审判，提出"世界法"的构想，认为战后正是世界舆论中充满"超国家"热情的时代，是人类必须拿出理性来面对"要么和平要么毁灭"这一历史选择的时代，纽伦堡审判回应了这些需要，以溯及既往的姿态向极端的国内不法宣战，创建了由案件逐渐推动的国际法的开端。要解决全人类最根本的和平安全问题，在他看来，也许只有超人格的文化主义才能担负起如此重大的历史使命。

第六章

拉德布鲁赫论英美法

1936年是拉德布鲁赫因政治观念被纳粹解除公职、精神放逐的第四年，适逢他在英国牛津进行了为期一年的访学，从一个大陆法系学者的视角观察英国法，获得了生动鲜明的印象，撰写了三篇论文。这些论文加上十年后完成的专著《英国法的精神》，形成了他对于英美法的独到见解。他所揭示的英国法的特色：衡平法、强调法的安定性、事物本性和英国民族精神等，也印证了他对现实世界一面的关注，既贯彻了作为他思想起点的新康德主义二元论哲学，又对其有所超越。本章将分节介绍拉德布鲁赫关于英国法的专著和论文。

第一节 撞见智慧：论英国法的精神

本节介绍拉德布鲁赫1946年专著《英国法的精神》。

一、在经验中摸索前行：英国法与英国民族精神

英国民族精神的本质特色多源于英国近代与中世纪间并未截然断裂，并对现代产生直接影响。例如：（1）英国议会由中世纪的等级代

表制发展而来,等级国家和立宪国家间未经欧洲大陆的专制国家阶段;(2)宗教改革在德国经历了激进的教义和仪式的变革,而英国国教至今仍保持很多天主教色彩。(3)英国大学如牛津、剑桥更符合中世纪大学形象,大学精神至今仍是中世纪后期形态的人文主义;而德国古典新人文主义取代了传统人文主义。

这种连续性同样符合英国法的历史,英国法的发展未因罗马法继受而断裂,而且是通过有意识斗争和有效防卫来避免的。1236年马顿议会拒绝从罗马教规法导入非嫡出子女准正制度,"所有世俗等族一致回答,不愿变更世代惯行和认可的英国法"。英国法早已认识到拜占庭法典的专制危险:"君主的喜好即法律。"罗马法注释学派时代,牛津大学也开设罗马法课程,但当时已有由同业公会组织化的法律家阶层,使后辈的培养能彻底在固有法基础上完成。英国法律家阶层和法律家法开始于觉察到罗马法威胁之前,并因此防御了这种威胁。而德国,民众法到法律家法、民众法官到专业法律家的变迁却成了罗马法的责任。

但罗马法学与英国法学并不疏远:(1)苏格兰曾通行罗马法,南美洲也通行着经由荷兰继受的"罗马-荷兰法"。(2)英国法虽抵制了拜占庭法典的内容,却领会了其精神和方法。英国的法律发现和罗马法一样,不是法律规则至上,而是基于个案,从案件到案件的"判例法"。梅兰希通[①]在《罗马法礼赞》(1525)中说:英国并不通行罗马法,但他们之所以为了解罗马法付出如此多的辛劳,"是为了从罗马法汲取法律规则的精神,从中领会衡平的力量和本质,据以更加正确地判断本国的法律规则"。

西方法文化于是分两大法系:以优士丁尼法典为范本编纂法典的各国和盎格鲁-撒克逊的判例法各国。两大法系的区别在于:(1)法律

[①] Philipp Melanchthon(1497—1560),即 Philipp Schwarzert,德国语言学家、哲学家、人类学家、神学家、罗马法学家和新拉丁语诗人,被誉为"德国的老师",他是宗教改革中除路德外的另一个代表人物,被狄尔泰称为"宗教改革的伦理学家"。

的承担者，前者是法官，后者是立法者；（2）法律发现，前者是从规则下降到个案，后者是从个案上升到规则；（3）法的创制，前者是基于法律规则及其精神，后者是基于法律生活和"事物的本性"。两大法系差别如此之大，以至于某个法律术语的互译都难以进行，英-德法律词典成了一个法律百科全书，不能仅移译为对应词，还必须详细记述形成该词含义的法律制度。罗马法作为法律世界语，在双方间起着媒介作用，尽管罗马法本身早已失去实际通行力，但对当今法学的国际性功不可没。

英国法的思维方式以培根整理的经验主义或归纳法为特征。它不通过理性对事实加以扭曲，而是始终在事物中寻求理性。这种尊重事实的意识使英国人不倾向于事先预期事实并由此做决定，而是等事实来了才决定；也不认为必须首尾一贯、哪怕走错了也一直走下去、不能打乱清晰的线条、回避Z字型路线等，而是时刻准备按照新要求、新事态的指示而行；英国人爱说的"perhaps"，不是狡猾的遁词，而是紧急出口。这种不爱深谋远虑或防患未然的政策，是从事件到事件的政策，被表达为"muddle through"（蒙混过关、摸着石头过河），也就是"跌跌撞撞地在经验方法中摸索前进，于是撞见了智慧"（梅特兰）。一个英国人戏言："大英帝国是漫不经心地建成的。"麦考利提出英国250期议会讨论的指导原则："匀称布局、巧妙安排在我们考虑之外；绝不因事物反常就排斥它；没有直接痛苦感受就决不修订，即使修订也仅限于去除痛苦的必要范围；不准备超出特别情况推及广泛的法律案。"这种理解使制定法在法律生活中退居第二位。制定法被看作狂妄地预见无法预见的未来事件，并规制预见的事实的立法者的僭越。所以英国法律家大都反对法典编纂，像大陆那样的法典编纂虽然终归是基于案件，即编纂者脑际浮现的若干类型案件，但那只是偶然的、被规划的假设层面的个别案件，而不包含对具体实际生活做出判决的责任感。大英帝国并非没有法典编纂经验，如加拿大魁北克的民法典、上述那位麦考利编制的印度刑法典等,但这些法典的地位低于英国判例法,通过有拘束力的先例层层累积而逐渐被遮蔽,失去了直接效力。

英国人尊重事实的意识也源自英国人的历史感、爱传统。英国人对传统表面轻视,实则倾向,就像牛津大学的学生披着胡乱在脖子上系了一圈的长袍,暗藏着他们的威风和骄傲。法律生活中也保持着种种古老习惯,如法官戴着假发,披着法袍,受郡治安官隆重款待,陪审法院开庭前清晨去教堂,乘金马车,上下车时喇叭奏响。除了这些外表形态,法律家通常的保守在英国更为凸显。今天的判决不乏从几个世纪前的古老判决得出的;制定法也不因习惯法或抵触判决而失效。英国法官有时因久已遗忘的法律规则突然被呈上法庭而不知所措,如1818年亚伯拉罕·桑顿案,因杀人被追诉的桑顿以传统方式向私诉人挑起司法决斗,结果法院只好因私诉人不愿决斗而撤销追诉,尽管这种免责证明方式早在5世纪即已弃之不用。后来只好用制定法清除这一中世纪残余制度(乔治三世59年制定法集46章)。由于传统的强韧,英国法实务必然要求法史知识。英国法史学巨匠辈出,其研究也比德国法史学家更清晰、更引人入胜,如梅特兰、波洛克、霍兹沃斯等。

英国法特色的最深根基,是英国人十分纯粹的法感。要洞察这一点,必须扫清一些对英国人的成见:(1)伪善(Cant)。人们常引冯塔纳[①]说英国人"说着基督,想着木棉的行情",却忘记他还说德国人"说着席勒,想着去格尔森购物",这种伪善是全世界布尔乔亚阶级(Burgensis,即资产阶级和中产阶级)的一般特征。即使伪善在英国人身上表现尤其强烈,也不算是坏品质的证据,因为虚伪的道德其实证明了对真实道德的要求和道德拘束更高度的存在,伪善也就成了道德对国民的支配力的最佳衡量尺度。(2)不讲原则。一位美国海军上将的话"对还是错,都是我的祖国"不适合形容英国人。英国人反而最经常做自我批判,他们常清晰意识到岛国的国民性,往往看到自己一

---

① Theodor Fontane(1819—1898),德国批判现实主义小说家、诗人,著《沙赫·封·乌特诺夫》《艾菲·布里斯特》和《燕妮·特赖贝尔夫人》等。

方的问题,屡次公然说出严格的真理,不遗余力地批判本国政治家的政策。这些都体现了英国人牢固强烈的法感。(3)不尊重法。狄更斯的"法律是个傻瓜"与其说是愤慨不如说是谐谑,英国人的法感不指向一种超越制定法的理想法、正义,而指向现行英国法及其历史特质。除了耶林描述的堂吉诃德式的英国游客①,表明英国人法感的例子比比皆是:优秀的纳税道德,监狱囚犯少得惊人,自首众多,说谎、诽谤、告密极为罕见,经常不锁门,银行营业年度末返还证据文书,铁路行李托运连对号牌都不贴,英国人和警察的亲近关系,等等。英国人自称"守法的人民"一点不错。

英国法感体现为自由感与公共感的均衡。英国人的法和习惯,把二者微妙而断然地划分开来,在习惯于无数禁令的德国人看来,英国许可和不许可的界限只能慢慢熟悉。自由感似乎居于公共感之上。布莱克斯通在《英国法释义》末尾歌颂保护自由为对自己、对祖先、对后裔的世代相传的高贵义务。

英国的"fair"一词融合"美的、令人愉悦的,合乎礼貌的、有骑士风度的,正义的、公平的"多重含义,尤其在体育比赛"fair play"意义上被熟知。比赛意义上的fair也是英国诉讼的本质。诉讼的本质和中世纪"司法决斗"并无不同,只不过武器从兵刃变成话语:(1)原告和被告的武器大体相同,国家权力代表和私人之间的对峙称"国王对史密斯",与"米勒对史密斯"并无差别。(2)被告在未查明犯罪事实作出有罪判决前,始终被以绅士相待;他可以接受宣誓讯问,但拒绝讯问也是他的充分权利。(3)法官作为中立者,任务仅限于在证据调查中维持决斗秩序、在判决中宣告决斗结果。(4)证据调查是当事人的任务,证人以交叉询问②方式接受双方询问,回答"是"或"不是"

---

① 见耶林《为权利而斗争》。在大陆旅行的英国游客因旅馆主和马车出租人的诈骗而拒绝付款,不惜滞留时日,付出几十倍费用。
② 顺序是:先由申请证人一方当事人主讯问;再由对方当事人反讯问;最后由最初当事人再讯问。

时简洁干脆,当然这种方式仅适用于有罪或无罪二选一的情形。英国的当事人主义诉讼模式在刑事诉讼史上意义重大,与德国纠问诉讼形成鲜明对比。

英国的自由是在界限内允许展开丰富个性的广泛自由。英国书面或口头文体也是个性化的。英国法官出于本性而尊重惯例,法官的人品或责任不会隐藏在法官团这种匿名的多数之中,合议庭少数法官的意见会被原样呈现给公众。大法官的名字始终保持其权威,如一个案件中这样提及从前的法官,"我在作出裁判不适用曼斯菲尔德伯爵所述意见之前,经历了漫长的踌躇"。英国法律家的权威往往比他们的论述更有分量,律师可能简单地告诉当事人:"这就是我的意见,你不妨信赖它。"英国法官的自觉得到高度重视,法官尊严的保障表现为对藐视法庭者的刑罚,以及法官的高薪;法官认识到自己是英国国民法律伦理的集中体现,常宏大表达巩固和整顿国民道德的宗旨。英国法官常有保守甚至滞后的严格道德,其中总能找到报复刑、死刑的强烈拥护者。但英国法官的道德感(ethos)和激情(pathos)常被英国人的"幽默感"暖化和缓解。

英国法官的职务特点还体现于两位大法官。一位是爱德华·柯克勋爵(1552—1633),议会对国王的斗争史上的巨头和审判者、权威论述的做出者。他把优秀的法律知识和"由这种神的知识深处而来的高洁、真挚、严肃品格"相联结:"我从未见过生活不检点、无法度者获得健全的法律知识,也从未见过有法律的优秀判断力者不是高贵、有为、有道德的。"他还曾表达对散步途中看到的叼着烟斗的农夫、唱着歌的手艺人的羡慕,因为他们的享受和愉快并不妨碍手头的工作,"但一个写书的人要调动他全部身心、全副才能,尽他所能集中一切注意力"。另一位是现代法律家休厄特勋爵(Lord Hewart),他也是个优雅的人文学者和幽默的桌面演说家(Tafelredner)。他在演讲中说,法官每天的工作和养老院的老人一样,"我们坐着想事情,或者就那么坐着"。"法官这一存在就像寄生虫,完善的世界是不需要法官的,再过约七亿九千九百万年，世界上就可以没有法官了。""明智的法官直到最后一刻还闭口不言。"法官职务活动的这种表面尊荣、微笑着怀疑完美的人性、轻松惬意的愉快，与莎士比亚《一报还一报》中狂热的法官形象正相反[①]。

英国法体现的这些精神，其关键动因还是来自南部西西里的诺曼征服者，英国法没有过度外来化：凯尔特人、盎格鲁-撒克逊人、丹麦人、挪威人融合而成的英国民族，在融合中从诺曼人带来的萌芽开始展开和实现了普通法。只是法律用语才有过度外来化倾向：至 14 世纪，法院用语仍是英语化的法语（诺曼语），直到 17 世纪末才在判例集中完全消失。英国法和英国民族从同一熔炉铸造而成，扩及广大英国殖民地，尤其是大洋彼岸的美国，实现了一个真正的万民法、超国家的世界法。

二、判例法的刚与柔：英国的法源和法律发现

英国"法律"一词也体现了岛国性。大陆语言的"法"（Recht, droit, dritto）都源于"笔直、右、正当"，而英语"the law"却源于"放置、制定法"，这对这个判例法国家似乎很奇怪。判例法（case-law）中使用 law 一词可能是为强调法官判决和国王制定法的同等效力。欧洲各国主观法（权利）和客观法（国家法秩序）统一用"法"来指代，但在英国则分为两词——"law"是法秩序，"right"是权利。这可能表明个人主义的思考方式：个人权利不是因制定法而生，而是要由制定法保护。

英国判例法称普通法（commen law），是通过诺曼入侵后国王法院的法官巡回各地审判对抗地方习惯法而贯彻的。不同于大陆普通法，

[①]《一报还一报》第二幕第二场："世上的大人先生们倘使都能够兴雷作电，那么天上的神明将永远得不到安静，因为每一个微僚末吏都要卖弄他的威风，让天空中充满了雷声。"

英国普通法不仅补充各地习惯，而且优先适用。后来普通法用来指称英国法的一个组成部分：（1）普通法与市民法（civil law），普通法作为英国国家法与罗马法对立；（2）普通法与衡平法（equity），普通法作为严格法与意在矫正它的衡平法对立；（3）普通法与制定法（statute law），普通法作为法官法、判例法、不成文法与制定法、成文法对立。这些用法呈现出卡多佐赞赏的法源多样化："以衡平补充规范，以裁判官告示补充十二铜表法，以衡平法补充法律，以制定法补充习惯，以自由裁量补充规则。"

（一）英国的法治

英国是法治国的楷模，自律的法立于国家权力之上。其基础通常被认为是孟德斯鸠的三权分立论：在法和自由统治的国家，三项权力必须分离并由不同机关行使——国王是行政首脑，议会承担立法，法院守护法律，三权不得互相干涉和介入。三权分立原则实现于英国的不成文宪法，成为世界成文宪法的典范。但孟德斯鸠的理论只是一种理念的单纯化，并未如实描述英国宪法生活，至少普通法不是这样。（1）他要求法院任务仅限于守护法律而不能创造法律，法官只是用眼睛盯着制定法条文、用嘴说出制定法词句的"无灵魂的存在"；而英国法的主体是法律家法、判例法。（2）他要求法创造专属于议会，来防止恣意、阻止国王干涉立法；但实际上议会制下的行政是通过内阁（议会的一个委员会）来实行的，单把立法交给议会并不能防止恣意。英国法治的真正根源在于法律家职业层，在法官法、普通法之中，法的自律和优于国家权力才得到有效保障。

大陆法按照罗马法区分公法与私法，私法由法院、公法由行政部门和行政法院维护，英国普通法却无此区分，所有争讼都归法院，没有行政法或行政审判一说。而且没有成文宪法，各种自由权都交织于普通法中，置于法官保护下。如"人身保护令"（Habeas Corpus）为被逮捕者的人身自由权提供法律保障程序。整个宪法生活的基础也在普通法中，王权也根源于普通法。在大陆专制国家接受了罗马法"君主不受法律束缚"之后，英国这些日耳曼法观念依然保留，"国王不能为不法"当然不是指国王犯法要处罚，而是可通过"权利请愿"（petition of right）被提出民事诉讼请求。

普通法成为一种通过法律家阶层组合的自治而实现的自律力量。至今伦敦的"律师学院"仍是弥漫着和平气息的一个小型市区。希勒布兰德描述："绿影斑驳的寂静庭院，在静谧的长廊下环行，踏着古朽的木质台阶，恰如四五百年前，邂逅一群律师，在位于繁华的伦敦城中心却没有一点马蹄声、车声作响的小镇上独居。"出庭律师（barrister）就这样在四个古老行业圈中生活，由其培养和授职。出庭律师是英国律师的上层，担任法庭辩论；事务律师（solicitor）则负责其他庭外诉讼事务。法官从出庭律师中遴选，作为出庭律师职业活动的最高荣誉；级别最高的大法官也从出庭律师中起用，主持上议院会议（上议院也是最高法院），尽管其一般担任法务大臣，但实际是作为地位崇高的独立法官，体现着法的自律性和法治。

与法治相对峙的是"议会至上"，即脍炙人口的"英国议会除了把女人变成男人、把男人变成女人之外无所不能"（德·洛尔默）。大法官柯克曾致力于使议会和立法受普通法约束、违反法或理性的制定法无拘束力，后因议会至上而放弃。议会能废止或变更先例形态的普通法规则，但该权限有两个界限：一是舆论和法院的监督；二是议会的明智自治。议会立法仅限于去除具体的不便宜，通过"制定法集"把某法律部门汇集起来，但从未成功实现法典化，制定法始终由普通法修正和补充，大部分法律依据和法律创制仍是普通法的任务。即使有制定法，法官阶层和普通法地位仍更优越。制定法的解释直接无视法案"理由书"或议会意见，仅从其条文、以普通法的精神解释，不久就被先例层层包裹，被织入普通法中。面对这种制定法被疏离其本意或宗旨的危险，议会用周密的立法技术对抗：区分阐明不同情况，重复使用类似词，在法律文本中给出尽可能全面的定义，等等。这种沉闷而不美观的立法技术，毫不理睬大陆典雅、简洁的美学要求。

上述关系在美国有某些偏离，表现为制定法范围增大和成文宪法的统治。有些州有刑法典、诉讼法典甚至民法典，基于这些法典的判决作为先例、作为制定法的有权解释而通行，仍有某种自主性。但各州宪法、1787年联邦宪法及其修正案却得到最高尊重，联邦最高法院成为世界上最强大的法院，不仅守护宪法，还能发展宪法：各州的社会立法基于严格自由主义解释被宣告违宪，但通过联邦最高法院的判决被逐渐实现，有社会法精神的少数意见逐渐成为多数意见，这场运动的领导人就是"伟大的反对意见者"霍姆斯大法官。

同样的社会法运动在英国由代表战时经济的工党政府领导，这注定是立法对普通法的斗争。一位英国法律家写道："英国判例法或法治已成为英国传统的光辉理想，现状则是，制定法或立法院统治带来法规条令的洪水，过多行政法审判机关被设立，其判决多不允许向普通法院控诉，还往往缺乏公平竞争和自然正义的必要保障功能。"1946年亨利·斯莱塞法官感慨"普通法的危机"：制定法和准审判组织过剩，以经济正义和必要性为借口限制传统契约自由，1931年法官减俸不可逆转地侵害法院自治，"传统普通法的维系在这个集团化的时代难有可能，在国际法庭林立的当今，受到来自罗马或共产主义法源的大陆概念撞击，对国家主权要求的抑制不容回避"。英帝国及美国的普通法久已是自由与秩序、宽容与义务的独特混合，而且"英国法也是基督教文化的寄托，它的没落无疑是现代的一大悲剧"。但历经罗马法、王权、星室法院风雨洗礼的普通法，面对当今所谓社会法制定过剩，应该依然能应对并获胜。

（二）普通法与衡平法

英国第三次国王会议开始了一般法院与普通法、议会与制定法、大法官法院与衡平法的并立。

衡平（epieikeia）概念由亚里士多德奠定[①]。它针对法的一般性，在个案中贯彻正义，当极端的法成了极端的不正义，就由衡平来恢复正义。罗马法中这一任务归裁判官（praetor），当市民法未能提供救济，裁判官告示承认"基于衡平和善"的诉权（actiones）。在英国的相应制度是"令状"，由大法官为匡正严格法的不方便而作出，服务于王权专制，是臭名昭著的刑事星室法院的私法对应物。但大法官审判作为对严格法的补救，在革命后依然保留。

衡平法的法源多样，大法官在早期是神职人员，贯彻教会法；后期由法律家担任，利用罗马法；自然法思想也渗入衡平法中；但明示的法源是大法官的良心。塞尔登[②]把衡平比作大法官的脚长："这该是多么不确定的标准！"[③]此后衡平审判从个别恩惠逐步向一般规则或先例承认转化。衡平法在19世纪完成发展，成为与普通法并行的第二群先例，被纳入判例法。1873年司法改革合并了大法官法院与普通法院。现在法院对普通法和衡平法都有适用，但学术上二者仍有区别，衡平法作为矫正或补充严格普通法体系的规则或制度而存在。

（三）判例法的方法

英国的"遵循先例"（stare decisis）源于判决从英国普通习惯法中汲取这一拟制。但这种判例法不需要习惯法的长期反复，仅需一个先例即可形成拘束力。郡法院→高等法院→上诉法院→贵族院依次受上级判决拘束；贵族院和上诉法院也受自身判决拘束；同级或下级法院判决如果已固定为审判惯例或与社会交往相符，也作为习惯法而有拘束力。先例被收入卷帙浩繁的"判例汇编"（law report），1916年哈佛

[①] 见亚里士多德《尼各马可伦理学》第五卷4。
[②] John Selden（1584—1654），英国历史家、法学家、人文主义学者。著《闲谈录》等。
[③] 塞尔登原话："衡平是个无赖：法律之中我们有个量度，知道该信赖什么，但衡平却是依据大法官的良心，时宽时窄，故称衡平。这好比把大法官脚长的尺寸作为量度的标准，这该是多么不确定的标准！一位法官脚长，一位法官脚短，还有一位的脚不长不短。大法官的良心又与此何异？"

法学院图书馆藏判例汇编中，英国6540卷、美国13350卷、殖民地3325卷。难怪美国1923年以来为私人法典化《法律重述》而持续努力。

权威典籍在法官为判决寻找线索和依据时意义重大。在中世纪，一切著作被看作权威，像《萨克森明镜》这样的私人著作获得类似法典的效力。13世纪布拉克顿、16—17世纪柯克，至今仍保持权威意义。

如此成长起来的判例法方法有其精炼巧妙的成果，尤其体现为不方便的先例被剔除：从事实关系出发论证眼下案件与先例案件的情势差异，或从法律评价出发论证该先例看似包含的法律规则实则并未包含。先例树立的法律规则拘束力仅限于在当时案件有必要性的限度内，超出案件必要性做更广泛阐述的部分不是有先例拘束力的判决理由（ratio decidendi），而只是法官附随意见（dictum）。有时先例中有竞合的法律意见，几位法官在同一判决中就先例基础有多种选择。有时法官不是适用一个先例，而是汇总一系列先例的系统化，形成半再生产性、半生产性的法律原理。真正以"明显不合理"为理由推翻（overrule）先例仅发生于极罕见和迫不得已的情况。

上述判例法方法不是从法理念出发的法律创造，而是从事物本性出发的法律发现，英国法律思维明显比大陆靠近现实。（1）英国法官对事实关系的关注比大陆法官更为周密，德国法官只需借助法律提取事实关系的骨架（构成要件），而英国法官始终在事实关系本身的具体形态中把握它，并不把事实还原为法律上的关键要件，而使其依赖于经验分析的结果。（2）事实关系本身的确定则加入远高于德国的法律考量：德国的"自由心证"使法官对举证的评价取决于逻辑法则，而英国则实行"证据法"，旨在排除陪审员误导性的印象、排除传闻证据。

除靠近现实之外，英国法的另一本质特色是仅涉及争讼状态下的法。事物本性固然只能从平静状态的秩序中提取，但只是为了解决争讼才被引证，与作为法律或法体系论述的初级对象被固定下来根本不同。

对英国法律发现方法有两种对立的评价：英国法律家多强调其刚性，外国人则赞美其柔性，自由法运动更以英国司法为法官法律创造的楷模。通过英国判例法的刚性和柔性间平衡的和谐不能化解这种对立观点，必须区分不同情况来看二者。大陆司法从法官阶层全体来看更富创造性，但单个法官可能受更多束缚。古德哈特否定判例法的柔性，据他总结，判例法唯一的优点、本质特征和根本立足点，正是法的安定性！

三、木犀草号案：英国法科学的思维

从刑事领域更容易说明英国法科学的特色[1]。英国刑法学家斯塔列布拉斯说："凛然不可侵而才华横溢的法官、水平高超而有公共感的律师、讲求实际富于常识的陪审市民和精力充沛的警察，使英国成为世界上无辜者被罚或有罪者免罚最罕有的国家。意大利人善理论，英国人善实际处理"，"能最好地解决问题的才是最好的理论"。

英国和大陆的刑法只能通过刑事程序来比较。英国刑法的落后于时代同时也是其优点：陪审制、证据法、法官造法。陪审适用的法必须有意放弃某种民众法官难懂的细腻性，用证据方法来确定罪犯内心活动相当困难，先例体系有在某一点上终结法学进步的危险。于是今天的英国刑法似乎停留在大陆法史上的某个阶段。另外，英国人对通过预见形成成熟的思想怀有"体系恐惧"，但从如下判决可知，这种拒绝体系的思维尚未引起不良后果。

为揭示英国法思维的特点，拉德布鲁赫详细介绍了木犀草号案（1884 年女王诉达德利、斯蒂芬[2]）。陪审团认定的事实是：英国游艇"木犀草号"在公海遇风暴，4 人上小艇逃生，3 天后食物断绝，第 4 至 12 天只以一只海龟为食，此后 7 天断食断水，距陆地 1 000 英里（1 英里≈1.61 千米）之遥，获救无望。第 8 天船长达德利经船员斯蒂芬同

---

[1] 本部分来自《英国法的精神》第三部分"英国法律思维"，该部分另外两项内容详见本章二、三节。
[2] Regina versus Dudley and Stephens 1884, Law Report 14 Queen's Bench Division 273.

意（另一人布鲁克斯未同意）刺死患病虚弱的 17 岁男孩帕克，3 人靠吃男孩活了 4 天后获救。陪审团指出：如果不吃男孩，3 人极可能在 4 天内饿死，男孩也可能早已病死，在当时情境下，除非杀死 1 人，他人绝无可能获救。

法庭判决的要点有：本案的杀人既非公务行为，也非正当防卫，而是对无辜男孩的故意杀害，只要没有被认定的免责事由阻却违法性，即可认定为谋杀；免责在本案中只能依据紧急避险。

本案犯罪的诱因不能构成法律上的紧急避险。法并不等于道德，但把法与道德绝对分离会带来致命后果；本案谋杀的诱因如得到法律支持，就会带来这种分离。保存自己生命固然是一项义务，但有时牺牲生命是最纯粹最高的义务，如高贵的伯肯黑德号海难中船长对海员、海员对乘客、军人对妇女儿童的义务，道德要求他们自我牺牲而非自我保存。紧急避险的宗旨不是保命，而是献身，已被希腊拉丁作家引为常识的这条异教伦理原则，在基督教国家更应垂鉴。如本案承认这种辩护，其恐怖危险自不待说。

况且这种足以阻却违法的紧迫性又由谁来判定、以何尺度衡量？明显必任由剥夺他人生命的受益者自己来判断。本案选择了最弱、最幼小、最无防卫能力者，杀他显然不是比杀大人更紧迫。一旦承认这种原则，势必成为纵情和残忍犯罪的法律外衣。

法官应尽最大努力确定法律，按自己的判断宣示法律；如个案中法律对个人太过苛刻，则应留给国王行使赦免特权。法官无权宣告犯罪的诱因是免责事由，也无权因同情罪犯而改变或削弱法定犯罪概念。法庭一致意见为：被告有罪，谋杀成立，判死刑（后由女王减刑为六个月监禁无重劳役）。

拉德布鲁赫指出，上述判例体现了英国刑法学的特点。德国刑法学完成了犯罪论体系，犯罪是构成要件该当、违法、有责的行为，法官需斟酌：（1）起诉行为是否符合刑法典规定的任何构成要件；（2）构成要件该当是否有阻却违法性的事由，如职务、正当防卫、紧急避险等;(3)外部构成要件该当、违法的行为,内心是否应归责(有故意或过失)。而英国犯罪概念则从"行为无犯意则不为罪"这一法谚展开,构成犯罪首先要求外部作为或不作为,其次要求犯罪意图,其特点是:

1. 不区分免责和阻却违法性

在"责任之免除"标题下杂乱列举各种免责事由(excuses)和违法性阻却事由(justifications),两个词经常互换使用,如木犀草号案判决中"除非杀人可由某些被认定属实的免责事由阻却其违法性"。二者的区分在英国看来无关紧要,因为总之是有行为无处罚;但实际上很重要,如对精神病人(免责事由)允许正当防卫,对正当防卫者(违法阻却事由)则不能正当防卫。不加区分模糊了法律评价的明晰性。该案的争点是在该案情境下可否因紧急避险(necessity)阻却可罚性。紧急避险在法理上有两个问题:(1)行为因强大的诱因(temptation)引发能否作为免责事由?(2)被侵害法益和被救法益间的比较能否阻却违法性?该案中,既然否定了剥夺他人生命救活自己生命无违法性的紧急避险,那么法院就不能认定该行为无责任,该案的衡平处理只能靠元首的恩赦。但这忽略了紧急避险分两种:(1)使正常人的义务感屈从自我保存本能的重大危险下的紧急行为——免责事由;(2)为挽救共同体贵重财物而牺牲价值较小的财物——阻却违法性事由。本案因牺牲他人生命来挽救自己生命,而生命价值是不可比的,所以必须排除阻却违法性的紧急避险;但仍可援引作为免责事由的紧急避险,使行为不可罚。当然,由于判决末尾指出赦免的出路,实际上还是会把死刑减为自由刑,紧急避险问题在此意义上似乎没那么重要了。英国这种名义刑罚和赦免的常见出路,是对有罪无刑情况下伦理意义的轻视。

2. 未充分考虑构成要件该当性

英国刑法原则上承认一个行为必须在刑法典或判例法上可罚才能

处罚，如 1215 年《大宪章》第 39 条已规定，对自由或所有权的干涉只能"经同等身份者的合法审判并由国家法律"进行。但这一犯罪标志未被独立强调，而通向了责任论、"犯意"论。但责任论也必须由构成要件来引导，犯意仅在行为已被认定为有责后，认定对行为伴随状况或结果的明知或预见时才有决定性意义。但英国刑法判定责任却不以罪犯对犯罪的认识和上述明知或预见为要件，只需趋向若干犯罪的行为即有责。福斯特[①]已限定：犯罪行为只有符合重罪[②]才能认定杀意，从而认定谋杀；但向他人家禽射击误伤人命也要认定谋杀。"国王诉比尔德"（1920）判例进一步限定，意图重罪进行的行为以暴力为要件；但如女子在反抗意图强暴的男子时突发心脏病死亡，该男子也必须认定谋杀。

无重罪意图，也未使用暴力致人死亡的，即使没有杀人意图，构成"犯意"即可认定过失杀人（manslaughter）。但对犯意有不同观点：有犯罪意图（狭义）、有违法意图、有任何不合伦理的意图（广义，如 1875 年国王诉普林斯案）。三种观点都回答与现实犯罪相关的某种拟制责任（犯意）问题，即"被构成的犯罪"。特定犯罪的构成要件，不仅限定可罚的行为，也限定可罚的意思，如盗窃意思、暴力意思、奸淫意思等，不因不特定的违法或不合伦理而该当刑罚，这是法安定性的重要保障。"英国人受法律统治且只受法律统治"（戴雪），不应因仅意图违反其他法则或道德戒律而受刑罚，如果任何可非难的意思都招致刑罚，那就陷入无界限的"思想犯"危险中。英国刑法学家受教规法"不良事态"陈旧法理的影响，加上缺乏判例法体系化的意识，忽视了与法的安定性密切结合的构成要件该当性。

这种价值欠缺的填补也体现于上述判决：法官认识到自己担负着国民道德的形成责任。

---

① Michael Foster（1689—1763），英国刑法学家，他的著作《刑法》（*Crown Law*, 1762）成为权威典籍。
② 英国刑法 misdemeanour 和 felony 的区分现已被废除，felony 通常指谋杀、盗窃等判刑一年以上的犯罪。

四、陪审制的形成：英国法史中的"撞见智慧"举例

陪审法院被称为英国自由的守护神、宪法的堡垒，但其起源"是法国的而非英国的、是国王的而非民众的、是压迫的制服而非自由的徽章"（梅特兰）。陪审制的发展是英国法史的一隅：不关注更远目标，只着眼于下一步，对新事物要求保持敏感，最终不知不觉地达到原本无意的目标，即"撞见智慧"。

陪审员制度发端于加洛林纳王朝法兰克帝国的"纠问程序"，可靠的民众经宣誓，回答国王巡回法官的询问，口头汇报法官上次走后该地区发生的案件。纠问程序的陪审员（Geschworenen）起初是刑事程序中的报案者、民事诉讼中的证人。这两种形态随着威廉王的诺曼征服被引入英国并得到极大发展。1086年大规模核查地账的"末日审判书"就是陪审员询问的产物。并形成了作为诉讼程序的陪审团（jury），它也有刑事告发人和民事证人双重形态。但刑事诉讼陪审发展为双重形态：告发陪审发展为起诉陪审（公诉机关），民事证据陪审被引入产生刑事证据陪审。分为作为追诉机关的大陪审和作为证据方法的小陪审。后来大陪审团负责确定是否发生案件和是否状案属实，但逐渐沦为形式，直至1933年被废止。而刑事和民事的证据陪审却历经变迁而存续至今。

证据陪审首先是洗冤证明的进步手段。此前被告要证明自己无罪有三种手段：（1）一定数量证人的辅助宣誓；（2）火审、沸水审等神明裁判；（3）挑起司法决斗。1219年神明裁判因教会拒绝参与而废止，司法决斗也久已搁置不用，陪审团自然用于填补证明方法的空缺。被告可以选择坦白认罪或请求陪审团评议。如果被告迟迟不肯选择，则动用"碾压刑"（peine forte et dure）逼迫选择：犯人躺于囚室，身上压着铁板巨石，隔日给三片粗面包和三口浊水，直至做出答复或被压死。为了不应诉，被告忍受如此酷刑似乎不可思议，他们的考虑是审

判会导致财产被没收，如果挺刑而死，财产即可留给子女。"碾压刑"到1658年斯传集卫斯少校案仍有发生，直至1772年被制定法废止。

作为洗冤证人的陪审员经几个世纪渐渐发展为法官。村镇的扩大使陪审员原先作为邻人易知的事实只能通过诉讼得知，陪审员开始召集证人询问，作为他们评议的基础。后来陪审员的确信只来自司法证据调查，从证人陈述中发掘。证人询问起初只涉及有罪证据（洗冤由陪审员负责），后来扩及洗冤证据。发展为法官的陪审员在两点上保留了洗冤证人的特性：（1）被告人认罪则不召集陪审员；（2）陪审员权限只是证据调查和事实确认，只判定事实、判定有罪无罪，无权确定刑罚。

上述陪审法院的形成过程，与欧洲大陆呼唤复兴陪审制所依据的自由主义毫无关系。为了服务于此目的而实现了彼目的，这在历史上屡见不鲜，即"目的的异质化"或"理性的狡诈"。这类"蒙混过关"所得的偶然成果充斥着英国法的历史。但这种所谓"偶然"，也许正是某种下意识的抓住，蒙混过关而最终达成目标的政治本能。

拉德布鲁赫通过《英国法的精神》一书，饶有兴味地展开介绍英国的民族精神、法律发现的特点、法律思维的特点，并通过案例分析和陪审制的形成印证这些特点。拉德布鲁赫总结了英国法体现的民族精神：由历史的连续性带来的历史感、保守、尊重传统，与罗马法方法相吻合的尊重事实和特事特办，以培根经验主义为代表的归纳法思维方式，不循规蹈矩而是善于"摸着石头过河"从而反对法典编纂，纯粹的守法和诚信观念，个人自由感和公共感达到均衡，等等。

关于英国法的法律发现（法源），拉德布鲁赫指出，与奠定英国法治国基础的孟德斯鸠三权分立理论不同，英国的实践情况是法官造法，法律家阶层而非立法者是英国法的真正根源。法律家阶层自治与"议会至上"信条相互对峙，普通法与衡平法、制定法在并立中达到均衡。判例法依"遵循先例"成为英国的主要法源，判例法方法体现为遵循先例、推翻先例、区别对待等具体的处理方法，这是基于"事物本性"

的法律发现，体现着英国法律思维中比大陆法系更为强烈的贴近现实感，不同于德国人的理性思维传统，英国人的经验主义传统使他们更注重个案，注重事实，强调证据法。与通常认识"判例法是柔性的"相反，判例法应是更为刚性的，其根本特点就是对法的安定性的尊奉。

为分析英国法的思维特点，拉德布鲁赫专门讨论了著名的吃人案件"木犀草号案"，尽管现代刑法可能引入"期待可能性"理论解决这类案件，但当时英国法院只能根据紧急避险而事实上未予认定，最后严格依照法律认定谋杀罪判处死刑并把赦免大权留给女王。尽管经过拉德布鲁赫的分析，此案的认定从理论上仍有疑义，可能成立作为免责事由的紧急避险，也未充分考虑构成要件该当性，但当时英国法院的判决结果，更多是出于法律对国民伦理道德潜在影响的现实考虑。这也是英国人务实的态度的体现。

陪审制的形成过程从另一个侧面印证了英国法思维的特点：摸着石头过河，糊里糊涂地撞见了智慧。陪审制起源于法兰克帝国"纠问程序"中的报案者或证人，经由诺曼征服被带到英国，形成陪审团制，分化为大陪审团和小陪审团，最后仅小陪审团延续至今。这一形成过程与自由主义的理性口号毫无关系，完全是由历史的各种偶然沉淀出的果实，而这正是整个英国法律史的一个缩影。

第二节 "法律是最坚固的盔甲"：英国学者论法的安定性

拉德布鲁赫承认英国法的刚性，认同其判例法的根本特征恰恰是对法的安定性的推崇。本节综合介绍论文《关于法的安定性的英国学说》[①]和《英国法的精神》中"英国观念下法的目的"部分。

---

① 原为法文，载 *Archives de philosophie du Droit et de Sociologie*, 6e année, 1936，第86-99页。见德文全集卷15，第281-293页。日译者上原行雄，见日文著作集卷6，第147-168页。

英国对法的目的说法多样：符合正义和衡平的法与智慧和权威的结合（圣日耳曼）；以市民幸福生活为目的和范围的法的价值和尊严、确实性和正义（培根）；权威和理性（柯克）；和平和正义（霍布斯）；个人幸福与社会福祉的结合（吉本）；最大多数人的最大幸福：生存、富足、平等、安定（边沁）；尽可能增进人类幸福（奥斯丁）；秩序是基本特征，一般、平等和确实性是常态特征（波洛克）。归结起来，任何法秩序都同时为正义、公共福利（共同善）、法的安定性三个目的服务①。

英国法秩序的第一位目的是法的安定性。它不是指通过法而实现的安定，而是法本身的安定，它要求：存在一种实定法结束观点的争议，权威地确立何为法；该实定法得到单义的、无疑的确定；存在一种为法的实现而准备的意志和力量②。它不仅要求法的安定，也要求与法律关系产生、变更、终结相关联的事实的确定可能性。不仅包括法律和法律规定事实的安定性，也包括既得权的安定性。不仅是当时的安定性，也要求法律不受随意变更的法的维护安定性，因此必然要求特定政治构造如权力分立。

全部法史证明，英国以法的安定性为最优越的法理念。判例法的原因和正当化基础是对严格性和确实性的尊重。当货币和信用经济的发展呼唤有预测可能性的确定司法，大陆法完成了罗马法继受和法典编纂，英国则以独有的自律精神，由法律家阶层补充了制定法规的安定性欠缺。但先例拘束仍是十分不确定的，只在比大陆司法远远更强的法律安定性意志下才能起作用。梅因指出，判例法的根基是一些悖论性的拟制：事实上的创制新法被看作只是扩展或守护现有法；事实上的法律漏洞被看作只是对法律认识的漏洞，填补它只需把从前未意识到的东西上升为意识；事实上的伦理感（ethos）被看作理性（logos）

---

① 这里对《法哲学》有用词的微调，合目的性被改为共同善，理念被改为目的。法的整体目的（理念）和因人而异的世界观目的（福祉）被区分。法哲学研究的是广义的法的目的。

② 最后一点在《英国法的精神》中被删除。

的适用。但判决一旦做出，思考方法马上改变，成了一种创生新判决的"法官造法"，事实上的法律不断改变，被拟制的法律始终未变。这种法官受拘束的错觉或借口，对英国法的连续性和传统、对法的安定性大有价值。而自由法运动或美国的法官和审判心理学，实际是打破这一拟制的。

但法安定性随时间的经过，付出了法的严格性的代价。为矫正普通法，有意识进行法创造的大法官衡平审判应运而生。法安定性强有力地与之对抗：衡平法被交给特别司法机关，直至一百年后才获得对普通法院的胜利；衡平法从个案出发发展为对未来有效的第二类先例，就向法的固有性提出挑战。衡平法的发展始终遭同样的质疑。1523年圣日耳曼的《博士与学生》对话集中，"英国法的辩护人"指出良心的不稳定性："有人为踩了两根摆成十字的麦秆而良心不安，有人认为从富有的邻居那里拿些财产也问心无愧，良心是什么，没人比你更清楚。"一个世纪后塞尔登把良心比作著名的大法官的脚长。又一百年后，布莱克斯通指出衡平法院应依确定的规范、受先例拘束。最后在埃尔登任大法官期间[①]，衡平规则与普通法一样确定，先例理念和法的安定性要求取得了在衡平法中的根本胜利。衡平法的进步功能被交付给制定法，达到了梅因"拟制—衡平—立法"的最后阶段，符合增强安定性的趋势。

英国法理论家分两派，理性（自然法）信奉者和权威信奉者、固守先例者和主张法典编纂者、历史家和分析家，但双方都肯定法的安定性。自然法和理性法学家在大陆是革命的，在英国却是保守的现行法守护者。两派的论战从圣日耳曼与"英国法的辩护人"开始，经柯克与霍布斯，至布莱克斯通与边沁的论战达到顶点。

柯克（1552—1633）起初是激进的自然法学家，坚持"绝不允许与理性相悖"，理性标准有权废除法的效力，但他并不让理性和实定法

---

① Lord Eldon（1751—1838）于1806—1827年任大法官。他说："我绝不会承认本法院观点可以由以后的法官变更，我离职以后，如果本院仍受衡平审判随大法官脚长而改变的非难，我将无比痛心。"

作战，而是用于确认实定法。"理性是法的生命，普通法本身无非是理性。"他考虑的不是个人的自然理性，而是英国法律家阶层的集体理性，认为理性是在英国无数有识者历经岁月锤炼，经过长年的经验达到完备的。得出了理性法的同时也是实证主义的结论：法律是理性的完成，"没有人比法律还聪明"（阿让特雷语）。他比实证主义者还要忠于法的安定性理想："法律是最坚固的盔甲。"

培根（1561—1626）是柯克的论敌，但在安定性上二人观点一致。在《论科学的进步》中培根把安定性作为法的第一品性："法律确定性是最要紧的，无确定性的法律不可能正义。"他把不确定分为两种：一是没有任何法律被确定，二是法律多义、含糊。他同意"没有人比法律还聪明"，但不赞同把法和理性等同看待，他认为权威是法的拘束力的基础，强调法的命令特质，"法律生于命令"或"法律不是争论，而是命令"（塞内加），这就接近了安定性的思维方式。

霍布斯（1558—1679）著《哲学家与英国普通法学者的对话》（下文简称《对话》）与柯克激烈论战。霍布斯认为法律基于有悬念的理性会危害法的安定性：今天肯定某个实定法的理性，明天未必不拿来反对实定法。霍布斯最坚决地关注安定性与和平，描画万人混战的惨象（也许因为他生于特别动荡的查理一世时期）。《对话》的基本主张是"创制法律的不是智慧而是权威"。他不承认柯克所说的成为共识的集体理性，认为法的效力不是基于内容合理，而是源于主权的权威：我们读法律"不是为了议论，而是为了服从，任何法律都包含着足以让我服从的充分理性，即使制定法改变也不失这种理性。"霍布斯并非使权威神圣化，而是认为权威包含和平和秩序的保障，将其定义为"有权威者在诸多意见和利益的对立之上行使的权力"，所以只有法律才能决定何为正义。他的粗暴现实主义通过边沁、奥斯丁影响英国法学至今。

马修·黑尔（1609—1676）《关于霍布斯有关法律的对话的思考》矛头指向霍布斯的《对话》。他被霍尔兹沃斯称为"梅特兰以前英国最伟大的法史学家"。他同意柯克，称颂普通法是数代经验的结晶，是数世纪锤炼的和平的国民秩序。但他批判理性的危险性和不安定性,认为安定性是法的最高要求,判例法的形成就源于这一要求:"人人都可以知道按照何种规则或标准来生活和享有,因此不应服从任意、不确实、无法预料的理性。"法的不安定比不正义更恶:"安定的法可能使单个人因峻法而痛苦,但恣意不确定的法必然带来更多痛苦。"不经意间黑尔就靠近了霍布斯,远离了柯克。

布莱克斯通(1723—1780)继受和更新了柯克的保守理性法,按照大陆用语称之为自然法:"自然法与人类相伴,古已有之,由神口授而来,胜于一切其他法律,横跨各国、纵贯各时代而有拘束力。任何人定法如与其相悖则失效,有效的人定法之拘束力和权威直接或间接建立在自然法基础上。"他要求法官如果先例"明显违背理性"则不应遵守。但只要不是明显违背理性,就当然推定其基础牢固,这就削弱了其危险性,"对过去表示敬意,一定不要推定我们的先辈行动前完全未经思考",由于废止传统规范产生了矛盾混乱,才明白该规范的智慧,这种事屡见不鲜。把这种推定当作实定法效力的牢固基础,这反映了自然法理论家布莱克斯通对实证性和法安定性的关注。

边沁(1748—1832)以自信的知性主义断然批判了布莱克斯通无主见的谨慎,称之为"改革恐惧症",同时又指责他自然法的思考方式的革命倾向。"所谓明显违背我的理性,实际是明显违背我的意图。否认自己不喜欢的法的效力是暴民的惯用手段,其蔓延会引起极其危险遗憾的后果,最容易混淆人的知性、煽动暴乱的激情。"但边沁并非否认对不正义、不合目的的法的革命权,而指出这是在被法律危害的价值(正义或公共福祉)与被革命危害的价值(法的安定性)间的权衡问题,两害相权取其轻是考虑服从还是反抗的唯一规则。当然边沁看来,无论现在还是可预见的将来,在英国法的缺陷中没有一个足以肯定反抗。这位改革家或潜在革命家的尺度,和他的保守派论敌一样善待法的安定性。后来边沁成了英国最旗帜鲜明主张法安定性的理论家。他在《民法典原理》中把安定性看作生存、富足、平等、安定性等目的中的第一目的,唱响了安定性的赞歌:安定性使对未来预见和处理成为可能,它与一切计划相伴,是一切工作、经济的基础,它使生活从凌乱的瞬间继起获得了不间断的连续性,使个人成了世代锁链中的一环,是区分文明人与野蛮人、和平与战争、人与动物的关键标志。边沁对安定性的论述明显有阶级利益介入,平等让位于安定性,维持现存的财产分配是立法者的第一义务和安定性的崇高要求。柯克早已在《英国法提要》中题词,赞美法学给贫者以富有,给富者以安定。

除了平等为安定而牺牲,少数人的安定是否也要为多数人的安定牺牲?无产阶级命运的本质,恰是生存的完全不安定、迫近的失业威胁、频繁的无常变化。人们也许不仅满足于既存法的安定,还希望法的内容向着社会主义方向,但对法的安定性依然有必要保障。布克哈特批判布尔乔亚世界的安定性,把法治国与其他时期对比,指出其他时期虽缺乏这种安定性,但在人类史上有其独有光彩。从此,安定性理念通常被看成布尔乔亚守旧的先入之见。第一次世界大战前青年们普遍怀着厌倦,不要安定的生活,偏要"危险的生活",但随后发生的战争把这种从前向往的生活强推给他们,在广阔的土地上罔顾法的安定性要求,专以自己认为或宣称为促进公益的标准来塑造法律世界,结果招来可怕的崩塌。而盎格鲁-撒克逊文化顽强相抗,始终坚持着英国法的使命:决不放弃安定性理念。法的安定性是一切文明的前提,它源自与自然法同样深远的必要性:在混乱杂多的世界中设立秩序、使现实的预见和支配成为可能。近代自然科学理论家培根称安定性为法的第一品性绝非偶然,即使是过于严苛的法,也要胜过一切都正义却没有确实保障的法。

当然,英国法的安定性要求的,不是制定法这种静态法,而是判例法这样连续不断慢慢流动的法。推动这种运动的力是公共政策(public policy),尤其是正义和衡平。一位批评者指出[①]:大陆的实证

[①] 这里引用了一大段对《英国法精神》首版的批判,拉德布鲁赫称这种观点与自己的看法侧重点不同,实质相同。

主义概念不适用于英国法官领域，前者是对一切制定法或权威命令不加批判地接受，这一态度在德国应承担希特勒帝国法律崩溃的共同责任。英国的实证主义态度相反，肯定的不是制定法，而是法（现行普通法）。英国保持着在别国近乎绝迹的观念：法与语言、习俗同样，是在意志中慢慢形成，依存于个案的实际状态；有意识的一般化制定法与暴力革命一样，是对法的损害。这种明智自制的实证主义不可能是价值冷漠的，缓缓生成的判例法正是正义思想展开的唯一途径。正义和法的安定性二者择一的对立，在英国法思维中向来不存在。英国法的安定性是注重和守护传统的当然发展结果，而不是刻意的构造。自由像一条红线贯穿英国的法和宪政构造，防御着篡权者和独裁者，任何有权者都受其对抗力量的牵制：国王受内阁、议会受舆论、法官受陪审员和先例。判例法形成的教父，不是法的可预见性，而是法官受先例拘束、排除任意解释的神秘愿望。英国法的最高价值不是秩序，而是自由。

拉德布鲁赫认为，英国法律思想家眼中，法的安定性价值是排在法的三大理念正义、合目的性、法的安定性中第一位的。这里的安定性是指法本身的安定，即赋予法的内容以最大的权威性、确定性和稳定性。法的安定性是证明判例法正当性的基础，判例法中尽管"遵循先例"原则与"法官造法"的实践并存，但是法官受先例拘束使得被拟制的法律始终不变。历史上的普通法以严格（僵化）著称，衡平法为弥补普通法僵化的不足而产生，但随着先例的累积最终被制定法固化，继续为法的安定性服务。拉德布鲁赫列举了英国法理学家柯克、培根、霍布斯、黑尔、布莱克斯通、边沁等，指出他们无论属理性派还是现实派、自然法学派还是分析法学派，均以法的安定性为信仰。只不过英国学者眼中的法的安定性和大陆学者的认识不同，他们要求的是一种连续缓缓流动的判例法，以正义和衡平来推动其发展、保证其稳定，因此这种安定是拟制的稳定，而不是具体的不变，不是刻意追求的结果，而是注重传统的法感情的自然发展结果。只有保证自由才能对抗一切恣意和专制对法的安定性的侵害，因此拉德布鲁赫认为，自由是英国法的最高价值。

第三节 从事实产生法：大陆学者眼中的英美法理学

本节综合介绍 1936 年论文《大陆学者眼中的英美法理学》[①]和《英国法的精神》中"英国的法哲学"部分。

"jurisprudence"一词，在英国指法学中最总括、最基础的学科（法理学），在德国是法学各科的总体，在法国则是法律家工作最具体的部分，即先例判决的总和。英国法理学是最一般、最抽象的法学部门，但不同于德国的法哲学，它是实定法的哲学，相当于德国的"一般法学"（Allgemeine Rechtslehre）。英国不处理体系性的法哲学问题。

英国法哲学的发展也体现了其岛国特性，不仅未受大陆法哲学影响，其演进路线恰与大陆相反：19 世纪大陆法哲学发展开始于历史法学抵御自然法，英国法哲学则发端于法律改革精神（实证主义）对抗保守主义（自然法），二者保守派和进步派恰好颠倒。

英国法的特点还体现为实证主义思考方式。布莱克斯通（1723—1780）以自然法为普通法赋予新的体系形态和新的基础，使普通法即使在奠基于自然法的新兴的美国也保有权威。

边沁（1748—1832）抨击布莱克斯通自然法的保守主义，要求把判例法法典化（codification），也呼吁对法秩序整体的革新，这一工作应适用依"最大多数的最大幸福"（贝卡里亚）理念的各种体系性原则，这就使他的实证主义法学服务于功利主义，只知利益不知价值，缺乏法哲学的基础。尽管有很多成功立法，但普通法的强韧精神还是抵御

[①] 载 1936 年 *Law Quarterly Review*（英）和 *Archives de Philosophie du Droit et de Sociologie juridique*（法）。见德文全集卷 15，第 250-280 页。日译者碧海纯一，见日文著作集卷 6，第 169-194 页。

了法典化运动。边沁后整个世纪，英国再没有与应然法相关的法哲学和法政策学。

奥斯丁（1790—1859）沿着边沁法学范畴和概念的路，建立了分析法学，在实证主义的封闭框架内体系性地展开法秩序的一般概念，一举实现了德国法学家五十年后历尽曲折才实现的"一般法学"任务。但他的成果没有对大陆产生影响，他受德国法哲学的影响也常被过高估量。他与边沁同样反感历史、习惯法和德国历史学派的浪漫主义。他表面的德国要素，是由于他对罗马法的偏爱，以及严密体系性的、脱离现实的抽象方法和冷静、干枯、费力的文体。奥斯丁受德国影响表现为：他把一般法学的研究对象设为使法体系从逻辑上根本可能的构成部分，即必然的原理和概念界定。除了作为法律思考"范畴"、作为法现象要被领会为法现象的必要形式的诸多概念工具，他还给出法律的必然原则。但即使是本质性的原则，也不是出于逻辑必然性，而是多少受社会环境和法律感偶然性影响，奥斯丁对此显然有觉察，因而把法的概念和原理分为必然的、范畴的（形式）和共通的、基于社会实用性的（内容）两类。但他仍把第二种概念归入一般法学，他的一般法学就混同于比较法理学，也模糊了必然法概念和其他一般法概念的区别，两类概念混在于他的法范畴表中，如权利、义务、刑罚、恢复原状等。一种新学说常见的胆怯和夸张并存于奥斯丁的必然法概念理念中。尽管穷尽且无冗余的法范畴表至今未能建立，但范畴表的演绎和证明方法得到阐发：个别必然法概念从法本身的概念中演绎而来，二者都有一般性、先验性。奥斯丁的先验法概念尽管称为"实定法哲学"（胡果），但并非从经验的法现象归纳而来，也不是通过从法理念的演绎，而是通过分类，试图把法的类概念逐步分割而使其适于成为法科学的实用基础。结果他的法概念也包含了各种通过演绎和归纳都得不出的概念，如不完全法（lex imperfecta）、习惯法、国际法。

奥斯丁法概念的四个支柱是命令、制裁、义务和主权。对这四者都有反对意见。首先，如果法规则是命令，法原则不能是命令，只能是基于正义或共同善的价值判断，仅从命令、制裁中看到法的力量，是对法实际形态的歪曲而且有害，行为不是因为被强制才合法，而是因为被立法者认为合乎正义、社会必要才被强制，命令和强制只是立法者用于评价一定行为的手段，是法的次级形态。其次，合法行为一般也不是威吓或强制的结果，多是出于忠诚、对社会的爱、同情、利己心、习惯、不假思索而生。再次，制裁也不是法的本质，由强制带来的一定行为的可能性不能创造出应该如此行为的义务。最后，主权者的命令也不符合法的现状和历史，法的解释和适用、法官独立、国家受法律约束、先国家的习惯法、超国家的国际法都不能用主权性来说明。但这些异议不足以颠覆奥斯丁的重要成就：法与道德、实定法与理想法严格分离。其中也可看到德国哲学如康德、一般观念论和自由主义的影响。法与道德的分离既确保实定法的自治，也把道德人格从外在法庭解放出来，更确立了方法上独立于伦理和政治的纯粹法学。但奥斯丁也承认，法理学思考不可能完全脱离立法（正当法）；审判活动的创造性也在实定法领域为正当法留下了越来越大的空间；同时法与道德也不可能完全隔绝，法的效力和义务的本质必须靠伦理的帮助来理解，尽管法的效力并不依存于道德信念，为了法的安定性（除了极少数的例外情况），社会伦理呼声应让位于法律。奥斯丁的伟大功绩在于创设了独立于应然法思辨、排除一切评价的法学部门，他的实定法哲学后来在英国完全排挤了正当法哲学，但这不应归罪于立法学之父边沁的这位传人。

梅因（1822—1888）的历史转向拯救了英国分析法学的僵化，不同于德国历史法学最终僵化为一般法学。德国的耶林同样拯救了贫瘠化的实证主义，但他的目的理性主义历史观更接近边沁而不是梅因；耶林和梅因都受自然科学侵入其他知识领域时代的进化思想影响，该思想既导致对一切非经验科学的否定，也使价值判断悄悄潜入经验科学：只要谈到进化，必然一边声称只做事实陈述，一边带入价值判断。

梅因作为法史学、法民族学、法社会学者，以粗线条描绘了三大法律史发展序列：判决—习惯法—制定法（法源），拟制—衡平—立法（法的形成），身份—契约（法秩序分期）。从身份到契约，与滕尼斯的从礼俗社会到法理社会，成为社会学和法哲学最富生产力的概念构成（见表 6.1）。

表 6.1　从身份到契约的发展比较表

身　份	契　约
礼俗社会	法理社会
家族法和继承法统治	契约法统治
有机体的	个人主义的
无意识的法创造	有意识、有意图的法创造
静态的法状态	动态的法状态
国君、家长主义的国家理想	社会契约国家理想

这些发展序列不是单纯的历史事实，而包含着向更高价值"进步"的价值判断，这就在历史、比较法学的面纱下重新运行着被奥斯丁抛弃的法哲学价值判断。但正是梅因的批判使奥斯丁引起了世人关注，"分析法学"也是由梅因命名的。

以马克拜、霍兰德、萨尔蒙德为代表的分析法学派长期引领英国法学。但他们对奥斯丁必然法概念的根本理论，与其说是深化，不如说是浅化了。霍兰德确实强调了必然法概念的形式性，含糊地看到其先验性，将其比作各门语言共通的名词、动词等语法范畴，但他认为所有法律体系中共通的只是法概念，不是法原则，只研究法规范的规制对象，不研究规范本身。他对必然法概念的性质缺乏把握，使他在材料选择中忘记法理学的形式性，而将其范围扩展为包括一切实定法重要概念的体系。萨尔蒙德也把法理学看作关于实定法中最重要的各种概念的学科，这种稀释性的考察方法与希望法理学完成法学入门的教育任务有关，但高度抽象的纯粹法理学在这一目的上显然不合格，反而不如波洛克的《法理学序说》那样为初学者提供优雅平易指导的教材有用。

约翰·格雷著《法的本质和渊源》与上述对纯粹法理学严格概念的不自愿消解相反，试图有意识地以充分论证否定研究必然法概念的法理学。他把奥斯丁描述偶然法原则的"人类本性的各种一般力量"挪用为必然法原则的基础，但因为"作为人类学一个分支的法理学"尚处于婴儿期，因此一般法学不仅在现在不可能，而且在将来也难以证明其必然和不变性。格雷的误解源于把必然的、形式的法概念误解为法原则，必然法原则不是基于法律受众的一般人类本性（法人类学），而是法的认识主体必然包含的认识形式（法的认识论）。

必然法概念的科学被动摇，不是源于历史经验质疑一切社会关系的确定，而是源于现实主义时代经验科学自称能解决自己权限以外的问题——先验概念的效力问题。英国法律思想由于这种现实主义，认识到以命令和主权为重心的奥斯丁法概念的相对性。梅因是运用历史批判奥斯丁的第一人。从法理论着手的英国法史学就比沉溺于古代研究的大陆法史学更接近现代，英国的历史法学常与分析法理学、比较法理学并称，成为法理学的分支。

英国经验主义解开了价值与质料之间的关联，不肯迈向纯粹的价值、体系性的法哲学，一再表达了对大陆自然法和法哲学的厌弃。正当法哲学想恢复其地位就更加困难。尽管奥斯丁并未完全隔离法理学和立法学，但后者完全让位于法理学，实证主义者对道德侵入实定法的担忧导致对一切价值评判科学的恐惧：哲学、形而上学、伦理、义务论、目的论、批判的法理学方法，其确立耗时长久，且英国法学家们的态度也游移不定。英国法学家把大陆自然法看作反面教材，指出其"枝叶繁茂，果实贫弱"（布莱斯），以致人生太短不足以从事这样的研究；但也承认对法秩序目的的研究"正当而必要"（波洛克），但最好是从哲学直接汲取现成的成果。布莱斯指出，罗马虽无固有法哲学，但法学家们在实际中贯彻哲学精神，罗马法的成功证明，一种法的真正哲学性不在于以抽象形态论述法的努力，而在于用法规范具体地、协调地表达法原则的能力。他未经验证地假定：法哲学除了法学和法律实务没有独立价值；在法学中直观适用哲学原理胜过法哲学的科学展开，但他仍希望法律家能运用这样的方法写出更接近现实的著作。

对价值哲学的这种谨慎态度产生于普通法的精神（判例法的特征）：相比法理念，更信赖事物本性，相信事件本身已经埋藏了法则。"从事实产生法"这一命题强调，判决具体案件的需要，远比立法者设定一般规则时的预测、想象，更呼唤法官的法律创造。英国法律家不信任一般化的法哲学，不想用预见或预先规定的理念来否定变化无穷、无法预见的未来经验。格雷要求不受束缚的个案直观、富于个性地提出对各种法理论的质疑："按照人性原理，在考虑一件事该怎样做时，不会经受不住所有可能的道德考验，会按照最大多数人的最大幸福、良知的命令、神的意志、意志的自由和自然的共同要求得出结论。"但静待未来个案教导、从事件到事件的法律思维，只有在连续无断裂的发展下才能实现，当动荡不安的社会状态迫切需要尽快立法，就要靠法的目的或手段的一般理论——法哲学或法政策学。

与社会相对平稳的英国相比，美国社会的急剧变化更强烈地催生了法哲学的复兴，美国向价值哲学的发展更为果敢。传统分析方法尽管有霍菲尔德和考库莱克的努力，逐渐让位于与法律发现相关的方法论研究。自由法运动在美国得到强有力的支持，"法官造法"这个边沁发明的贬义词在这里成为自豪和信仰。霍姆斯把法律定义为"法院实际上将做什么的预测"，引向对法官判决活动的分析。方法论运动在美国有两个方向：一是社会学法学派，代表为霍姆斯、布兰戴斯[①]、庞德、卡多佐；一是现实主义法学派，由霍姆斯铺垫，代表为卢埃林和弗兰克。两派的比较如表6.2所示。

---

① Louis Dembitz Brandeis（1856—1941），1916—1939任大法官，以法庭引入实验室方法著称。

表 6.2　现实主义法学与社会法学比较表

现实主义法学派	社会学法学派
律师立场：预测评估案件胜算	法官立场
法官的偏见、心理倾向、案件复杂性等非理性动机（人性的弱点）	非理性的直觉（更崇高的动机）
爱用俗语	爱用高雅词
单纯的外部视角，法官的思想和偏见	外部视角+法官内部视角，为法原则和法理念的知识而努力
法哲学上的贫瘠	强烈的法哲学倾向：社会功利主义

法官和审判心理学还不是独立的法哲学，但很快揭下经验科学的面纱，成为英国的法哲学的楷模，它与现实质料的更强结合也成了德国的楷模。

美国为法哲学的新构造做了大量准备，"现代法哲学理论丛书"介绍欧洲法哲学的许多重要著作。庞德第一个以《法哲学》为名著书，但他对法的目的论述未能展开法哲学：法以最大满足各种要求的协调为目的，但各种价值的评价标准不能绝对确定。费利克斯·科恩更大胆地处理法的目的，贯彻了莫里斯·科恩的规范法科学要求，但他揭示的法的目的只是完全形式性的、含糊的。对美国法哲学思考贡献最大的是本杰明·卡多佐，他指出法官判决中的任何问题分析，都包含着法的起源或目的的哲学思考，这种哲学即"价值哲学"，是做出最终决定的要因。

处于不确定发展过程中的国家不应被束缚于僵硬的自然法原理中，这样国家的法哲学必须承认矛盾，应呈现正义、合目的性、法的安定性这些最高目的间的矛盾；必须是相对主义的，同等揭示威权主义、自由主义、民主主义、社会主义等斗争的法律观和人生观；必须是决断主义的，要求立法在这些矛盾面前做出决断。这样的法哲学可以在社会势力的斗争中成为一种独特的驱动力。

除了上述英美法哲学的缺陷和使命，拉德布鲁赫在论文末尾极力赞扬了英美法学的优势，比起大陆法思想家的夸张晦涩，他的论述充满丰富的生活经验和明智、有根据的判断、率直的论辩,风格完美、祥和、新鲜和生动、自由和多产,勇敢地望向一切深度和高度,努力把握一个激流着的世界,最重要的是始终贯彻着自由的精神。

本节中,拉德布鲁赫以一位德国法学家的视角,将英美法理学的特性总结如下:(1)自然法是保守派而实证主义反而是法律改革的旗手;(2)坚持实证主义的思考方式,边沁所倡导的法典化运动虽为普通法的坚韧所抵御,但奥斯丁完成了分析法学的任务;(3)分析法学未僵化发展而是出现了梅因的历史转向;(4)经验主义传统带来信赖"事物本性"的思维方式。(5)美国比英国向价值哲学的发展更为果敢,自由法运动得到更多的支持,分为社会法学派和现实主义法学派。拉德布鲁赫对英美法的评价是,尽管在法哲学上有所缺乏,但英美法理学家看重经验和事实、论辩风格生动具体、自由和勇敢的精神是大陆法国家的学者应当学习的。

第四节 超越双方的正义:国际关系中的正义与衡平

本节介绍 1936 年论文《国际关系中的正义与衡平》[①]。该论文阐释了拉德布鲁赫参照英国衡平法,把法哲学理念模型运用于国际法的构想。

国际争端的调停和解决都涉及法律问题与政治问题的区分,二者并无实体分别,同一争端按双方不同的主张方式有两种可能:双方就主张事项的争议,可以是确认或反对权利根据的存在(法律争端),也可以是同意或拒绝变更现存的权利根据(政治争端)。政治争端在国家内部发生可以通过立法解决,在国家间则只能交给某种争端解决机制。法律争端只能依《国际常设法院规约》第 38 条,由该法院"出于公平

---

① 原为英文,载 New Commonwealth Monograph, London, 1936, pp.1-13。见德文全集卷 15,第 243-250 页。日译者长尾龙一,见日文著作集卷 6,第 129-146 页。

和善"而衡平地解决。政治争端则按照"新联邦"（The New Commonwealth）的倡导，由衡平法院特别解决。以下讨论的问题是：衡平能否真正得出符合政治争端本质的解决？

衡平的本质是在法律由于其一般性造成缺陷之时，对其进行匡正；当发生了立法者忽略的例外案件，按照一般规则会出现错误时，如立法者自己已经预见并规定一样补正阙漏，做出判决。衡平只适用于个别法，在个案中给出立法者观念的具体形态。但国际衡平法院的倡导者不是基于这种狭义衡平概念，衡平法院不仅依据被衡平匡正了的法，而且要求完全依据衡平来判决。这种作为独立于法律的法源的衡平，正如罗马法务官告示中的 aequitas 和英国的 equity，不仅意在解放或确认既存状态，也可能开辟新的法律状态，不仅用于解决国际法律争端，也用于平息政治争端。

只要认为衡平高于实定法、能够否认实定法效力而创造新法，就会提出衡平与正义的关系问题。亚里士多德指出，衡平可能优于正义，但它本身又与正义相同。二者目的完全一致，只有方法和路径之别。正义是从正确观念下降到规则和个别要求，衡平是从个案性质出发上升为正当法规则，二者殊途同归。这就遇上了方法难题：法律规则是如何由案件性质中得出的？从"是"中如何推出"应该是"？而英美司法运作并不设定这些难题，而是直接从结论出发得出实际解决。这一观点对立清晰体现于歌德和康德之间。歌德在《色彩学》中坚持一元论，认为只有能从一个事例出发把握千千万万事例的人，才能为世界贡献快乐和利益。康德则始终强调不能从实然推出应然，从特殊事实导出一般命令。歌德着眼于心理学的直观刺激，康德强调的则是逻辑。法律家从一般法原理出发演绎的过程中，想的是典型个案，但这种头脑中的事例比起现实案件，必然缺乏色彩、无血无肉，于是一般法原则确实存在因案件的偶然因素而误入歧途的危险。衡平与正义的对比鲜明体现为罗马-英国法与大陆法方法的对比。

尽管方法有差异，衡平与正义的原理相同，二者概念的基础都是法的一般性、平等性。衡平的个案性只围绕方法，与其原理无关，个案只是衡平的手段、出发点，衡平的归着点与正义同样是一般化。绑定于个案的法律活动不是衡平，而无异于恣意判决。如"相同的理由要求相同的法是衡平的光荣"（西塞罗）；"衡平在同等案件中给予各自平等"（格劳秀斯）。只要说明正义在何种意义上是平等，结论就同样适用于衡平。

平等的解释有多种：物或属性的平等或人与人的平等；绝对平等或相对平等，即矫正正义和分配正义。国际法考察的似乎只有矫正正义，因为国际法与私法类似，国际法人格间权利平等，并各自具有主权（类似私法权利能力）。但以解决政治争端为目的的衡平法院并不适合矫正正义，否则就只能把现有国际秩序作为永恒的判决基础，把各国的偶然配置视为不可侵犯，只能本着各国利益平衡提供一种义务相抵，而无视更高的国际利益。这就不能形成有效而持久解决争端的办法，消除酿成各国争端根源的国际摩擦。更重要的是，衡平法院应视为置于国家之上的力量，能够不仅仅是审判和平衡，而且能为压倒性的国际利益赋予效力。

因此衡平法院的标准应为分配正义，不是承认各国平等，确立绝对平等的义务，而是承认不平等，在相同标准下按比例平等来对待。这种不平等的确认或处理受整个国际社会公共福祉标准支配。但分配正义也不适合成为衡平法院的判决唯一基础：（1）它并未使衡平法院脱离特定时点上的国际状况偶然性束缚，分配正义不能否认争端各国的法律人格，即使一国部分领土被少数派暴力夺取脱离母国而成为独立的国际法主体，也无权判决剥夺任何一方的主权性。（2）分配正义是纯粹的形式概念，不能说明平等或不平等的情况和确定处理方式的上下限，只有结合另一种同级观念才能形成实质性法律原则，如法律的实际便宜性（expediency，即合目的性）。

这就通向一个更复杂的正义概念，包括上述狭义正义和便宜性，是一切理想法的应有性质。亚里士多德比较特殊正义与一般正义，后者倾向于"创造和维持社会共同体福祉或福祉因素"。与此一般正义相应，衡平概念又获得另一个意义。格劳秀斯说，"有公正心性者宁愿把案件交给仲裁人而非法官"，因为仲裁人考虑衡平，即理想法意义上的正当（righteous），是衡平裁判应有的基础。这里当然包含平等原则这一狭义衡平，但与便宜形成均衡关系。衡平与便宜更多的是持续的紧张关系：前者从个案出发而旨在一般化，后者则要求最大可能的个别化，而且无法找到凌驾于二者之上化解对立的客观原则。确立一切个案判决衡平与便宜的比率，是职业法官的任务。因此，当国际共同体福祉要求更激进的手段时，国际衡平法院面对狭义衡平的平等人格要求、面对现有国际秩序的抵抗，不会束手无策。

确定二者的比重被交给法官裁量权，但便宜问题的回答也取决于某种主观先见。何种解决能增进共同利益，依回答者的伦理信念、政治背景和党派态度而多样，衡平正因此才屡遭怀疑。亚里士多德在《修辞学》中就批判衡平。保卢斯也指出善和衡平"代替法的权威使人误入歧途"的问题。这就提出了理想法的第三个品质——法的安定性（certainty of law）。

衡平这一主观事物作为客观制度基础的实现有两次：罗马万民法和英国衡平法。把主观法创造转变为客观法的机制，就是判例法制度。新法律领域的第一步是自由的，但接下去所有案件必须踩着第一步的足迹。国际法缺乏习惯法和立法机关，先例体系逐渐形成一般法原理和法律体系有极大可能性。除连续性以外，判例法还能提供解决国际争端所必须的弹性，判例法拘束力不及实定法，易于在新案例的新方面论证作做出不同判决的正当性、创造新的法原理。虽然连续性和弹性间比重的确立也依赖于法官的现实人格。

衡平法院的特殊功能是维护国际和平，其目标是不惜一切代价实现和平。但为了永久和平不应付出强者统治弱者的代价，应基于共同善的趋向，必须立于正义基础上。这就又回到了为国际共同体服务的一般目的，形成各国关系中衡平的本质。

综上，为解决国际政治争端，对衡平概念需极广义地理解。但也

第六章 拉德布鲁赫论英美法

应防止把衡平概念稀释化的倾向,将其等同于公正不偏私。不偏私固然必要,但不充分,在当事国的个别利益间只能达成妥协,妥协无非是力的平行四边形的对角线,法官如果只是不偏不倚就难免由于力学法则被拽到实力更强的一方去,真正的衡平判决必须站在国际共同善的高度,达成超越当事人双方的正义。妥协在这个国际共同善没有充分的权威、由国家利益主宰的世界中不可避免,只有既存在使本国利益坚决服从世界共同利益的法官,也存在支持、回应、授权这种判决的国际主义意识,才能有真正的衡平法院。"我们现在比从前任何时候更远离这一条件,除非那迫在眉睫的世界大灾难,在最后一刻使那些有责任者恢复清醒。"

拉德布鲁赫认为英国衡平法可以作为国际法上解决争端的一个范例,其本质在于对一般化的法律进行特殊的补救和匡正,同时因衡平而产生的法也可以作为日后判决的依据,这就提出了衡平与正义的优先权问题。作为正当法的衡平和作为规则的正义,本是主观的东西,与法律现实存在鸿沟,但英美法完全不考虑这些冲突,仅从个案实际出发,考虑多彩的生活和具体的现实。正义与衡平的方法有差异,分别对应着大陆法和英美法的方法。解决国际争端的衡平法院适用的正义标准应该是分配正义,一种按比例平等对待的国际公共福利分配,其中包含着一定的衡平与便宜的比例,法官以其裁量权来确定这种比例。对于其中可能产生的主观性危险,应该特别注重法的安定性来加以补救,这可以参考罗马万民法和英国衡平法的形成方式,以遵循先例带来法的连续性,同时也保持某种弹性。拉德布鲁赫认为,衡平不等于公平,国际法院的衡平判决应该是超越当事双方正义的、有利于促进国际共同善的判决,国际衡平法院必须以一种促进国际共同利益的真正的国际主义意识为基础。

在拉德布鲁赫完成这篇文章约十年后的纽伦堡审判中,他的国际法院主张一部分成为现实,该审判主要运用了英美法对抗制的诉讼程序,并适当采纳了大陆法的规则。这次审判被称为自然法对实证法的获胜,也是运用衡平法方法、以促进国际共同善为宗旨的一次国际性的法律实践。

第七章

拉德布鲁赫论社会主义文化

拉德布鲁赫的论文集《社会主义文化论：意识形态的考察》[1]首次出版于1922年，1927年第二版有修订。该书阐述了社会主义的意识形态，表达作者的信仰和政治问题主张。须注意，这里的社会主义不同于我们理解的马克思社会主义，主要是德国社会民主党的意识形态，按拉德布鲁赫的总结可称为"基督教社会主义"，其信仰源自一种深层的宗教需要，社会主义与基督教都是爱及他人的事业，目的都是更为人性的世界。

第一节 社会主义意识形态：共同体伦理

一、经济与意识形态

意识形态的考察在正统唯物史观看来似乎无意义。经济史观认为，意识形态如法、国家、艺术、科学、哲学、宗教，由相应社会的经济原因决定；意识形态没有任何自身规律性，意识只是人脑中转化的物

---

[1] 拉德布鲁赫著，米健译，《社会主义文化论》，法律出版社，2006。见德文全集卷4，第102-163页。日译者野田良之、山田晟，见日文著作集卷8。

质，是一种新的存在方式。但后期恩格斯也承认，意识形态自从产生之后，就具有了自身的规律性，能反作用于物质基础。正如脱胎于资产阶级自由意识形态的劳工团结自由被用于对抗资产阶级的斗争。

但不仅文化形式，文化理想也无意识地影响着经济力量关系和政治运动。社会关系决定着政治运动，进一步决定着意识形态。政党理念将实质的自身利益确立为普遍利益，以赢得党派竞争和获得追随者，理念一经形成，政党就由理念而非利益来自我界定和约束。政党纲领必须关注普遍公共生活，接受越来越多超越自身利益和社会条件需要而单纯出于理念的要求。愿望是思想之父，利益是理念之母，正如父母不妨碍儿女成年后自己生活，理念也按自身逻辑发展并可能与利益相悖，利益反而沦为理念的工具。历史唯物主义提出了不仅仅是理想动机而且有望实现的客观理想主义，但它让理想动机为自己服务，即"让激情为自己劳作是理性的狡诈"。于是社会运动既可按历史唯物主义，理解为利用意识形态的阶级利益，也可按历史哲学观念论，理解为为使自身得到贯彻而利用阶级利益的理念。意识形态与经济的对立关系恰似情欲（Erotik）与性欲（Sexualität），意识形态是美化了的经济，但它不只是表面游戏，而且是最现实有效的现实。

二、社会主义共同体思想

《埃尔福特纲领》[①]指出：社会主义社会是经济发展自然和必然的目的地，同时也是伦理上的必然。黑格尔实现了历史必然和伦理必然的统一。社会主义立于牢固的论证基础上，从空想成为科学。但社会主义的伦理必然性问题依然有待验证。《共产党宣言》提出"每个人

[①] 德国社会民主党 1891 埃尔福特大会纲领，论证了资本主义被社会主义取代的历史必然性；指出工人阶级反对资本主义剥削的斗争是政治斗争，社会民主党的任务就是指导工人阶级夺取政权和实现生产资料公有制，并提出了德国社会民主党的近期任务。该纲领成为第二国际各党制定党纲的范本，但回避暴力革命和无产阶级专政等问题。

的自由发展是一切人自由发展的条件的联合";《埃尔福特纲领》称自由、平等、社会福祉、全面和谐为社会主义的伦理意义,两纲领都以个人生命为终极价值,建立在彻底个人主义世界观基础上,这与资本主义的个人主义最高理想目标相同。这是唯物史观的任何时代精神都无法摆脱经济力量关系制约的又一明证。随着社会主义经济制度的成熟,大众、青年间形成了不同于人格、超个人的另一种世界观,即"共同体"。

社会主义社会学表明,个人不可分离地处于共同体中,人格是共同体中的人格;但没有共同工作、共同事业、共同成就,共同体只能是梦幻。因此,社会主义世界观的公式是:"共同体中的人格、作品中的共同体。"各文化领域的社会主义意识形态都从这个命题出发展开。

只有从共同体理念之中,人格和民族性才得以实现。人格是只有不刻意追求才能实现的最高价值,是对忘我献身的意外回报和恩宠。个人主义时代,虚荣主宰精神生活、权力欲主宰物质生活,欲望和自我意志无限扩张,而没有共同体和事业赋予内容和方向的意志是无意义的,个人主义只能通过献身于共同体来实现。忘我献身的命运实现是人格发展的必由之路。民族性也同样,故乡艺术和祖国诗只能是第二流艺术,为人类目标而努力的艺术同时也必然是民族的。直接追求民族性的民族情感将导致沙文主义,而各民族为民族性而竞争或战争之时也是民族性尽丧之时:实力成了唯一的通用手段。

人格和民族性,与共同体思想交互作用、互相照明。工作是人格的流露,共同体通过人格获得生命,民族性和个性是真正共同体的前提。文化不是孤立的成就、尘封的书籍和出土的雕像,而是由部分组成的有机整体。这种统一不在成果本身中,而在将成果结合起来的意识中;不在个别意识中,而在人类整体意识中。文化由民族出发并回到民族,没有民族共同体就没有文化,没有文化也不会形成民族共同体。

社会主义伦理的基本思想即共同体伦理,要求同志关系、共同精神和劳动热情。

1. 同志关系

（Kameradschaft）是共同体成员之间的关系。它是人格的结合，不因友爱而因共同外部处境而结成，如共同的敌对集团。但只有共同敌人而没有超人格的共同关注，则只能算作一种友好关系（Kameraderie）。纯粹同志关系要求共同事业、共同劳动和共同成就，其最高形式是同道（Genosse）。同志关系常转化为友情（Freundschaft），二者的区别见表 7.1。

表 7.1　友情与同志关系的区别

友情	同志关系
以自己为圆心向周围人画圆	从外部包围大家的圆圈
直接感情接触	以共同事业为媒介同行
全部人格的联系	限于共同使命的部分人格联系
单方面："我爱你与你无关"（歌德）	相互扶助
爱的共同体，相互拥有	劳动共同体，相互依靠
不能求得的感情，四海皆兄弟不现实	可以求得的态度，四海皆同志有望实现

同志关系另一种表达是连带感（Solidarität），即人人为一人、一人为人人的团结体验。它意味着为共同事业而牺牲：失业、挨饿；对无产者组织无偿奉献，在为资本家工作之余为组织工作；为同志而坐牢、被流放、死于街垒战；也意味着为弱者的生存而结成团体协约；阶级同志间照顾互助等等。这种共同体形态的连带感是人类情感最高、最本质的形式。

2. 共同精神

共同精神（Gemeinsinn）或社会感情，是成员与共同体的关系，指人在行为的每个瞬间都意识到自己对社会整体、社会秩序、全人类福祉的责任。对陌生人的爱是最高贵的爱，共同精神是爱国的最高贵部分。与国家三要素国土、民众和法律经济秩序相应，爱国有故乡感情、民族意识和共同精神三种形态。共同精神是最朴素的爱国形态，18世纪爱国者首先是指致力于公益、让所有人居有家舍、行有乐趣的市民，它是爱国主义的核心，也是未来应特别强调的，它超越个别人的共同体，扩展到在全世界各国的统一共同体，爱国主义与国际主义是一致的。

3. 劳动热情

劳动热情（Arbeitsfreude）是成员投身于共同体事业，即务实。个人劳动动机可能是爱好、虚荣或名誉欲、营利或穷困，但既然已经在工作，最好是忘记动机，为工作而工作，服从工作本身的法则；通过劳动而忘我、投身于伟大事业的固有法则，从而获得自我解放，获得深层自我的自由感。人愉悦投入工作时是最可爱的。除了愉悦，诚恳认真也是一种美，它是超人格秩序在个体人格上的鲜活体现。

拉德布鲁赫的学说背景是西南学派的新康德哲学，这一学派在"应然—存在"二分法中向来强调理念的作用，但拉德布鲁赫在自身的法哲学主张中往往偏重现实的一面，这使他可以自然地理解马克思社会主义的意识形态。本节中拉德布鲁赫讨论的（基督教）社会主义的意识形态与马克思社会主义有共通之处。马克思主义经济史观认为，意识形态作为一种上层建筑是由经济基础决定的，但也能反作用于经济基础；文化意识形态与经济关系和政治运动之间发生着相互影响的关系。这一过程中，是阶级利益利用了意识形态，还是意识形态利用了阶级利益，是按照历史唯物主义还是按照历史哲学观念论，拉德布鲁赫以相对主义的态度认为，二者的差别只是表述的不同，在本质上是一致的。

德国社会民主党起源于工人运动，在拉德布鲁赫在世时期公开以马克思主义为信条，其基本纲领中宣传的社会主义伦理包括自由、平等、社会福祉、全面和谐，但这在哲学观上是属于个人主义的理想目标。拉德布鲁赫认为，成熟的社会主义应该是以"共同体"为信念，应该以一种他所主张的超人格的作品主义（事业共同体）为目的，其具体思想内涵，包括同志关系、共同精神和劳动热情，都是超人格作品主义的要求，通过忘我献身共同体、忘我投身事业，舍弃了个人性和民族性，最终达到共同体的最大利益，从而反过来实现了个人性和民族性。以上主张与拉德布鲁赫的超人格作品文化主义倾向是一致的。"共同体伦理"作为一种旨在实现人类共同事业的理想，与马克思的共产主义理想有某种共通之处，但是设想回避阶级斗争和暴力革命，人类可以直接达到共同体状态是不现实的，因为任何一种个人主义、种族主义都可以伪装成为共同体的共同善服务，从而牟取私利，如何定义共同善、由谁来决定共同善的内容，是任何提供理想口号者都要面对的问题。

第二节 社会主义的文化理念：共同体文化

一、前社会主义文化

1. 资本主义文化

它是资本主义经济状况一五一十的反映。资本与劳动的对立在文化领域体现为受教育者和未受教育者的对立，这在资本主义时代不仅是劳动分工，而且是人与人的价值差别，还得到军国主义的助长：一年志愿兵证书即获得预备役军官资格。资本主义为精英文化而放弃了大众文化。随着资本主义的兴盛，所有的文化领域开始独立自律：出现了只为自身目的的艺术、科学、义务、权力政治、法权和经济交易，各领域都在极细地推进个别化，整体文化时代结束，只有文化专家，不再有文化人类。专业化把制品的数量推向极端：经济领域商品堆积、生产竞争、群众贫穷匮乏；文化领域知识堆积、文化竞争、群众头脑空空。这种两极对立超出以往任何时期。文化生产者间的竞争引发了"原创性的现代精神瘟疫",不同艺术比肩而立、各自为政,整体上极度不和谐。创作者不再面向大众,而面向听众和观众,上层阶级不断改变流行款式以区分于下层阶级。艺术开始能接受和容纳一切,但正如什么都能装的容器全无个性,资本主义文化在追求个性的同时丧失了个性。前资本主义与资本主义文化的对比见表7.2。

表7.2 前资本主义与资本主义文化的对比

时期	前资本主义	资本主义
努力目的	作品	出人头地
追求	美和真	新奇有趣
态度	圣洁忍耐	浮躁发烧
原动力	对劳动和成就的快乐	名声和虚荣
受众	大众——以习俗聚合	听众——以款式分化
艺术的性质	内心必要,以区分好恶为责任	思想内容不限的精神享乐

2. 自然主义

《社会主义者镇压法》(1878—1890)时代,继没落的资本主义文化产生一个新的自然主义时代,如霍普特曼《日出之前》《织工》在"自由舞台"上演,霍尔茨和亨克尔的抒情诗,德梅尔的《劳动者之歌》[①],伯尔舍和威勒用宗教热情将自然科学认识深化为世界感,哈特兄弟、希勒和兰道尔的"新共同体"生活样式,以及珂勒惠支对贫困和暴动的纪念碑式塑造。但自然主义还不是社会主义,其社会基础不是工人阶级,而是讲坛社会主义和瑙曼的民族社会主义运动。工人阶级真正获得自己的语言是在表现主义中,不同于自然主义客观的造型美术,表现主义是主观的演说家,如托勒、格罗兹和麦绥莱勒。

---

① *Der Arbeitermann* 节选大意:"老婆,我们有个孩子、有张床!我们还有工作,有雨、风和太阳,我们像鸟儿一样自由,除了小事一桩:只差时间。"

3. 过渡文化

社会主义劳动者文化此前是支流文化，与"市民文化"完全隔离，膜拜和拥护纯粹的"社会主义科学"。随着德国社会民主党在第一次世界大战后跃升为执政党，社会主义思想开始流行。劳动阶层也开始向市民文化敞开。受教育者和非受教育者间的对立缓和，一年志愿兵证书制的废除使立身处世的新方式成为可能。在艾伯特推进下，德国统一知识阶层与民主一道形成，改变了原先各行其是的状态。托马斯·曼指出：直到共和国时期，德意志民族精神的顶点才从军队和贵族遮掩下昭显出来。

二、社会主义文化

1. 社会主义文化的本质

但社会主义萌芽并不产生于市民文化和无产阶级文化的相互渗透中，而必须指明社会学的直接现实。各种社会背景现象的共同特征，是个人总是处于群众之中，这也是无产阶级生活的基本特征：没有人是孤立的。因此成长中的社会主义文化即无产阶级文化只能是群众文化，得到教化的群众称为共同体。

2. 工人青年

共同体文化思想始于青年运动，青年的崛起一反过去的自由呼声，从向往个人主义的无拘束走向服从共同体对习俗、样式、文化、同志关系的领导。不同于缺乏共同体必然内涵的市民青年运动，工人青年为青年文化赋予新的生命源泉和巩固的内容，青年运动精神只能实现于工人青年中。

3. 群众形态

社会主义文化成长的承担者除了青年，还有群众教育。群众可以理解为在广场、街头、大厅聚集的人群，这是个人主义者所厌恶的：集团或集团的暗示会埋没个性，乌合之众是堕落的、低劣的、终将瓦解于纯粹个别人格中。但社会主义者回答：群众固然可能降低个人的固有价值，但群众也能让个人产生超越自我的激情和英雄主义。问题不是解散群众，而是群众文化。作为宪法和国家权力出发点的年轻的民主，正表现于青年难忘的欢庆中。

4. 社会主义艺术

群众欢庆还可强烈激发艺术创造。群众渴望通过戏剧和音乐表现自我，群众的合唱和齐诵给伟大作曲家和诗人带来灵感。建筑也是群众的艺术。艺术形式分两类：美术、文学等个人艺术对应个人主义文化，戏剧、音乐、建筑等集体艺术对应社会主义文化。个人主义向社会主义文化的发展表现为文学时代走向建筑时代。

5. 劳动热情

它指劳动本身的文化。劳动分工、机器和技术打碎了旧式手工业者全部工作由整个人来完成的理想，被分割而失去灵魂的劳动剥夺了劳动者的快乐。社会关系的转变也许能带回劳动的快乐，劳动将不再是为他人谋利，而是为共同体谋利，从而唤回劳动热情。但实际上，社会主义社会中劳动热情的唤起与资本主义社会中一样困难，这个问题是由技术状态而非经济状态决定的，只能基于更广泛的研究和个别劳动状态的深刻体验来解决。

6. 社会主义信仰

社会主义世界观是科学还是信仰？社会主义在党派时代通常被理解为知识的、科学的，但把劳动者和社会主义科学结合起来的正是信仰。在群众的所谓科学社会主义中可发现宗教的混合：一种宗教性的代用品或终极理想主义。作为宗教的社会主义信仰是强烈的，对未来人类共同体的爱超越了祖国之爱，尽管爱会回到祖国的土地，但只能通过对全人类的爱来实现。社会主义和基督教信仰的类比如表 7.3。

表 7.3 社会主义与基督教信仰的比较

社会主义信仰	基督教信仰
劳动阶层坚信马克思恩格斯主义	教徒坚信先知
社会主义必然到来（末世论）	神之国终将到来（末世论）
资本和劳动者不自觉地为无阶级社会战斗	万事互相效力，叫爱神的人得益
寻求现世热烈的爱	寻求来世的天堂

7. 社会主义的学校

作为世界观的社会主义，需要传播和学校（Schule）。理想的社会主义学校应当是劳动学校，围绕共同的事业而劳动；因此又是共同体学校，同时也因此是世俗学校；因此需要共同体精神，是精神的学校。世俗学校没有宗教教理，但它有明确的精神和世界观，是现世的、可实现的。世俗精神学校不是特殊学校，当共同体精神发展为全体国民的精神，它将成为全民的学校。但在现阶段世俗学校和全民学校只能二选一时，后者无疑优先，在世界观分化的全体国民中，学校只能是世界观中立的。因此当前的学校应该是一种以世俗学校为长远目标的普遍混合制学校，它不是作为世界观学校的世俗学校，而是民主主义的宽容学校。

8. 社会主义和个人主义文化

成长中的社会主义文化并非自称取代个人主义市民文化的"无产者虔信"。文化发展实现于新文化对旧文化不断的包摄、重组中，个人主义文化与共同体文化并存而继续发展。理性文化必然是个人主义文化，但社会主义并非抛弃理性文化，自拉萨尔宣告劳动者与科学相结合以来，社会主义即被赋予科学性基础。青年运动憧憬以生命对抗概念、以感情和行动欲洋溢的生命对抗学业等业务理性，其危险在于容易忽略除感性和理性之外第三种人性活动——认识，认识并不与生命对立，而是生命的一部分。

9. 理性主义和非理性主义

无知者虽陷于孤独的沉闷，但健谈而易被说服，易于获得知识，可看作浪漫的乡土艺术。但我们赞美达于言、敏于行的知识，生命的真实意义就是随意识开始的，关于世界的知识不能脱离我们的自身意识而存在，因为世界表象于我们之中，对世界无知者对自我也是无意识的、浑浑噩噩的。有必要通过思考的明澄运动，将无意识和无知转变为纯净的意识和快乐敏锐的灵魂。因知识和思想使灵魂中有了秩序的人才是愉快的。知识使德国工人运动有了自觉的力量，但只有当知识不仅是力量，也是愉快，是自己作为承担自身使命的一个世界的体验时，才是文化价值。这种沉醉于知识和思考而忘记其目的的快乐也应当包含于社会主义共同体文化中。

本节拉德布鲁赫梳理了资本主义、自然主义等"前社会主义文化"和社会主义文化。资本主义的特点是个人主义、精英文化，追求个性的最终结果是丧失了个性；自然主义继资本主义文化的没落而产生，代表是讲坛社会主义和民族社会主义；过渡文化时期劳动者文化与市民文化进行融合。真正的社会主义文化体现为群众文化、工人青年运动、群众教育、社会主义文学艺术、劳动热情、一种近乎宗教信仰的社会主义信仰、社会主义学校、个人主义文化与共同体文化的并存发展、社会主义的知识和思考诸方面。以上在社会主义文化诸方面的构想，表达了拉德布鲁赫个人的社会理想，也是他的超人格主义、共同体理想观念的体现。

第三节 社会主义各领域意识形态：民主、民族、法律、家庭和宗教

一、社会主义民主观

拉德布鲁赫认为，基于国家和阶级二词混同的国家否定说已被国

家肯定说取代，因为社会主义共同体虽不再是阶级国家，但依然是国民国家。现在的问题是社会主义与国家形式，即民主的关系。"民主的危机"表现为民主理想图景与社会现实的矛盾（见表7.4）。

表 7.4 民主理想图景与社会现实的矛盾

	民主意识形态	社会现实
民众	自由平等的个别人的总和	多样的社会集团、阶级和政党
主权	民众全体对全体的主权	强势集团对弱势集团的支配
多数和少数	自由平等的个人投票的事后统计	强势集团预先决定的表达，多数意见由少数人做出
选举人	自由的个别人格，自主决定	集体人，资本的影响力
议员	只服从良心主张，不受请托约束	党团、政党、阶级的非独立代表
人民代表	人民全体的缩影	有自身规律的恣意构造
议会	经论驳和说服形成信仰	先入之见和信仰的角斗场
政府	民众意志的执行者	民众意志的创制和形成者
官员阶层	驯服地供政府驱使的机器	政府难以驾驭的倔强动物

要应对源于把个人主义意识形态混同于社会现实的"民主的危机"，既要承认民主与个人主义意识形态不相适应，又要从民主意识形态中发展出一种新的、更贴近生活的价值，即冯特"目的的异质化"过程。

旧的个人主义在新意识形态下绝非毫无意义。个人主义只看到个体，无视个体间的一切社会联结，依其而构建的民主国家一概不承认现有社会集团的约束，以其自身规律从社会固有规律下解放出来，民主成为一种无论社会势力关系如何转移都以明敏的辨识力直接作出政治表达、在无神世界中听命于多数意志的神圣裁可的国家形式。通过民主，资本的强势地位得以不受束缚地表现出来。但总是听命于最强者的民主，既可以为资本主义授予法律形式和认可，也可以为社会主义服务，民主虽然只是对社会主义方向的势力角逐消极地不抵抗，但这已经意义重大，因为其他国家形式都是强烈抵抗这种角逐的。民主似乎在特定时代和国家实际阻碍着社会主义，它试图以公民平等的法律面具，作为经济不平等的心理代偿物，但与此同时，随国家公民平等而生的社会完全平等的意识形态，也潜移默化地起着对经济不平等的批判作用。民主还能直接促进社会主义，选票多数和议员多数实际上是政治力量的结果，可利用媒体和舆论、资本和群众来赢得多数，选举和议会是议会外势力角逐在政治上的估价场所，而非势力角逐的舞台；通过赢得社会和经济力量的阶级斗争，工会组织、企业协议会、政党宣传、国旗党[①]，可实现强有力的社会民主主义；最后，大众政党不应顾忌发动群众，当资产阶级的新闻腐败成功地歪曲了舆论中的社会势力关系，大众政党可组织群众上街罢工重现真实社会关系，而这是无产阶级政党抗争新闻腐败万不得已的、残酷的最后手段。综上，民主可以帮助社会主义方向的势力角逐做出政治表达。民主的未来形式可纳入社会主义共同体思想，新的民主意识形态的方向不再是自由和平等，而是共同体和领袖体制。

基于社会集团的"职业等级代表制"曾是魏玛宪法制定时的构想，但现在成了法西斯和一切民主敌人的口号。其必然失败是因为用代表人数来表现不同职业及阶级的社会比重的不可能性，代表人数只会是臆断的结果，用评价阶级的数字来表达雇主和劳动者的关系，只是一种等价的权宜之计，劳资之间强制性等价恰恰排除了在民主下可发挥作用的劳动者投票数字的多数，这正是反动派所希望的。但即使用代表数来表现职业阶级有实际可能性，职业代表制的努力也无价值，因为它可能导致整个政治的经济耗空或职业组合化，每个职业或阶级得到授权对自己利益所系问题表明立场，为政党利益服务的政党意识形态至少要表明服务于全民福祉，而职业等级代表则宣称只为自己阶层利益服务，普遍社会福祉只是其偶然副产品。因此，无论何种职能组

---

① Reichsbanner 是 1924 年以社会民主党为中心为拥护共和制而结成的政治团体，以国旗颜色为旗帜。

织都维护旧的力量关系或价值关系,结果将造成反动的永久化和对进步的阻碍。

下面具体说明民主社会学与民主意识形态的对立:

1. 民主与政党

卢梭倾向于把政党的创立看作对民主主义人民意志的歪曲。多数意志建立在政党间的投票斗争之上,不仅意味着由多数党内部经过投票斗争产生的特殊多数汇集而成,也意味着一党内部被多数派压制的少数派对国家意志的形成不具有任何直接影响力。但现实中政党不必顾虑民主思想,只需关注对个别选民的领导、挑选和召集,这种新的民主表现形式知道选举人不是直接由每个人,而是由民众社会集团形成的。与民主本质相抵触的不是政党,只是德国当前的政党制度:(1) 一般否定多党制,称颂两党制。但后者要求轮流执政的两党有共通的政策尤其是对外政策理念,而在德国,资产阶级和无产阶级分裂将导致国家动荡倾覆,只有两党联合政府才能带来稳定。而且社会主义立场也不希望纯社会主义政权,那会带来对现今社会子虚乌有的无产阶级权力的幻想和幻灭,损害工人政党。(2) 造成民主困难的是政党制度的僵化,由于历史和国民特性,德国政党是纲领和组织固定的特殊、封闭政党,政党都是信仰政党,难以像利益政党那样妥协,世界观政党间的政治斗争升级为宗教战争,延伸到私生活中。德国政党需要一点自嘲、相对主义、莱辛精神、英国的 fairplay 和法国的典雅。

2. 民主与议会主义

议会活动不再通过意见交锋来形成真理,而成了政党不给对方反驳机会的单方面意见宣布,观点既定的政党不能也不愿接受更好的意见。新的议会活动应致力于恢复意在说服的意见斗争,不是强迫对手接受自己的论点论据,而是为了说服对手;而现在官方讨论中真正的意见斗争越来越少,在议会及委员会形成的观点中看不到对立观点的呈现和影响;说服性的意见交换只在不同政党的议会领袖间的机密会谈中出现，又随着政党领袖们对这种机密性信任的动摇，说服性也不再可能，领袖之间出于国家整体的义务感形成了一种非正式的上院意识，不存在基层的那种激烈斗争。

3. 民主与政党领袖

议会政治的现实与其意识形态相反，不是议会的统治，而是取得议会信任的领袖们的统治，只要议会未撤回信任即不受议会牵制。魏玛德国比例选举制据称可抑制领袖制，但比例选举制下要得到议席不仅要赢得选民信赖，也要在党内获胜。不能指望反对党内书记的个人领导制、反对领袖制，因为能在党内考验下赢得地位并贯彻自身信念和主张，本身就是人格和才能的证明。未来比例代表制可向候选人更接近选民的方向修正，但这针对的不是党书记，而是竞选中结成的"联合辛迪加"，不是社会民主党内的危险，而是各党共存的弊病。当决定候选人提名的不再只是一党的中心地位，而是与地区选民的关系，经济实体对政党施加的结成竞选辛迪加的压力自然会减小。

4. 民主与政治家

政治家从进入议会的党人中产生，以其机会主义区别于政党领袖，在必要时抛弃任何原则或纲领，仿佛没有固定信仰，准备得罪任何一方。但这种机会主义并非墙头草，它不对抽象原则负责，而对经验的国家人格负责，成为脱离个人或本党利益、把个人意志与国家意志融合的国家机关。总统艾伯特鲜明体现着从政党领袖到政治家的形象。

5. 民主与官员阶层

政治家也可从专家中产生。领袖或政治家必须与官员严格区分：领袖负责统治，目的设定取决于他们的自身决断；官员负责管理，寻找和运用科学上有效可行的手段。因此过去的集权国家把政治家作为最高级别行政官员是不正常的。但目前官员的政治化还未能被克服，"官员阶层民主化"构想试图构造一种无摩擦无抵抗执行统治意志的机器，但社会现实是，在党派政府更替中、在不同的政治化部长领导下，官员们形成了一种中庸路线的自身意志，各部部长和部属之间暗暗地斗争着。

面对多重交织的矛盾，人以自身明辨和技巧来协调和实现平衡，这正是民主的最大优势。"民主危机论"的制造者应知：民主尚在襁褓中，远不是完全的现实。

二、社会主义民族观

社会主义承认人与人的不平等，也承认民族的不平等和民族个性。国际不是泯除所有特性的"灰色的国际"，而是全人类的祖国"世界联邦"。社会主义观念下的类比见表 7.5。

表 7.5　民主中的个人与世界中的民族类比

民主中的个人	世界中的民族
承认人与人的不平等	承认民族间不平等
承认和发挥个性	承认和发挥民族性
民主由许多不同个人组成	国际由许多不同民族组成
人尽其才、任其所用的劳动共同体	民族分工的国际劳动共同体

文化使命本身是国际性的，真善美绝不专属于某个民族。文化活动不是为了获得民族色彩，民族性和个性一样，不能通过刻意追寻而获得，只能通过忘我的劳作。"民族文化"是事后判断，而不是事先预设的目的，在真善美法则下有为地生活，自然会获得个性或民族性的价值评判。肩负超民族使命时的民族意识是最强的，如扩展至全世界的 1789 年法国革命思想和德国、俄国的社会主义思想。"民族意识"的构造，是对自己是人类价值与生俱来的承担者"人类人民"的意识，民族的制约和特色不是民族意识的追求，而是事后的历史判定。

文化的复调音乐要求保留各民族的特殊声部。民族文化须由民族力量来守护，但民族力量只能用于文化的自保，而非强行推广。沙文主义的文化观则把有意识追求民族力量作为目的本身，以力量的大小比较和区分民族，其顶点就是战争，战争也是民族个性的最低点，它抹杀了民族文化的质，平时多彩的各民族在战时被迫采用同样的手段：以力量衡量一切。有人主张国力的量是衡量文化的质的指数，把精确测量国力的战争看作文化的毕业考试，但虽然自然科学、技术、经济、交通、教育、社会伦理会带来某种军事优势，最本质性的文化却不可能立刻转化为军事实力。即使将世界史看作世界法庭，不过是因为历史是由胜利者书写的。文化不是可测定的量，而是纯粹而不可比较的质。只承认竞争和战斗中各民族文化量的差别，就不可能看到文化民族。社会主义要求和平主义，它反对战争正如反对个人的经济竞争，因为它们否定文化的质，将其混同于实力的量的差异。

三、社会主义法律观

自由主义时代重要的知性活动以孤立个人为出发点，但事实上孤立个人并不存在，自由主义只想见树木、不想见森林，这体现于个人主义法律观。它以私权为所有法权的核心，公法只是其外围的狭长保护框架。私人所有权和契约自由是法律制度的柱石，法律世界被看作人们基于自由意志的互负义务的组合。资本主义的契约自由实际受制于所有权，所有权不再只对物，也开始对人，有契约自由而无所有权者会被迫接受不利的条件出卖劳动力，平等自由的表象下隐藏着与中世纪同样的劳动者依附关系，公然以人为对象和客体。劳动关系中劳动和工资被视为可交换的同类财产，劳动力被作为物而不是人来对待。个人主义法律观也贯穿着刑法领域。传统报复刑把犯罪和刑罚等价对立，把二者看作可互相平衡的物的价值，并不把犯罪和刑罚体现于一个人，也否认这个人属于整个社会、犯罪根源在于社会之中，而仅从与行为的关联而非整体人格来观察犯罪人。

把人看作社会中的人的社会主义观念逐渐渗透到法律中。现代刑法倾向于承认犯罪是人本身通过个别活动的体现，犯罪是社会通过个别活动的体现，刑法关系是社会的患病肌体自我痊愈的社会过程。在不公正的社会中公正的刑法只能是相对公正，不平等社会中的人人平等意味着对无产者的极度不平等。刑法从根本上是社会政策，弥补由于社会政策疏漏而由罪犯造成的损害，最善的社会秩序下也存在某种犯罪和社会的反犯罪。犯罪的起因包括无产者境遇或生物学上的堕落，随着社会主义社会状况的改革，无产者境遇引起的犯罪将消失；刑法逐渐限定于生物学起因的犯罪者，他们由部分无产者和各阶级没落者构成；刑罚将逐步被社会救济替代，自由刑随刑法缩减而缩减，微罪免刑或不起诉，罚金刑取代自由刑，刑法典中不可轻减的最低刑将消除，自由刑通过缓刑大量免除，保安处分和收容取代刑罚，流浪乞讨娼妓等轻微案件从刑法转向保护看管法。菲利刑法草案把刑法目标设为改善和保安，刑罚逐渐由制裁取代。

法律向社会化的人发展体现于劳动关系的新构成中，与传统私法不同，劳动法看到：劳工与企业主相比处于劣势，因此需要团结意识；劳动合同背后的真正缔约者是大的劳动联合会，自由合同的社会背景是严酷的经济力量斗争。企业整体被视为全体工人的社会学统一体，在个别企业主背后出现了企业团体组织，工人不再是企业主的马、劳动的手，企业主的"我即企业"转变为工人的"企业是大伙的"。

集体人作为法律秩序的对象，也需要一系列集体伦理。新的法的伦理化把权利行使看作伦理义务的内容。所有权的行使要服务于社会福祉。所有权和契约自由成为在公法框架和限定下被给与私人活动余地的私人积极性。未来社会主义法律秩序下，私法终将公法化。1925年社会民主党《海德堡纲领》表示："财产权从属于社会共同体权之下。"

四、社会主义家庭观

婚姻和家庭曾是共同体，随资本主义发展被溶解为个人主义关系。作为经济单位的房屋院落家庭生产共同体，到资本主义时代被企业取代，家庭成员从家庭中分解出来，分别进入不同的经济单元中。家庭从生产单位变为消费共同体，丧失了作为有机体、个体的特性，房屋院落成为单纯的楼道住房共同体。经营、职业、政治操守等新的共同体在形成中。适应家族的个人主义解体这一经济基础，寻求文化和法律结果的努力表现为妇女运动和青年运动，对抗家长制的父权，寻求男女平等和青年自主权利。这一倾向体现于立法中：离婚简单化；非婚生与婚生子女地位平等；家庭教育从父母固有权利发展为共同体教育；儿童权益法和青少年法院法取得显著进展。

社会主义虽可用新的住房制度塑造家庭框架形态，但无力抗拒家庭的个人主义解体，使家庭退回生产共同体形态。个人主义留下了一切婚姻和教育的难题，因为夫妻、亲子关系只剩下彻底的个人联系。农业手工业经济时代的婚姻由于不存在超越共同工作的直接个人关系而极为牢固，个人主义却在婚姻领域也保持纯粹的个人关系，从灵魂共同体走向利益共同体、从爱情走向同志关系的婚姻，由于丧失经济机能而失去共同的实质目标。父母对子女的严格或法定控制也随着共同体被打破，而取决于个人决定。从前作为自然过程被接受的生育和受孕现在可自由决定，由个人良心来郑重回答。子女教育从自发过程变为自觉活动，从前的家庭是大的国民劳动共同体的缩影，子女是小的劳动共同体的一员，家庭劳动是未来职业自然而然的实习，而现在必须在幼儿园和职业学校，尤其是家庭中完成自觉的教育。

社会主义始终考虑共同体的形成，在承认个人主义对婚姻家庭的解体不可避免的同时，也需表明由二者的固有本质带来的终极难题。

本节内容概括如表 7.6。

表 7.6 前资本主义和个人主义家庭观的对比

要素	前资本主义家庭观	个人主义家庭观
家庭	房屋和院落作为经济单位，生产共同体，有机体	单纯的过道楼层共同体，纯粹的家庭成员关系
婚姻	男性支配女性；共同工作，牢固，灵魂共同体，爱情关系	争取男女平等；纯粹个人关系，离婚简单化，利益共同体，朋党关系
亲子	父权绝对支配	青年争取自主权；取决于个人
生育	自然过程	由个人良心自由决定
教育	自发，父母的权利，家庭教育	自觉，共同体教育，儿童权益法和少年法院

五、社会主义宗教观

《埃尔福特纲领》指出宗教是私事，但社会主义作为世界观也需表明对宗教的立场。

社会主义与基督教有表面的亲缘关系：二者都起源于穷人和被压迫民众运动；都需要忍受迫害和殉教；都信仰和传播穷人对抗富人的使命；都相信一切人平等，尽管基督教平等是死后在神面前的；都呼吁同胞之爱，原初基督教还由此推出与社会主义同样的共产制，只是基督教共产制是消费共同，而非生产共同；都把同胞之爱推向全人类，谴责暴力、约定地球和平。假如世上从未有过基督教，或许便不会有社会主义。

二者的差异在于，社会主义伦理核心是社会连带（团结），基督教伦理核心是爱邻如己（如表 7.7）。

表 7.7 基督教与社会主义伦理核心的比较

爱邻如己	社会连带
邻近作用：人与人的直接关系	远隔作用：各人行为影响及于遥远的社会成员
经济联系仅在建立人格关系的邻人间	经济联系扩及市民社会的多数人、陌生人和整体
心理：发自纯真心灵的善行	以对复杂社会的知识为前提，善与智慧结合
存在及作用于感情和行为中	体现于制度当中

但不能认为基督教不是成熟的社会伦理，社会问题实际处于基督教伦理视野外、其立足点的下方。基督教要求忍耐不正义、不抵抗恶，一切正义伦理和制度，如国家、民族、法、工作和文化在原初基督教伦理看来是虚无的，在神面前只存在个别人及其灵魂，在可怕的孤独中每个人与神面对面地终极对话。这是一种根本的个人主义，这种被割离共同体的孤寂正如社会伦理一样，也植根于诸如分娩或垂死之时的人类体验中。

但灵魂纯粹性这一个人主义伦理还只是伦理学而不是宗教。宗教的本质根本不问应然与罪过、善与恶："神看着一切所造的都甚好"及"万事都互相效力，叫爱神的人得益处"，宗教普照着一切，无论正义与否都答之以"是"和"阿门"。为表明宗教是所有思想行动的必然终点，一切人生问题被概括为："既有死，何必生？"我们踏入自然王国，但不久已届垂暮，自然僵硬麻木地无视我们的不幸、幸福和价值，人类一步步接近死亡，随之感到恐怖、无意义、对目的和价值的无知。自然根本不知价值和目的，这些只是人对自然的设定。于是人类发现了一种自身能力：可以与自然、实然对立设定理想和应然，浮现出一个理想的、以价值和目的王国为使命的、真善美照耀之下的主观的世界。于是人的创造意志就把握自然并努力为理想服务。情感屈从于新的法则，技术、文明、习俗、法和国家成为崇高人类活动的准备阶段，真美善的理想在科学、艺术、良心中"道成肉身"，文化金字塔层层升高。但对人生意义的憧憬还不能就此而止，尘世之痛随文化高度而达到极致，浮士德也喟然长叹"我们只能一无所知"。文化工作的全部收获只是自然最终留下的恐惧、徒劳和怀疑，人生意义在死时和生时一样茫远。

但纯洁的自然总是给人新的生命开端，人类和世界到底还是善的，虽历尽生之悲与罪、迷惑与残缺，但我们还活着："吾生不知其故，死不知其期，行不知何往，奇哉吾甚悦兮！"。这种超脱万事肯定生命的欢乐正是一种宗教，在尚不知神、来世、圣经、信仰、圣职和教会之时已然有之。当然这不应是常态,否则会成为精神鸦片,使一切理想激情、对世界的批判、斗争和劳动的喜悦衰退。宗教是对尘世失意者的暂时庇护和拯救,一种深层喜悦和终极乐观主义使其区分于其他王国,自然不再是恐怖的禁锢所,理想不再是遥不可及的海市蜃楼,而是自然的与生俱来的性质;文化不再是永无止境的工作,而是每个瞬间幸福的工作状态。人只要活着,宗教就深藏于其内心,它正是对那个生命永恒意义问题的回答。

无产阶级必须意识到,他们正是在为自己信仰的宗教感而活着,否则会因外部贫困而无法达到肯定生命的突破,反而因外部贫困而窒息内心的冲突,即拯救原罪的强烈渴望。无产阶级须感到自己是人类原罪的最大受害者,是他人罪孽的牺牲品,肩负与不正义斗争的使命,而无必要屈服于仁慈的教条。只有当消除了不公和贫困,无产者的灵魂之路也能畅通无阻,宗教时刻才能真正开始。

两位女社会主义者体现着纯正社会主义的深层宗教感。玛格丽特·麦克唐纳舍弃个人宗教经社会主义踏上人类的伟大赎罪道路:"我的社会主义全由我的宗教成长而来",生活在敬畏、庄严肃穆、喜悦欢乐的焦虑之中。罗莎·卢森堡在狱中写道:"接受一切,承认万事皆善而美,……唯一正确做法是接受人生,无论何种境遇始终感到幸福。终此一生我从未失去任何不愿失去的,也不想得到任何未曾拥有的。""我总是毫无理由地沉浸于喜悦中。……希望您穿着这件镶满星辰的大氅经历人生,以保护您免受一切狭隘、琐屑和忧惧之害。"这件大氅无非是宗教。神和极乐不是宗教,只是神学,甚至不算是好的神学。

本节中,拉德布鲁赫讨论了社会主义在民主观、民族观、法律观、家庭观和宗教观方面的意识形态,比较全面地阐明了他的社会主义文化理念。

民主观方面,民主是听命于多数决的国家形式,也是听命于强者的,它允许社会主义方向的势力在力量角逐中脱颖而出,对社会主义起着一定的促进作用,社会主义共同体思想可以纳入未来民主政治形式中，拉德布鲁赫赞同通过资产阶级和无产阶级两党组成联合政府，通过德国政党政治适当灵活化，通过议会的观点交锋，通过比例代表制的选举方式，通过政治家和官员阶层来逐步实现民主。

民族观方面，拉德布鲁赫认为民主中的个人与世界中的民族有可类比之处，坚持一贯的作品文化主义主张，他认为个性和民族性不是通过刻意追求而是通过忘我投身事业而事后获得评判的。文化的繁荣会带来某种军事优势，但最本质性的文化往往不会立刻转化为军事实力，文化是以质而不是以量（实力）来评判的。和平主义是社会主义的必然要求。这些主张与他对战争、侵略扩张、沙文主义的观点是一致的。

法律观方面，拉德布鲁赫认为个人主义法律观是只看到孤立的个人，与此相反的是社会主义中的个人形象——社会中的人，因此认为刑法从根本上应该是刑事政策，来弥补社会政策的确实带来的犯罪损害，相应提出诸多刑法改良主张：引入社会救济逐步替代刑罚、缩减自由刑、微罪不处罚、罚金刑和缓刑的适用、保安处分等；此外，劳动法和财产法等方面也体现出更多社会化的特征。

家庭观方面，拉德布鲁赫认为资本主义的发展使本为共同体的婚姻家庭关系解体为个人主义的关系，社会主义无力抗拒这种解体，无法解决个人主义时代留下的婚姻不稳定和子女教育等方面的问题，社会主义家庭无法回归共同体状态，必须面对和处理这些问题。

最后，宗教观方面，拉德布鲁赫认为社会主义和基督教有很多共通之处，只是前者的伦理是共同体伦理（社会连带），后者的伦理基础是"爱邻如己"。基督教伦理是一种价值超越的态度，是一种根本的个人主义。宗教的本质是不问罪与非罪、善与恶，人类在向死而生的孤寂中探寻生的意义，终于浮现出一个理想的应然世界，最终超脱了万事而进入宗教的极乐状态中，文化成为人幸福的每一瞬间，宗教也牢固扎根于心中成为对永恒问题的解答。无产阶级的信仰与宗教信仰在信仰的状态本身上是类似的，其使命是与不正义进行斗争、消除不公和贫困。宗教可以使信众沐浴在庄严喜悦的幸福中,社会主义的信仰也是如此,因此广义的宗教是可以包括各种能够解答人生终极问题(生的意义)的信仰,而不仅仅是有神论者的专利。

拉德布鲁赫通过《社会主义文化论》一书对社会主义文化进行了深度的剖析,也表白了个人的政治信仰,"基督教社会主义"的特点包括:以"共同体"或称超人格的作品主义理想为核心,政治上不支持无产阶级专政而是接受民主联合政府的形式,反对为推行民族文化而进行的战争,维持个人主义的家庭形式,提倡教育刑等社会性的刑法理念,同时,社会主义信仰可以与基督教相容。作为古老的德国社会民主党(建于1863年)在二十世纪初的意识形态,这些政治主张在当时亦属较为平和软弱的,没能承担起振兴魏玛共和国的历史使命,几代政治家建立起的民主制度终在1933年被纳粹党政府破坏,掀起了世界史上的一场腥风血雨。

第八章

拉德布鲁赫的选择：法哲学的时代问题

作为一位经历了两次世界大战的思想家、学者和法律家，拉德布鲁赫受时代所限，绝不允许自己置身于政治的洪流之外。在一生中各个阶段，他都做出了让自己问心无愧的选择。面对纳粹上台后的压迫，一贯主张相对主义和宽容的他坚决喊出"对一切皆可宽容，唯独对不宽容者不宽容"这样绝对化的宣言。对纽伦堡审判中被判处无期徒刑的前司法部长，他却以同情的笔调为其最后的良知描绘肖像。面对两次世界大战期间的种种反人道恶行，他将那些违反善良准则的上级命令和制定法，坚决地宣称为"法律的不法"。又在人生将近尾声之时召唤出已沉睡百年的古老信条"自然法"，将其奉为"超法律的法"，用来对抗"法律的不法"。这些选择，既是拉德布鲁赫的选择，也是时代的选择，也可以说是全人类的选择。拉德布鲁赫以其锐利的笔锋，影响到数十年后国际法和国内法的司法审判，其影响至今也无法磨灭（也不该被磨灭）。

本章将介绍拉德布鲁赫以第二次世界大战前后十余年为时代背景写下的一些名篇，这些论文也为奠定他在20世纪西方法律思想史上的至高地位留下了浓重的墨迹。

第八章 拉德布鲁赫的选择：法哲学的时代问题

第一节 相对主义法哲学：莺鸟妈妈的宽容？

拉德布鲁赫 1934 年论文《法哲学中的相对主义》[①]是纳粹上台后短小精悍而字字珠玑的宣言书，表明了"宽容的相对主义"唯独对"不宽容的独裁"保持"绝不宽容"的立场，阐明相对主义并不缺乏确信，而具有强烈的、战斗性的确信。这实际上澄清了相对主义的界限，使相对主义也具有"相对性"，达到某种意义上的绝对主义：民主主义的自然法立场。

相对主义体系的展开从反对自然法论出发。法史和比较法的经验科学指出了法律现实的无限多样；认识论的理性批判表明文化和法只有形式是绝对普遍的，内容则是依赖于经验世界而完全相对的。以韦伯、耶利内克、凯尔森、坎托罗维茨为代表的法哲学相对主义，主张正当法的内容只是依赖特定社会状态和价值秩序才是正当的，无限多样的价值体系、百家争鸣的政党观，其间的选择不能由理论理性来决定，只能交给实践理性的信仰，即每个人的良心来决断。放弃科学上的思考，但道德上的诉求绝不怯懦；为自己的信仰奋斗，同时尊重论敌的立场，这就是相对主义的宽容伦理。它决定了民主主义的政治原理。民主主义承认各个政党在议会中争鸣，把国家领导权交给获得多数国民支持的政党，从而法律不局限于一党立场，而是顺应政治形势变化保证法的安定性，是极富弹性的立法原理。

民主主义有两方面含义：（1）作为多种政党意识形态之一，与保守党、自由主义政党、激进共产党、天主教政党争夺议会多数；（2）作为一切政党并存基础的世界观立场，它并不承认第一种意义上的民主

[①] 载 *Archives de philosophie du droit et de sociologie juridique*, 1934, Nr. 1/2, S105-110。德文版载 *Der Mensch im Deutsch*, Glttingen 1969, S80.87。见德文全集卷 3，第 17-22 页。日译者尾高朝雄，见日文著作集卷 4，第 1-11 页。

主义政党的优先性，而是对广泛的各政党承认其原则上的等价性，凭多数授予立法决定权。相对主义确立的是第二种意义上的民主，即终极民主（démocratie finale），这是近代国家不可或缺的组织原理。

相对主义出发得出民主主义的逻辑如下：（1）相对主义既承认多种对立目的观的等价性，同时又肯定社会有必要确立单一的法秩序；而正当法的确定不能靠科学，只能靠权威，这就把一剑斩断戈尔迪之结的工作交给立法者，立法者确定某个目的观的拘束力，并基于这个目的来保证法的安定性，于是通向了实证主义。（2）但立法者的决断虽能终结力量争斗，却不能终结意见的对立，交给立法者的立法权以承认法律信仰的争论继续存在为条件。因此相对主义要求思想、学术、信仰、言论出版自由，通向自由主义；从而必然要求对信仰犯的特别立法。（3）实定法由有实力定立使社会秩序安定的法律的人创制，立法者必须也受到自身制定法律的约束，否则就会破坏法秩序的安定性，违反赋予立法权的初衷。于是相对主义通向法治国。（4）立法者和执法者都要守法，这必然要求立法权和执行权分离，否则执行者就可以随意立法，把自己从法的拘束下解放出来，于是通向权力分立。（5）上述政治原理都与民主主义紧密相连，民主的特点是一切人平等的理念和一切平等者多数决的组织。相对主义承认各种信念的等价性，反对把人按其身份、阶级、民族来不平等对待；但政治现实中平等只能是近似值，只能通过采纳多数意见来保证近似平等，这就通向民主主义。反之，民主主义也以相对主义的世界观等价性为前提，否则也不会是彻底的民主国家。

但这就出现一个两难困境：相对主义既然在政治实践上承认一切信念及其对应政治体系的等价性，就意味着也要认可整体主义、独裁主义、职能等级国家；而相对主义所要求的民主主义就也要做这种认可。思想和言论自由必然要求法治、分权、多数决立法，这与极端蔑视多数、蹂躏法权的独裁主义无法相容。如果把独裁立场也作为政治信念来尊重，一旦它掌权，民主主义就会立刻遭到扼杀，这无异于相对主义的自杀；相对主义的宽容也纵容了粉碎自己立锥之地的立场，民主主义的自由也认同了导致自身被否定的自由。

困境的解决：民主主义对整体主义或独裁主义的宽容，给国民以对独裁者委以全权的政治自由，于是民主成了独裁的基础，立足于终极民主的独裁否定了具体民主；但决不允许独裁否定作为一切国家形态根基的终极民主，独裁仅限于取得人民多数支持，一旦被多数人民反对，仍一意孤行地强行独裁，则必须彻底否定，独裁主义无权获得以今天的多数压倒明天的多数的不坏金身。所以对于要抹杀终极民主、取消人民主权的独裁主义，民主主义绝不宽容，相对主义也绝不退让。民主主义坚持思想和言论自由，承认反民主主义政党与自己等价，但如果一种立场妄自尊大到无视多数的权利，民主国家就必须调动一切力量，包括国家权力来坚决与之斗争："相对主义是普遍的宽容，唯独不对不宽容也讲宽容。"

这就给相对主义划定了一条绝不让步的界限，受限的相对主义以终极民主为绝对正确的国家组织。这就通向了某种自然法。而如果把上述观念演绎再纳入社会现实的考虑，一切信念在说服力和意识形态力量的差别下机会均等地竞争，获得资本、群众、同化力的社会力量终会获胜，实现理念固有的意识形态力量解放、从必然飞向自由，这就通向了社会主义。于是，相对主义从否定自然法出发，经由否定形而上学的相对主义道路，最终肯定了自然法，自然法获得相对主义的基础，创造了一种逻辑的奇迹："无"从"全体"而生。古典自然法的传统要求，1789年人权宣言的人权、法治、分权、人民主权、自由平等理念，从一度被怀疑的洪流淹没的状态下复活，重新成为共同生活牢不可破的理念基础。

尾高朝雄认为，以上论述修正了《法哲学》的基调，后者始终贯彻对自然法的否定态度。民主主义在这里不再是相对正确，而是绝对正确的国家政治原理，民主主义经由终极民主，达到自然法，成为对试图摧毁它的独裁主义展开斗争的宣言书。《法哲学中的相对主义》发表于纳粹执政第二年，1933 年 1 月 30 日，阿道夫·希特勒被共和国总统兴登堡任命为德国总理，由此开始 12 年剪除异己、种族灭绝和发动战争的纳粹党一党独裁。希特勒利用了魏玛共和国的议会民主政治的宽容，"在议会中产下布谷鸟的蛋"，经孵化和成长，纳粹党成为德国议会多数，3 月 23 日，声称"应对民族和国家危机的"《授权法》获得议会通过；又通过制定"确保党和国家统一的法律"，取缔其他政党；1934 年 8 月 1 日希特勒成为帝国元首，颠覆了民主自由法治的国家体制，否定分权，通过盖世太保的镇压封杀思想和言论自由。拉德布鲁赫及时看到这一点，清晰地觉悟到相对主义不该继续退让，于是在 1932 年《法哲学》和 1934 年《法哲学中的相对主义》之间出现了重大的论调转变。

　　法哲学的相对主义觉悟到绝不能学习莺鸟妈妈的宽容，良莠不分地温暖布谷鸟下在自己窝里的蛋，以致布谷鸟幼鸟长大后夺了自己的巢、杀了自己的孩子。民主主义开始向把自己连根拔除的政治势力宣战，成为有相对主义基础的自然法，但承认自然法也就不再是真正的相对主义了。法哲学也不再是理论理性的学科，而成了诉诸实践理性的实践哲学，断言国家必须立足于民主主义。民主主义承认的各种立场等价性，已不再是终极、绝对地，而是暂时地承认各种主张都具有同等的正当可能性，并为探求一个客观正确的方针而努力。民主主义就不再停留在纯粹相对主义的态度了。

　　于是立法多数决原理的意义也有必要重新讨论。尊重多数是民主主义的根本态度，它不仅意味着因为无法证明何为正确而由实力强者确定法律，而是以多数决姑且决定法律，同时不放弃探索何为正确的努力，以使法秩序随着经验的检验，使少数支持的正确主张在下次得到多数支持，而逐渐被修正并靠近正确方向。这种意图正确的志向与为正当法的努力相结合，才能发挥相对主义多数决的功能。没有这样的志向和努力的多数决，不过是亦步亦趋、唯唯诺诺的机会主义。《法哲学》中对民主主义多数决立法原理的论证不够完善,把多数之力决定法律建立在法的安定性而非正义之上,因为无法决定何为正当,而授权有实力者决定何为法,这就无非是实力决定主义。多数决不是单纯的实力决定,而必须与建设正当法秩序的努力相结合,必须建立在正义理念之上。正如民主不能堕入无底的相对主义,多数决也不能堕入不问是否合理的便宜主义中去。

第二节 法律家的悲剧:纽伦堡大审判

本节介绍 1947 年论文《帝国司法部的名声和末日:关于纽伦堡法律家审判》[1],该文刻画了帝国司法部特别是一位法律家的悲剧,折射出风雨飘摇的第三帝国和纽伦堡审判[2]中法律家的时代宿命。本文不同于拉德布鲁赫早年的理论文章,通过陈列事实和情境分析人物,其深痛动容之处,好比一篇在正义和法的安定性的二律背反中痛苦穿梭的实践教材。

帝国司法部(Reichsjustizministerium,1919)的前身是帝国司法局(Reichsjustizamt,1877),1949 改称联邦司法部(Bundesministerium der Justiz)。拉德布鲁赫曾两次任部长[3]。该部只管辖最高法院和专利局,原本性质上不是行政机关,而是法律创制机关。它由少数优秀的

---

[1] 载 SJZ(南德法律家报)3,1947 Sp. 57-64。见德文全集卷 8(刑法卷),第 258-268 页。日译者福田平、矢崎光国,收入日文著作集卷 5,第 111-129 页。
[2] 纽伦堡法官审判庭是纽伦堡国际军事法庭主要战犯 12 庭中的第 3 庭,针对利用法律迫害犹太人和纳粹党反对派的高级司法官员,在美占区举行。纽伦堡 12 庭分别针对医生、米尔希、法官、波尔、弗里克、法本公司、杀害人质、种族和移民局、党卫军特别行动部队、克虏伯、阁员、国防军最高统帅部。
[3] 拉德布鲁赫部长任期是 1921-10-26—1922-11-14(维尔特总理)和 1923-08-13—1923-11-23(施特雷泽曼总理),他是继兰兹伯格、希弗、布隆克、海因策后第五位共和国司法部长,历任司法部长中只有他和兰兹伯格是社会民主党人。他之后历任司法部长有埃明格尔、约尔、弗伦肯、路德、马克思、贝尔、赫格特、科赫韦泽、盖拉尔、布雷特,以及纳粹时期的居特纳、施里戈伯格和提拉克。

法律专家构成，要求官员有高度法学素养，也培养了众多优秀的法律家，使其比其他各部更长久地抵御政治侵入、保持着老官员共同体特色和法律职业组合的工作。

几乎纵贯共和国时期的司法部领导人约尔博士[1]鲜明体现了这一特征。他有坚定、可信而明智审慎的人格，也极富法律才干。卡普政变时决定性地领导了司法部官员对卡普的消极抵抗。他和助手们秉承"实际性"（Sachlichkeit）的理念和工作职责，把政治决断交给当时的部长，把自己的专业工作通过议会机制化为合法力量，为政治决策服务。当约尔洞察到新组的巴本内阁中自己将没有位置，就毅然辞去司法部长之职，这种态度堪称后任部长的楷模。

继任部长居特纳博士[2]历经巴本、施莱谢尔、希特勒三任内阁，希特勒留任他多半是感谢1923年慕尼黑啤酒馆政变后他在审判中对自己的庇护。他也富于经验、法律才能和信念，但缺乏为法律而斗争的必要能量。1934年镇压"罗姆政变"[3]时的一切犯罪行为经《国家紧急防卫措施法》[4]被合法化，无疑是他的污点；但他也对希特勒的组织化杀人表达由衷愤慨，1940年给总理府秘书长兰马斯写信，希望停止对精神病人的秘密处决，虽告失败，但对他是名誉的。在居特纳任下，随着司法权向联邦的转移（司法的帝国化），司法部的性质根本转变为行政机关，机构膨胀为250人的官员团，承担了人事行政等扩大的行政工作，官员团的政治化淹没了这最后一个专业部。

---

① Curt Walter Joël（1865—1945），犹太裔，无党派，1920年起任司法部副部长，1924年、1930—1932年任部长。

② Franz Gürtner（1881—1941），1922—1932任巴伐利亚司法部长，1932-06-01任帝国司法部长至去世。

③ 罗姆政变又称长刀之夜或蜂鸟行动，1934-06-30—1934-07-02的政治清算行动，为回应国防军的要求，希特勒下令清洗了一批纳粹冲锋队（SA）领导成员，击毙冲锋队领袖恩斯特·罗姆等。

④ 1934-07-03依据《授权法》颁布，只有一条："为平息1934年6月30日、7月1日、2日的大逆叛国罪行而实行的措施作为国家紧急防卫而合法。"由帝国总理希特勒、内政部长弗里德、司法部长居特纳联署。

第八章 拉德布鲁赫的选择：法哲学的时代问题

居特纳的继任者是著作颇丰的知名民法学家施里戈伯格博士[①]。他执掌司法部的短暂期间（1941-01-29—1942-08-02），对他和司法部都是不幸的时代。

他无疑看到自己政治环境的艰难。他只是暂行部长职务的副部长，在党内无高级职务，反对者林立：竞争继任司法部长的三个纳粹党人，即拥有对抗司法部的私人资源的性格不安定的法郎克[②]、暴虐而肆无忌惮的人民法院院长提拉克[③]、有残忍和阴柔双重人格喜怒无常的弗赖斯勒[④]；还有虎视眈眈想吞并整个司法部、把司法管辖事项逐步攫取到警察特别是盖世太保手中的危险对手希姆莱[⑤]；他任副部长时的老对手、幼稚而腐化的科尔[⑥]；以及希特勒亲信的总理府、总统办公室、党务中心领导人（不管部部长），老官僚兰马斯、迈斯纳和良心沦丧的权力主义者鲍曼；最后还有全无真理和正义感，迷信权力和利益、把法律看作可笑幻想的希特勒本人。

他为什么不从这个毫无希望的职位尽早抽身呢？他在海德堡演讲《告别民法典》时对纳粹抱有幻想的时代早已过去，他对希特勒和纳粹党的反对日益强烈，屡次真诚表达并落实于行动中。他也深知这一职位不能保住名誉，而自己只是三个期待继任者之前的一段插曲而已。

---

① Franz Schlegelberger（1876—1970），1931 任司法部副部长，1938 入纳粹党，1941-01-30—1942-08-19 任临时司法部长。他在纽伦堡审判法官庭 16 名被告中级别最高，被判战争罪和反人道罪，处终身监禁，1950 年因健康原因获释。他是电影《纽伦堡大审判》中受审司法部长恩斯特·简宁的原型。

② Hans Michael Frank（1900—1946），纳粹党律师，曾任巴伐利亚司法部长，德国法学会会长，1934 任不管部部长，1939 任波兰总督，战后被处绞刑。

③ Otto Georg Thierack（1889—1946），1932 入纳粹党，1942 年 8 月—1945 年 5 月任司法部长，在纽伦堡法官审判前自杀。

④ Roland Freisler（1893—1945），1925 入纳粹党，1934 年进入司法部，1942 年接替提拉克任人民法院院长，死于柏林空袭中。

⑤ Heinrich Luitpold Himmler（1900—1945），1923 入纳粹党，成为党卫队首领、内政部长、全国警察总长。对欧洲 600 万犹太人和同性恋者、共产党人、罗姆人的大屠杀及战争罪行负有主要责任，被《明镜周刊》评价为"有史以来最大的刽子手"。二战后被俘自杀。

⑥ Hans Kerrl（1887—1941），1933—1934 任普鲁士司法部长，1934 任不管部部长，1935 任宗教部部长。

我们只能相信他在纽伦堡审判中反复强调的原因：他留下来只是为了预防更大的恶，挡住危险继任者的路，保护和他有同样见解的同僚，以一己之躯充当法官的最后屏障。纽伦堡判决书也非常恰当地评价他为"悲剧人物"。为与纳粹斗争，他在可谅解之处做出妥协，他认可的让步与他反对的无理要求间的距离越来越小，逐步被卷入自己反对的恶势力，最终达到同样大的恶。他身上发生的，正是大多数德国人民在希特勒狡诈策略下发生的精神磨钝，希特勒从恐怖向更恐怖一步步推进，不断袭来的更大恐怖使人们不再骇然、愤怒，从无能为力、习惯到麻木和忘却。

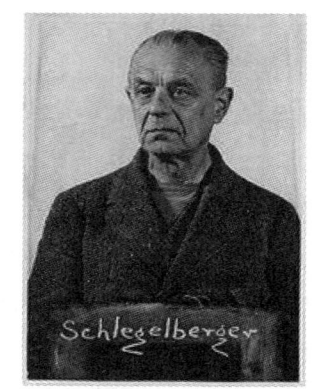

纽伦堡审判中的施里戈伯格

施里戈伯格的司法政策中，确有为防止希姆莱干涉和吞并司法而采取的幅度越来越大的退让，这成了使他承担罪责的重要行为，包括如下事实：

（1）遵照希特勒的命令将罪犯移交警察，导致不经司法程序甚至不附理由的大量处死，亲自破坏了司法独立。希特勒认为某些判决过轻，下令司法部所辖监狱"送交警察"，这种个人干预始于强盗萨斯兄弟案，战后频繁发生。施里戈伯格得知后非常震惊，司法部在每次送交前的执行期间（通常仅 24 小时）紧急开展工作，希望找到可能阻止执行的理由或延期执行，这种努力确实在两三个案件中奏效，但其他案件都遵照执行了。司法部就承担了警察侵犯司法的共同责任。如 1941 年一个因囤积鸡蛋被判两年半监禁的犹太人，由于兰马斯通知"元首希望处死刑"，四天后被施里戈伯格交盖世太保执行，其间是否采取了挽救措施、采取过什么措施已无法查明。

（2）1941 年 12 月 4 日由他签署的波兰刑事法令。该法令极其广泛地适用死刑，对犹太人和波兰人适用严厉的特别法，自由刑种类比德国刑法典强化，专门针对波兰人增设"刑罚收容"和"重刑收容"自

第八章　拉德布鲁赫的选择：法哲学的时代问题

由刑，施里戈伯格希望通过这些伪装防止希姆莱把权限揽入警察手中，并拒绝希姆莱要求的笞刑。作为这种让步的代价，1942 年已有 61836 人因该法令被判刑。

（3）协助实施 1941 年 11 月 7 日凯特尔署名的《夜雾命令》。该命令规定占领区的抵抗者由当地军事法院审判，极可能处死刑；或确有必要时移送德国，交给战时审判程序，两种情况都保证他们消失于夜雾中，家人对其命运和处所一无所知。施里戈伯格试图通过 1942 年 2 月 7 日实施法令介入特别法院加以法律保障，但这一程序在绝对保密的严格命令下根本无保障；同时为防止盖世太保将刑期已满者送入强制收容所，必须判处不少于检察署要求的刑期。司法的介入使其承担了重大责任，也导致严重的不信任。

（4）他提案允许面临东部移送的 1/2 犹太血统者自愿接受绝育手术以免除被移送。这种妥协策略，由于深知无法以人道理由说服独裁者，于是退一步放弃了大半人道目的，为受害者们提供为生命而放弃尊严的选择，其初衷可以理解；但由国家权力提供这种屈辱，把卑劣的行为正当化，法律家在法律中自加污点，这实在算不得救人的手段。怜悯蛊惑了施里戈伯格的心，使法律走上邪路。

（5）一些为阻止更广泛的司法干涉而干涉司法的案件，如施利特案和克林斯曼案。1942 年，他接到希特勒关于施利特案的抗议后表示，请元首相信法官满足严厉惩罚犯罪要求的忠诚意愿，并愿意增强法官教育和提高刑罚，最终通过检察长特别异议取消了帝国法院对施利特的十年监禁判决，改判死刑立即执行。警官克林斯曼因殴打狱囚过度被判有罪，由于希特勒的抗议，施里戈伯格提出特别异议使该案被再审；希特勒也晋升了这个暴力的警官。这种难以理解的顺从使人不禁怀疑施里戈伯格的信仰，但他确实也曾尽力保护因种族和政治被追诉的人，这实在体现了人类极其复杂的矛盾性。

关于施里戈伯格不断努力以小的不正义避免大的不正义的司法政策，纽伦堡判决是公允的：容忍不法、"犹豫的不正义"、玷污法袍或

"在法律家外衣下藏着杀人犯的匕首",比直截了当的暴力为害更深。但真正的悲剧是施里戈伯格如此牺牲信仰、良心和尊严,最终落得一场空,大祸只是被稍稍推迟,他竭力阻止的那些权力最终还是吞噬了司法。尽管不应轻易评价自己不身处其立场上的人,但从他身上可得出三个教训:(1)不能相信协助恶行可以避免更大的恶行,否则将被卷入恶行,成为当局者而迷蒙双目;(2)不能相信为了更高目标和价值可以对良心的声音置若罔闻,不能因"职责伦理"的诡辩而回避对自己良心所负的终极责任,"你不被玷污,世界就也不被玷污";(3)不能相信实际性和合法性这些第二位的价值能解答法的终极问题和难题。如果国家沦为一个巨大的匪帮(奥古斯丁),就只能靠高尚价值信念,在一切忧虑不安上点燃正义的熊熊火焰。法实证主义拘泥于合法性,把正义看作可出卖的东西,把最高命题"应该更服从神而不是人"抛诸脑后。

　　施里戈伯格司法政策的方向是防御警察侵犯、守住司法边境。当他认为法官独立完全被剥夺,当希特勒于 1942 年 4 月 26 日表示自己不再受法律约束、作为最高法院的主宰以一切手段激励法官履行义务并有法官免职权时,他开始决心退出,设法让自己被革职。由于希特勒一笔十万马克的特别捐赠而不明智地放手,这无非是对居特纳和施里戈伯格一切妥协的贬值。新一届司法部接受了"强力司法"、"纳粹司法"的任务,新任司法部长提拉克又是一位法律专家,完成希特勒交办的任务比不懂法的纳粹分子更能巧妙而辣手,司法部终于急遽堕落:司法独立被连根铲除,新的司法任务全部交给警察;弗赖斯勒在人民法院纵情凶暴、嘲弄、虐杀;竞争失败的法郎克引退赴任波兰总督,临行前假惺惺发表了对法官独立和司法尊严的惜别之辞。纳粹垮台后,提拉克自杀逃避责任,法郎克在绞架上做最后的赎罪,弗赖斯勒则在"神的判决"中被炸死,受致命打击而面目全非的司法部[①]就这样迎来名声扫地的末日。未来和平时代的工作当以恢复过去的姿态为己任。

[①] 此外,纽伦堡法官庭 16 被告中,4 人终身监禁(包括施里戈伯格)、4 人免罪、1 人自杀、1 人因病获释,其余处 10 年、7 年或 5 年监禁。

尽管最高司法机构严重堕落，但正义的星火在艰难时势中并未完全熄灭，这也得到纽伦堡判决的确认。纳粹德国法官被分为两类：第一类未受任何投诉和干涉，狂信而热情地执行纳粹意志；第二类秉持法官独立理念，以非党派的克己之心来判决，他们的判决由于抗议或特别异议而撤销，被告人被交给盖世太保处死或收容，法官自己则遭贬黜、威胁或革职，在认定残酷的纳粹司法有罪的同时，对这类法官心中埋藏的英雄精神是不该忘记的。

第三节 反人道罪之争：法律的不法

本节介绍1947年论文《关于反人道罪的讨论》[①]和《法哲学入门》第十章的相关内容。

拉德布鲁赫在一战服军役期间，一位下士军官的新兵训话使他记忆犹新："我会尽量照顾你们，但绝不许跟我谈什么人性！"这表明当时人性（Humanität）概念已被无情贬值。格里尔帕策的预言"德意志教养之道，是从人性，经由国民性，到达兽性"，在纳粹的三句口号"一切有利于民族的就是法律！""先公后私！""你是零，你的民族是一切！"对人性、人权的蔑视中可怕地应验了。

"人性"概念由接受希腊文化的罗马人创造，是西塞罗爱用的词，意为希腊文化中的人道的、精神的教养，即"使人走出动物的粗野状态真正升华为人，为实现内心友爱和人类博爱的教化"（卡尔·麦斯特）。据格利乌斯[②]记载，原来与希腊语"教育"同义的"人性"，在他当时已转变为"人道"之意。人性是人文主义的常用词，人性被赋予古典学问的价值，与西塞罗意义上的人性相近。德国古典新人文主义以人

[①] 载 SJZ，Sondernummer 1947，Sp.131-136。见德文全集卷8，第250-258页。日译者福田平、矢崎光国，收入日文著作集卷5，第133-144页。

[②] Aulus Gellius（125—180后），古罗马作家、法学家、语法学家，著《阿提卡夜话》，收入大量古籍史料。

性理念为核心，如莱辛的《纳旦》、莫扎特的《魔笛》和以人性为基础的共济会思想。随着赫尔德的人文主义书简、歌德的《伊菲革涅亚》、威廉·洪堡的人文主义高校教育，人性思想进入更高阶段。康德则赋予人性以人类尊严的意义：每个人是自身的目的。综上，人性思想的三个方向是：同胞之爱、人的尊严、人类教养。纳粹不仅犯下意味着暴虐和屈辱的无数不人道行为，还通过根除波兰知识分子有意识地破坏教养意义上的人性。反人道罪应包含反人类存在的残暴行为、反人类尊严的非人的侮辱、反人类教养的文化破坏三种意义，可理解为对全人类的犯罪。

人性概念成为法概念有三个背景：（1）义务履行所必然要求的外部自由，保障人类尊严的人权。（2）国内刑法体现的人性思想。李斯特的目的思想，即刑法不仅有社会防御目的，而且有让每个人免受恣意刑罚的目的，但对把人性作为独立的指导理念李斯特仍有犹豫；李普曼则强烈主张刑法中包含人性要求，刑法一方面必须把罪犯作为人加以尊重，主张废除死刑，因为它是对人整个肉体存在的藐视，违背人性立场。从人性思想重新审视刑法问题，是今后刑法学的重要课题。（3）国际刑法领域，纽伦堡《国际军事法庭宪章》和盟军管制委员会第 10 号法令①规定"反人道罪"，即使针对本国人或无国籍人，也会引起国际法的干涉和国际法院的审判权，这是把反人道罪理解为对人类的犯罪，把各国政治合乎人性的任务交给全人类来保障。

在这种理解下，反人道罪不仅仅包括犯罪地的国家法可罚的行为，如已有的杀人、身体伤害、侮辱、剥夺自由等；还应有新的独立的构

---

① London Charter of the International Military Tribunal 第 6 条（c）：反人道罪，即在战前或战时，对平民施行谋杀、灭绝、奴役、放逐及其他任何非人道行为，或基于政治、种族或宗教的理由的迫害行为以执行或关乎本法庭裁判权内之任何犯罪，不论其是否违反犯罪地之国内法规。
Control Council Law No. 10 第 2 条 第 1 款 （c）：反人道罪。暴行或违法（offenses），包括但不限于谋杀、灭绝、奴役、放逐、监禁、折磨、强奸，或其他针对任何民众群体的不人道行为，或政治、种族或宗教的迫害，无论是否违反犯罪所在国家的国内法。

成要件，如"基于政治、种族或宗教理由的迫害"。并无论是否违反犯罪地的本国法，军政府命令第 47 号（MRVO）把反人道罪的审判权交给德国法院，其中现行德国法上的可罚性只是反人道罪的可能性而不是必然要求。英国军政府的法令（1946 年 9 月 10 日）则进一步限定，只有违反德国法律规定的那部分反人道罪由德国保留。反人道罪是把德国法构成要件上可罚的与尚不可罚的事态汇集为一个新的独立的刑法概念：它只涵盖德国刑法伤害罪、侮辱罪中有暴虐和屈辱特征的特定情形；而且还包括德国刑法中未包含的屈辱情形，如强迫狱友互打耳光或强迫儿子诬告父亲叛国。但《宪章》和 10 号法令并不包含新的构成要件，只是指导经司法先例过程而逐渐完善构成要件的框架。其中列举的行为不是全部，只是示例，也没有对犯罪特征的详细说明，是形成正式构成要件的准备阶段。法官被授予按立法者指示形成一定构成要件的权限。英国军政府法令规定，授予德国法院对这些案件的审理权限之前，军政府法院选特定案件做出判决，作为先例适用。这类案件包括监狱和收容所中的犯罪，1946 年 11 月 27 日的补充命令又加上告密案。这些反人道罪的规定只是通过判决才得以充实的框架，占领当局保留形成该框架的权力。

上述观念也有助于说明争议较多的《宪章》和第 10 号法令的溯及力问题。首先，禁止这些规定溯及适用将根本曲解和破坏其存在的意义，很难得出一切符合预想的结论：职务上的义务或有拘束力的命令，由于规定这些事实不影响定罪的条款不能溯及适用，而成为罪行的正当化事由；因纳粹时的大赦、赦免、免责、时效而已废止的可罚性也不能按照宪章和法令重新被恢复；因希特勒的密令在安乐死名义下的组织化杀人也不可罚了。其次，可以证明这种溯及力原则上在实定法有效。占领军既在德国法恢复禁止类推或溯及既往的原则，又让《宪章》和第 10 号法令溯及适用，看似双重标准，但并不矛盾：刑事法典化的本质（完备性）要求禁止类推或溯及；但英国普通法的本质（依托判决形成）却必然要求溯及适用，将成为新判例的案件服从的就是在判决前尚未成为法律的法，而且这也发生在德国法中，如联邦法院处罚从前不可罚的不道德契约中的欺诈的新判决，也适用于旧法下的行为，把重新解释和公布的法律视为行为时已经存在，这是与英国法类似的拟制。国际法是根据学说、各国实务和国际法院判决形成的，其柔性使其吻合判例法必然溯及既往的思想，反人道罪正是等待通过判决来具体化的一种形式。

纽伦堡判决中尽管存在填补这个框架的先例，但无疑还不适合作为先例拘束其他案件。因为纽伦堡审判对象限于战时（1939年后），对单个被告的判决并未截然区分战争罪和反人道罪；对行为的列举并不旨在专门明确反人道罪的标准特征，这种有双重性质的案情难以由此创制反人道罪概念。英军上述法令把反人道罪的先例判决创制权交给英国军政府法庭，美占区也有望照此施行。

法官法不可避免的新法溯及既往是否合乎正义？只需从"超法律的法"即自然法、理性法中找到新法内容自始有效的依据即可得到证明。依据那些内容为一切善良精神所摒弃的法律和上级命令，组织化的屠杀、告密者把人交给堕落的司法、犹太人的大批强制移送、集中营中的惨绝人寰……，仅因异常的事态就可以阻却可罚性吗？如果答案是肯定的，这必将是德意志民族的耻辱；如果答案是否定的，虽不能让在犯罪的统治者阶层的铁拳下无力旁观这些可耻事实横行无阻的每个人承担共犯责任，但这样的法必然因其"法律的不法"，而根本丧失作为法律根据的资格，只有在极端形式主义的意义上，才会对此适用罪刑法定原则。

基于现行"法"的"政治、种族或宗教理由的迫害"可否因紧急避险阻却责任？这需依情形具体分析。虽纽伦堡判决在提出"合乎伦理的选择在事实上是否可能"问题时认定了这种责任阻却，但这种行为仍是违法的：职务上的告密义务尚且不能阻却违法性，何况未被强制的告密行为。而且这里的被告不是扛出独裁者的命令，就是辩解完全不知、或直到铁证如山之前还在否认自己的参与，绝不是毅然赴蹈的信仰犯，不过是一群可怜人而已。

拉德布鲁赫最后说，他曾一再强调引入"超法律的法"的危险性，但纳粹12年绝不寻常的事态属于恶魔般的、末日般的变故，以致事后为清算而制定的法规，只因其内容符合在行为时久已有效的"超法律的法"，而可以正当地溯及适用。

第四节　拉德布鲁赫公式：超法律的法

本节主要介绍 1946 年《法律的不法和超法律的法》[①]，这是拉德布鲁赫最著名也最有争议的文章，甚至被称为 20 世纪最重要的法学论文，尤其是掀起了哈特和富勒的论战。

在信奉"法律就是法律"的法律实证主义统治德国法学界的数十年间，法律的不法或超法律的法[②]完全是自相矛盾的说法，但纳粹后一系列司法实践触及该问题并引发了争论：

（1）威斯巴登州初级法院判决"国家宣告没收犹太人财产的法律违反自然法，因此公布时已无效"。

（2）诺德豪森图林根刑事陪审法庭判处司法局职员普特法尔肯终身监禁，因他的告密致商人戈提希被判死刑，戈提希的罪状一是在厕

[①] 本文与《五分钟法哲学》分别载 SJZ, 1 (1946), S. 105-108; *Rhein-Neckar-Zeitung*, 1945.9.12。见德文全集卷 3，第 83-93 页，第 78-79 页。中译本见舒国滢译《法律智慧警句集》，第 161、157 页；王朴译《法哲学》第 226、224 页。

[②] 有人主张译名为"法律的不正义和超法律的正义"，但把 Recht 译为正义或正当并不合适：首先不符合这一矛盾修辞的原文，拉德布鲁赫用 Gesetzliches Unrecht 和 übergesetzliches Recht 是为引出另一种"法"，让实定法与其对照，而不是与法的一个理念"正义"或主观性的"公正"对照；另 recht 虽可翻译成正当、公正，但在拉德布鲁赫的语场中始终被译为"法"，正义则用另一个词 gerechtigkeit 或 gerecht；另依本文提出的"拉德布鲁赫公式"的评判，纳粹法律不仅仅是不正当的，而且根本就不是法，是"不法"，Unrecht 强调不法、无法、非法；另英译"Statutory Lawlessness and Supra-Statutory Law"、日译"实定法的不法和超实定法的法"。

所墙上贴纸条"希特勒是大屠杀者,应负战争罪责",二是收听敌国广播。公诉理由:① 告密行为是否违法?本案无告发义务:首先,基于信仰当然不产生告发义务;其次,并非执行司法职务,纳粹刑事司法完全缺乏作为司法基本要求的适法性、追求正义和法的安定性,被告明知自己的告密会置人于死地,依然把人交给专制的司法机关;最后,依刑法典第139条[①],只有确实获悉他人内乱企图才产生告发义务,戈提希因"准备从事内乱活动"被判死刑,但他并不存在法律上的内乱准备,他揭示的那个明显真理不会威胁帝国及其安全,只是试图救国,窃据元首和总理的希特勒应否作为合法国家元首受内乱罪条款保护也有疑义,被告也显然没考虑这种告发义务的法律涵摄。② 是否有罪?被告基本承认有意使戈提希被处死,符合刑法第221条的谋杀故意,属以司法为工具的间接犯罪,法院枉法判决即使形式合法也不能阻却间接正犯的罪;1946年2月8日颁布的《图林根补充法》作为刑法典的正式解释,也补充了对利用他人合法行为实施犯罪者的刑罚。③ 另一种考虑:如否认构成间接犯罪,把违反法和法律处死戈提希的法官视为谋杀犯,被告视为帮助谋杀而有罪,其依据是盟军管制委员会第10号法令第2条第1款(c),无论是否违反犯罪所在国的国内法,反人道的以政治、种族、宗教理由的迫害都可按该条第3款处以刑罚。但检察官倾向于认定谋杀间接正犯,因为有牢靠的法律根据。陪审法庭最后按帮助谋杀定罪;违反法和法律做出死刑判决的法官也负谋杀罪责。

(3)萨克森州总检察官提出依纳粹国家法律做出的反人道判决的可归责性理由:因为纳粹立法建立在《授权法》基础上,而该法的通过不符合宪法上必要的2/3多数原则,共产党议员被逮捕,中央党议员在冲锋队胁迫下投票同意。法官判决不能援引不仅不正义而且犯罪

[①] 另德国刑法典第138条规定,不告发确实获悉的某些计划的犯罪行为(含内乱)处5年以下自白刑或罚金;第139条规定不告发不可罚的四种情形:第138条行为未被力图可免罚;神职人员;不告发亲属或律师辩护人医生不告发(有4例外);曾阻止行为实施或结果。

的法律，而应依据亘古不变的最高法，即人权，拒绝反人道暴政的犯罪命令的效力。因此必须指控那些违反人性诫命、因无效的理由作出死刑判决的法官。

（4）哈勒市助理死刑执行官克莱纳和罗泽，因参与无数起死刑执行而被判刑，其依据应是第10号法令的反人道罪，因两被告自愿从事这个随时可自由退出的恐怖职业。

（5）萨克森州在逃士兵枪杀抓获自己的警官，2年后回国被捕，准备追诉其残杀公务员，但总检察官下令释放并中止诉讼。该士兵因紧急状态而免责。因为当时的法现已不被认为有效，现在看来脱逃希特勒的军队并无过失，不因此丧失名誉或被处罚，不应负脱逃罪责。

拉德布鲁赫指出，实证主义"法律就是法律"的信条已使德国法学和司法界在有权者法律形式下的暴虐和恣意面前毫无抵御能力。它不能靠自身力量证明法律的效力，只能交给使法律得以施行的权力。而权力最多能产生必然，绝不能产生应然和有效，它只可能建立在法本身的安定性价值上；但法还有正义和合目的性价值，公共利益的合目的性居于末位。实定法满足了法的安定性，它既是公共利益的要求，又是正义的要求。法的安定性与正义、内容上不法的法律与正当但不具备法律形态的法之间的冲突，实际上是外表正义与实质正义之间的正义内部冲突。这种冲突可能这样解决（"拉德布鲁赫公式"）：

① 实证的、以成文法和权力保障的法优先，即使其内容不正义、不合目的；

② 但当实定法与正义之间的矛盾达到无法容忍的程度，该法律作为"不正确法"就必须向正义让步；

③ 法律的不法与内容不正确但依然有效的法律之间虽无清晰界限，但可做出另一个清晰界分：凡从未追求正义、凡在实定法的制定中有意否认正义的核心平等的，不仅是"不正确法"，而且根本缺乏法的本质。

按此标准，纳粹法律整体上未达到法的高度。希特勒的显著个性是毫无真理感和法律感。纳粹的法律一开始就否认作为正义本质的要求"同等者同等对待":抹杀政党的"部分"品格而专擅国家全权;把一部分人贬为"劣等"而蹂躏其人权;不考虑罪刑相适应,出于暂时震慑需要而对异罪处以同刑(通常是死刑),这些都使其根本不具备法的特征,而只是"法律的不法"。不能忽视,"法律的不法"概念否定实定法的法律性质将使法的安定性面临重大危险,但对使人失去防卫恶法能力的实证主义必须抵制,以防备使民族陷入如此迷途和混乱的国家不法重演。

在清算 12 年"法律的不法"中,要设法既满足正义的要求,又尽可能少伤害法的安定性。这种判断权限不能交给全部法官,而应由级别更高的法院或立法机关掌管。逃兵案的解决可依据美占区《纳粹刑事司法不法之补偿法》的"反抗纳粹主义和军国主义的政治行为不受处罚"。但余下三个案件不能依据《纳粹犯罪行为处罚法》处理,因为该法仅适用于行为实施时已存在刑事当罚性的情形;而只能依据《刑法典》来考察。

1. 告密者

为实现犯意而以利用刑事法院的司法程序为手段的,告密者无疑可认定为杀人罪间接正犯,尤其当意图夺占被告密者的妻子、房子、地位或为了复仇时,或当他预见到刑事法官将出于政治狂热或迫于上级压力做出有政治倾向的判决时,法院的纯工具性就更为明显。如无此种犯意而只是给法院提供材料,则作为死刑判决的肇因者,仅在法院对其判决和执行负有谋杀罪责时才认定告密者的帮助杀人罪,如诺德豪森法院的处理。

2. 法官

法官杀人罪责的确定以同时伴随裁判的枉法为前提,因为独立审判的法官只有其判决违反只服从法律(法)的原则时才能成为刑罚对象;但按"法律的不法"推出其适用的一切法律、刑罚都不是法,则客观上枉法的事实明显存在。而受实证主义主宰严格适用实定法的法官又不会有枉法的犯意；即使有枉法意图也会援引刑法典紧急状态规定，以声称避免生命危险为最后的救济手段。

3. 行刑官

刽子手历来信奉操控吉凶祸福的是法官，自己只是执行判决。只有行刑行为符合刑法典第 345 条，故意执行不该执行的刑罚，才能认定行刑者的罪责。行刑官与待执行判决的关系类似法官与法律的关系，遵循判决即正当，偏离判决即不正当。刽子手的当罚性仅来自对判决的曲枉，他不负责审查判决本身的合法性，也不因不辞职而承担违法不作为之罪责。

诺德豪森判决意见指出，形式法学的思考只会把清楚的事实弄模糊，但拉德布鲁赫不同意这一点。因为经历了法的安定性被废弃的 12 年，形式法学的考量才更加必要。正义必须追求，而法的安定性本身就是正义的一部分，两种理念都是法治国重建中必须尽力满足的。法治像面包、水和空气一样不可或缺，适合守护法治正是民主最美好之处。

1945 年的名篇《五分钟法哲学》的主要观点是：（1）实证主义使法律家和整个民族，在如此专制、残暴、罪恶的法律面前失去防卫能力。（2）绝不是凡有利于人民的都是法，而是只有（实现法的安定性和追求正义的）法才最终是对人民有利的。（3）法意图趋向正义，有意拒绝正义的（平等、人权）法律缺乏作为法的效力。（4）公共利益是法的另一目标，即使恶法依然有平息争议的价值；当法的安定性与正义、公益冲突，经过权衡而否认某种危害正义或公益的法律的效力是有可能的。（5）某些法律基本原则高于任何法律规则，即自然法、理性法；是顺服神，还是顺服在上有权柄者？即使指出"恺撒之物归恺撒，神之物归神"，依然难定其界限，只能诉诸每个人良心中神的声音。

没有什么比看到 1948 年《法哲学入门》讲义的最后一个词"自然法"更让人怦然心动。既已被剥夺了对恶法抵抗力的法实证主义，再次无法回答纳粹后司法的实践问题：种族隔离法下的措施应否维持原状？依纳粹法的犹太人财产没收是否依然有效？对收听敌国电台者的死刑判决是否有效？使他人陷于此种判决的告密者是否无罪？用于组织化种族灭绝的法律是否配称为法律？已被纳粹党大赦的犯罪党员是否不可翻案？剪除异己、一党独裁的国家是否配称为法律的国家？法律实证主义会提出以立法来解决这类问题，立法实际上包括美占区法律、纽伦堡宪章和管制法令。但按法律实证主义，这些法令又是应禁止的溯及既往。要解决这些困难，唯有证明针对如此法律、如此罪行，有一种超法律的法虽无法律形态，但因其内容而已经有效，即神法、自然法、理性法。以超法律的法对战制定法的不法，这一沉睡百年的理念强有力地复活了。正义在多大程度上可以否认不正义实定法的效力、安定性在多大程度上可以维持不正义实定法的效力？解答方向就是：自然法。

尾声

实定法与自然法：转向还是连续

拉德布鲁赫早年和晚年法哲学思想有无根本的转变[①]？是经历了所谓"大马士革回心体验"，还是"并无实质性的断裂"？如果请拉德布鲁赫本人来回答，他也许会首先分析他在法的历史哲学中应用的地质学"水成说"和"火成说"：历史发展过程究竟是连续涌流的江河，还是充满跳跃、断裂和喷发的岩浆？新制度不是从旧制度的怀抱中脱胎而来吗？我们知道，拉德布鲁赫所敬爱的歌德是赞同"水成说"的，"与其忍受无秩序，我宁愿忍受不正义"。

但持"转向说"的学者络绎不绝，从弗里兹·希佩尔开始，到博登海默、尾高朝雄，到中国学者沈宗灵、张文显、何勤华、陈根发等。转向分两条线索：一是拉德布鲁赫由实证法学者转变为自然法学者；二是拉德布鲁赫由相对主义者转变为承认自然法的绝对主义者。关于前期和后期的分界点，也有几种说法：一是纳粹上台和被纳粹开除公职，即1933年，二是经历了放逐、失女、丧子等命运遽变的1933—1945年，三是1945年纳粹的战败。相反，持"连续说"者不承认拉德布鲁赫法哲学有根本转向或有保留地同意转向说，包括拉德布鲁赫的弟子们如阿图尔·考夫曼、埃里克·沃尔夫等，中国学者中有米健、舒国

[①] 更详尽的材料见本书第二章第三节关于三理念优先于次序的阐述。

滢、林文雄、柯耀程、陈灵海等。

一、

可以肯定，拉德布鲁赫的二律背反式思维终其一生从未被抛弃。他从未否认过正义与安定性的矛盾，未做出过压倒性的绝对判断。即使在最后一部讲义末尾庄严地写下"自然法"时，他也是在讨论判断正义与安定性谁该让步的程度问题。拉德布鲁赫晚年是否抛弃了相对主义？他对"相对主义"一词的理解，起初是人道的莱辛精神，即纳旦的不可知论；1934年《法哲学中的相对主义》设定了相对主义的界限，成为某种意义上的绝对主义，后期也确实很少用该词；但他在《法哲学后记草稿》中解释：因为这个词容易引起误解，而改用"二律背反"一词表达原有意思。拉德布鲁赫放弃的不是相对主义思想，只是"相对主义"的表达。承认不同观点的矛盾、承认信念问题不可能科学证明只能由良心决断，为结束纷争而要求有权者的确定，这是拉德布鲁赫法哲学一脉相承、未曾改变的确信。即使在"拉德布鲁赫公式"中也暗含相对主义，第 2 条的"无法容忍"即无法宽容，这是宽容原则的例外，是"相对主义一切皆可宽容，唯独对不宽容者不宽容"的重申。攻击"无法容忍"仍然充满主观不确定性者忽略了拉德布鲁赫有限相对主义的明确底线：自由、平等、基本人权。

之所以提出拉德布鲁赫是自然法学者还是实证法学者这种二选一的问题，这是由一元方法论的思维定式决定的，可惜拉德布鲁赫始终是个康德式二元方法论者，他从划定法理念三分法那一天起，就未曾重新把理念与现实捏合为一，抱定一端无视来自另一端的挑战，成为彻底理念论者或彻底实在论者。如果说他是个唯心论者，那就是个极度向往"事物本性"、"实事求是"，强调个性只能通过忘我投身事业来获得，强调法的安定性，强调"超法律的法"的危险性的唯心论者，在务实这一点上，哪位唯物论者也不比他走得更远。

所以认为拉德布鲁赫"始终没有抛弃一个固守另一个，永远一并强调，只是在不同时期侧重点不同"是有道理的。重要的问题是：生活建筑是一种必须站队、或左或右的瓦片状结构，还是一种交错纵横、互相咬合的砖块状结构？不回答这个问题，拒绝考虑拉德布鲁赫提出的这个思考前提，也就不能理解拉德布鲁赫的思想。

二、

但如果说没有转变，也无异于否定拉德布鲁赫一生艰难的理论探索。从纳粹后的文字可以看到一种不再抑制的激情，感染力大大超过早年康德式的冷峻推理，一种不是为自己，而是为着人类受难和疾苦、为着世间纠绞的二律背反的痛心疾首。在《法哲学入门》的讲义结构中，我们可以看到演绎式论述向归纳式论述的改变，不像原先按照思维顺序纵贯下来，而强化了不同问题的归类；1914年意志论、义务论的长篇论述仅剩寥寥数笔；法的概念从正义的先验演绎次序中被剥离，与效力论一起放入实定法一章中，思辨的哲理思维向更为感性、更重现实的文风靠拢。1936年伦敦访学后，他由衷赞美英国法对"事物本性"的尊重，对法的安定性意义的强调从秩序上的定分止争提升为世界本质的要求。与其强调实证主义向自然法的转变，不如多关注这些方面，而这些变化确实与实证主义的自然法转向不是一回事。

三、

如果人们采用只言片语为论据，如1932年《法哲学》"安定性是法的第一位价值，正义是第二位价值"；而1945年德国战败后则以"自然法"为讲义副标题；"拉德布鲁赫公式"提出"如果实定法保障的安定性与正义之间的矛盾达到无法忍受的程度，安定性就必须向正义让步"，从而证明拉德布鲁赫是个随政治风向而转变的墙头草，或在一道强光之下顿悟的痛改前非者。那么我们也采用断章取义的方式，用两方面证据否认拉德布鲁赫前期是法实证主义拥护者、后期是自然法论者。

（1）1932年《法哲学》第25章程序法在分析不正当判决的既判力时与法理念类比："但也存在一种情况，法的内容是如此不正义、如此不合目的，以至于曾由制定法保证的法的安定性价值失去了分量，制定法可能因不正义而无效。"这肯定了实定法可能因正义和合目的性而无效，这已经是被认为在1946年才提出的"拉德布鲁赫公式"，只不过"失去了分量"被"达到如此难以忍受的程度"取代，并提出了判断难以忍受的具体标准，即根本否定平等。事实上，正如本书第二章第三节（三）的摘录，1914年、1924年、1946年、1948年无一例外，关于此问题的讨论始终是解决一个程度问题，而非能不能的问题，"能不能"早已定论，如1914年"不能一概而论……特定情况下"牺牲哪一方危害更大，"这是必须探讨的问题"。总之，拉德布鲁赫从未否定过法律因不合正义而被否定的可能性，因此可确定他从未曾是个实证主义者。

（2）拉德布鲁赫1947年《关于反人道罪的讨论》末尾重申引入"超法律的法"的危险性。1946年《法律的不法和超法律的法》末尾强调坚持形式法学考量的必要性；1945年《五分钟法哲学》末尾指出判断标准依然要靠个人良心决断；1948年《法哲学入门》把正义和法的概念分章讨论，不再从正义演绎法的概念，正义成了专职的法理念，这可能是要强调绝非"凡志在正义的都是法"，正义和实定法的界限更为清晰而非混同了。可见，此时拉德布鲁赫也不一概认为凡是不正义的法绝无作为法的资格，他不仅在早期批判自然法把三理念混为一谈，在晚期也绝不是个绝对主义者和自然法论者。

四、

正义与安定性的对立常被庸俗化为自然法和实定法的对立，但这两种对立是拉德布鲁赫早已界分了的两套系统：

（1）正义与自然法并不一致。正义是法的理念，是形式的、先验的，是法的志向，是无需推导的最高价值；自然法是内容不变或可变的、普适于一切民族或世代的有内容的法。形式或范畴只能通过特定内容才适用，而古来相传的自然法，则具有神意、理性、自由平等博爱等内容，否则就难以作为评价实定法正当与否的标准。正义则是一种以平等为核心的理念，没有生活事实的质料来填充，这个框架也是没有内涵的。所以，即使说法的安定性高于正义，也绝不是说安定性高于自然法。

（2）安定性和实定法也经常处于矛盾中。如革命政权的法和正统政权的法、案件适用法律错误和案件的既判力、国际法的维持不法现状、所有权取得实效、诉讼消灭时效……这些都是维持法安定性的需要与实定法的冲突。所以，即使说安定性高于自然法，也不是说实定法高于自然法。

（3）正义与安定性的冲突其实是两种正义的冲突、正义内部的自我冲突，一是法律意图实现的正义，一是法律本身的正义，安定性是广义正义，是正义的一种低级形式。被等同于正义的自然法在此失去了敌人，"拔剑四顾心茫然"。显然，自然法中不存在广义和狭义之说，自然法永远不存在一个由法律的单纯存在即可证明其价值的内涵，但正义可以，因为恶法在为人们提供普遍同等的恶之时，至少保证了生活的可预见性和安宁，毕竟没有发生不可预见的万人混战，因为法的旗帜还飘扬着。不能忘记，像纳粹那样的法根本被拉德布鲁赫否定了法的性质，那种法不是恶法，而是"不法"或非法，简单地说，压根不是法！可以说拉德布鲁赫承认恶法亦法，但绝不承认"不法亦法"：根本不愿提供法的安定性、根本不是出于平等动机的法，就不是法。当然，这个标准必须从严把握，绝不能轻易援用。

（4）正义与安定性的冲突其实是法的内部冲突，而非法律与自然法的外部冲突。在我看来，误解拉德布鲁赫早期是实证法论者的最大证据来自上述《法哲学》那个名句,其根源在于对"第一性"价值和"第二性"价值的理解偏差,二者分别指原始价值和派生价值,处理的不是优先次序问题,而是法律的初衷问题。法律首先是要定分止争,结束万人混战,这也是自然法论者的共识;其次才是法律要志在正义才能被看作法律,如果法律实际不正义,但志在正义,这也不妨碍其为法律,因此,丧失了安定性根本保证的法不是法,丧失了对正义现实保证的法仍是法,这才是第一性和第二性的关系。只有被确认为法,才存在正义和安定性的优先次序问题。

(5)拉德布鲁赫后期虽用"自然法"来辅助解决程度问题,但这主要是提供一个信仰:绝不能按实证主义,认为被称为"法律"的东西无论如何永远是法,即使它根本不能保证法的安定性;当确认作为法律初衷的"安定性"被无视、被损害,法律就可能被另一种法打破,即超法律的法、自然法、理性法或神定法,而这种法是始终存在的。但拉德布鲁赫绝不因此变成了自然法论者,那意味着无论何时可直接援引某种主观的自然法来否定现行法的效力,而那正是纳粹的做派,只不过纳粹标榜的自然法,是人民利益、公益、民族和种族安全存续,其危险性是拉德布鲁赫始终一再强调的。判断标准问题是一切的关键:谁来定"自然法"的内容?因为内容无法确定而依赖安定性是顺理成章的。但纳粹是一种非常极端的事态,人们绝不想再经历恐怖12年,为此必须有某种自然法信念把人们武装起来,防止再次出现法律家和全民在暴虐实定法面前集体缴械的麻痹状态。1914—1945年的德国充斥着战争、萧条、极权、屠杀,在那个根本缺乏安定的年代、那个"安定性已经由不得我们了"的年代,拉德布鲁赫呼唤更多的而不是更少的安定,用正义的火焰来照亮安定,这根本不是正义与安定性之间的战斗,而完全是正义和安定性并肩作战来维护法律,以求得宝贵的、有法律的和平。可惜这种思想,只因一篇过于有名的文章提出的一个更明确的辅助标准,就被根本误解了。

五、

　　历史的因果关系是复杂的，历史论证最大的矛盾是研究所用的质料不同于历史真实的质料，以致永远也无法把握真正的历史，只能在尽可能翔实的材料基础上还原一部分真实。仅凭拉德布鲁赫文句措辞的转变无法说明整体思想的转变，除非针对拉德布鲁赫全集做大规模的文献梳理和实证分析，才能得出站得住脚的定论；即使能说明转变也依然无法确实证明转变的原因就是纳粹上台、自己被放逐、儿女早逝或纳粹战败，或所有这些原因的综合影响。无疑，拉德布鲁赫也承认，谁也不能脱离自己所处的历史社会环境来思考和判断，当社会历史环境发生改变和移转，思想的单纯形式适用于变化了的质料依然得出不变的内容，这是违背康德哲学的。要否定拉德布鲁赫思想五十年间有任何转变，那无异于否定历史的辩证运动，不过是一种僵化的妄想。关键是我们必须不辞辛苦地查明，拉德布鲁赫思想究竟发生了何种转变，其中包括寻找一切不利于自己观点的证据，这必须建立在严肃的事实发现基础上。人做出每一个结论都是有条件的，即在某种意义上是错误的，"在比利牛斯山一侧是真理的，到另一侧就变成谬误"。下判断本身就有无法预料的危险，如果建立在未经考证的孤证之上，危险就又多了一重。我们应避免功利地把前人思想作为验证自己观点的工具。当人们依据片面事实揣测前人，其根源多半不在无知，而在判断的动机：不想知道真实，只想用前人证明自己的主张。拉德布鲁赫的思想本身并不重要，重要的只是自己要表达的东西，这正是无数"托古者"的心态：漫不经心地翻了几页，喜出望外地发现要找的东西，匆忙做出判断。"解释者比作者更聪明"，这在法律实务上要得，在历史探讨中还是少有为妙。

　　以上是我对拉德布鲁赫法哲学"转向说"的一点不成熟的批判。

参考文献

[1] GUSTAV RADBRUCH. Gesamtausgabe: Band 1: Rechtsphilosophie I[M]. Arthur Kaufmann. Heidelberg: C.F. Müller Verlag, 1987.

[2] GUSTAV RADBRUCH. Gesamtausgabe: Band 2: Rechtsphilosophie II[M]. Arthur Kaufmann. Heidelberg: C.F. Müller Verlag, 1993.

[3] GUSTAV RADBRUCH. Gesamtausgabe: Band 3: Rechtsphilosophie III[M]. Winfried Hassemer. Heidelberg: C.F. Müller Verlag, 1990.

[4] GUSTAV RADBRUCH. Gesamtausgabe: Band 4: Kulturphilosophische und kulturhistorische Schriften[M]. Hermann Krämer. Heidelberg: C.F. Müller Verlag, 2002.

[5] GUSTAV RADBRUCH. Gesamtausgabe: Band 5: Literatur-und kunsthistorische Schriften[M]. Walter Müller-Seidel. Heidelberg: C.F. Müller Verlag, 1997.

[6] GUSTAV RADBRUCH. Gesamtausgabe: Band 6: Feuerbach[M]. Adolf Laufs. Heidelberg: C.F. Müller Verlag, 1997.

[7] GUSTAV RADBRUCH. Gesamtausgabe: Band 7: Strafrecht[M]. Ulrich Schroth. Heidelberg: C.F. Müller Verlag, 1995.

[8] GUSTAV RADBRUCH. Gesamtausgabe: Band 8: Strafrecht II[M]. Arthur Kaufmann. Heidelberg: C.F. Müller Verlag, 1992.

[9] GUSTAV RADBRUCH. Gesamtausgabe: Band 9: Strafrechtsreform [M]. Rudolf Wassermann. Heidelberg: C.F. Müller Verlag, 1992.

[10] GUSTAV RADBRUCH. Gesamtausgabe: Band 10: Strafvollzug[M]. Heinz Müller-Dietz. Heidelberg: C.F. Müller Verlag, 1994.

[11] GUSTAV RADBRUCH Gesamtausgabe: Band 11: Strafrechtsgeschichte[M]. Ulfrid Neumann. Heidelberg: C.F. Müller Verlag, 2001.

[12] GUSTAV RADBRUCH. Gesamtausgabe: Band 12: Politische Schriften aus der Weimarer Zeit I[M]. Alessandro Baratta. Heidelberg: C.F. Müller Verlag, 1992.

[13] GUSTAV RADBRUCH. Gesamtausgabe: Band 13: Politische Schriften aus der Weimarer Zeit II[M]. Alessandro Baratta. Heidelberg: C.F. Müller Verlag, 1993.

[14] GUSTAV RADBRUCH. Gesamtausgabe: Band 14: Staat und Verfassung[M]. Heinrich Scholler. Heidelberg: C.F. Müller Verlag, 2002.

[15] GUSTAV RADBRUCH. Gesamtausgabe: Band 15: Rechtsvergleichende Schriften[M]. Heinrich Scholler. Heidelberg: C.F. Müller Verlag, 1999.

[16] GUSTAV RADBRUCH. Gesamtausgabe: Band 16: Biographische Schriften[M]. Günter Spendel. Heidelberg: C.F. Müller Verlag, 1988.

[17] GUSTAV RADBRUCH. Gesamtausgabe: Band 17: Briefe I[M]. Günter Spendel. Heidelberg: C.F. Müller Verlag, 1991.

[18] GUSTAV RADBRUCH. Gesamtausgabe: Band 18: Briefe II[M]. Günter Spendel. Heidelberg: C.F. Müller Verlag, 1995.

[19] GUSTAV RADBRUCH. Gesamtausgabe: Band 19: Reichstagsreden [M]. Wolfgang Schild. Heidelberg: C.F. Müller Verlag, 1998.

[20] GUSTAV RADBRUCH. Gesamtausgabe: Band 20: Nachtrag und

Gesamtregister[M]. Berthold Kastner. Heidelberg: C.F. Müller Verlag, 2003.

[21] GUSTAV RADBRUCH. ラートブルフ著作集：第 1 巻：法哲学[M]. 田中耕太郎，訳．東京大学出版会，1961.

[22] GUSTAV RADBRUCH. ラートブルフ著作集：第 2 巻：法哲学綱要[M]. 野田良之，訳．東京大学出版会，1963.

[23] GUSTAV RADBRUCH. ラートブルフ著作集：第 3 巻：法学入門[M]. 碧海纯一，訳．東京大学出版会，1961.

[24] GUSTAV RADBRUCH. ラートブルフ著作集：第 4 巻：実定法と自然法[M]. 尾高朝雄，野田良之，阿南成一，村上淳一，小林直樹，訳．東京大学出版会，1961.

[25] GUSTAV RADBRUCH. ラートブルフ著作集：第 5 巻：法における人間[M]. 桑田三郎，长磐中允，碧海纯一，田村五郎，福田平，野田良之，矢崎光国，訳．東京大学出版会，1962.

[26] GUSTAV RADBRUCH. ラートブルフ著作集：第 6 巻：イギリス法の精神[M]. 久保正幡，林深山，长尾龍一，碧海純一，上原行雄，訳．東京大学出版会，1967.

[27] GUSTAV RADBRUCH. ラートブルフ著作集：第 7 巻：一法律家の生涯：P.f.アンセルム・フォイエルバッハ伝[M]. 菊池榮一，宮沢浩一，訳．東京大学出版会，1963.

[28] GUSTAV RADBRUCH. ラートブルフ著作集：第 8 巻：社会主義の文化理論[M]. 山田晟，野田良之，訳．東京大学出版会，1961.

[29] GUSTAV RADBRUCH. ラートブルフ著作集：第 9 巻：人と思想[M]. 菊池榮一，小堀桂一，訳．東京大学出版会，1964.

[30] GUSTAV RADBRUCH. ラートブルフ著作集：第 10 巻：心の旅路[M]. 山田晟，訳．東京大学出版会，1962.

[31] 尾高朝雄、碧海纯一．ラートブルフ著作集：別巻：ラートブルフの法哲学[M]. 東京大学出版会，1960.

[32] 拉德布鲁赫. 社会主义文化论[M]. 米健, 译. 北京: 法律出版社, 2006.

[33] 拿特布尔格斯它. 法律哲学概论[M]. 徐苏中, 译. 上海: 上海法学编译出版社, 1931.

[34] 拉德布鲁赫. 法律哲学概论[M]. 徐苏中, 译. 陈灵海, 勘校. 北京: 中国政法大学出版社, 2007.

[35] 阿图尔·考夫曼. 古斯塔夫·拉德布鲁赫传——法律思想家、哲学家和社会民主主义者[M]. 舒国滢, 译. 北京: 法律出版社, 2004.

[36] 拉德布鲁赫. 法学导论[M]. 王怡苹, 林宏涛, 译. 台北: 商业周刊出版公司, 2000.

[37] 拉德布鲁赫. 法学导论[M]. 米健, 朱林, 译. 北京: 中国大百科全书出版社, 1997.

[38] 拉德布鲁赫. 法学导论[M]. 米健, 译. 北京: 商务印书馆, 2013.

[39] 拉德布鲁赫. 法律智慧警句集[M]. 舒国滢, 译. 北京: 中国法制出版社, 2001.

[40] 贝卡里亚. 论犯罪与刑罚[M]. 黄风, 译. 北京: 中国大百科全书出版社, 1993.

[41] 黑格尔. 法哲学原理[M]. 范扬, 张企泰, 译. 北京: 商务印书馆, 1982.

[42] 康德. 康德三大批判合集[M]. 邓晓芒, 译. 北京: 人民出版社, 2009.

[43] 邓晓芒. 康德《纯粹理性批判》句读[M]. 北京: 人民出版社, 2010.

[44] 康德. 法的形而上学原理[M]. 沈叔平, 译. 北京: 商务印书馆, 2008.

[45] 新旧约全书国语本[M]. 上海: 中华浸会书局, 1948.

[46] 亚里士多德. 尼各马可伦理学[M]. 廖申白, 译注. 北京: 商务印书馆, 2003.

[47] 亚里士多德. 政治学[M]. 颜一, 秦典华, 译. 北京: 中国人民大

学出版社，2003.

[48] 斯宾诺莎. 伦理学[M]. 贺麟，译. 北京：商务印书馆，1958.

[49] 海德格尔. 存在与时间[M]. 陈嘉映，王庆节，译. 上海：三联书店，2006.

[50] 韦伯. 新教伦理与资本主义精神[M]. 康乐，简惠美，译. 桂林：广西师范大学出版社，2007.

[51] 耶林. 为权利而斗争[M]. 郑永流，译. 北京：法律出版社，2007.

[52] 莎士比亚. 莎士比亚全集[M]. 朱生豪，译. 北京：人民文学出版社，1997.

[53] 克莱斯特. 克莱斯特作品精选[M]. 赵登荣，杨武能，袁武英，译. 南京：译林出版社，2001.

[54] 歌德. 浮士德[M]. 钱春绮，译. 上海：上海译文出版社，2007.

[55] 歌德. 维廉·麦斯特的漫游时代[M]. 关惠文，译. 北京：人民文学出版社，1988.

[56] 古斯塔夫·施瓦布. 希腊古典神话[M]. 曹乃云，译. 南京：译林出版社，2010.

[57] 威廉·夏伊勒. 第三帝国的兴亡[M]. 陈廷佑，赵师传，程祁昌，译. 北京：世界知识出版社，2005.

[58] 里昂耐尔·理查尔. 魏玛共和国时期的德国[M]. 李末，译. 济南：山东画报出版社，2005.

[59] 铃木敬夫. 相对主义法哲学与东亚法研究：一位日本拉德布鲁赫主义者的理论追求[M]. 北京：法律出版社，2012.

[60] 徐江顺. 当代实证主义与非实证主义之争中的拉德布鲁赫[M]. 北京：清华大学出版社，2017.

后　记

　　2011年3月，我从徐爱国老师那里接受写这本书的任务，既诚惶诚恐，又踌躇满志。翻开第一本中译本的《法学导论》，立刻觉得拉德布鲁赫这个人旁征博引、深不可测。于是开始学习德语，搜寻德文全集和日文全集，读完作为知识背景的40余部著作，在日文版的辅助下开始无休无止的翻译工作。未名湖畔、博雅塔下，我遇到了难以想象的困难，在无知的痛苦、愤怒、困惑的反复冲撞中，半与世隔绝地工作着。直到德语不再密密麻麻，日语不再不知所云，拉德布鲁赫从陌生的德国老者变成促膝谈心的朋友和耳提面命的师长，一年半时光倏忽而逝。过程虽漫长而绝望，但每天都有新的感悟，这段日子是难忘的。拉德布鲁赫带给我的，是一种思考的生活状态、一次重大的自我超越。

　　拉德布鲁赫的教导给这种艰难的探索加上温暖的安慰。在我读过的法学著作中，还没有哪位作者把如此深邃的思辨、优美的文采融入法律之中。以刑法学家费尔巴哈、李斯特，哲学家康德，诗人歌德，政治家艾伯特为各方面导师，一个务实的法律家拉德布鲁赫身上，还住着一个缜密而理想化的哲人、一个文采斐然而高贵善感的诗人，作为三者的合一，出于对人类的爱，用辛苦的沉思真诚地探求真理。无数美丽的三角形结构同样构成了拉德布鲁赫法律思维的特点，法哲学、法科学和法宗教学的文化视角，正义、合目的性和法安定性的价值追求，个人主义、超个人主义、超人格主义的目的观念……三角形的理论，稳固而周全，却灵活而开放。在德国那片孕育了康德、歌德、贝多芬同时也姑息了希特勒的土地上，无论环境如何改变，他始终保持着寻找和说出真理的理性生活。

每个对哲学领域心怀期冀而进入者，他所望所念的就只是哲学；每个从哲学宝藏中有所获而返者，他所收获的绝不只是哲学。爱哲学者必然爱思考，进而爱生活。理性是一簇火光，照亮每个人心中从前晦暗的领域，思想的启蒙具有种子破土而生的力量，为无数偶然打上必然的烙印。在严格的德国式哲学思维训练下，拉德布鲁赫的论证方式对每一个命题充分说理，很难使读者发现漏洞和疑惑，他给后人留下的实为一种最高贵的理性馈赠和恩典。

席勒说："法律人孤独地处理着一种不肯合作的材料：人类的自由。"法律人面临文史哲研究者所无法比拟的现实与理想的巨大张力，穿梭于良心与规则之间，暴露于正义和安定性不可化解的矛盾之下。我们之所以信仰法律，因为它能够为人类实现正义；我们之所以为法律哭泣，因为在沉重的法律现实面前良心常陷于无力，连忠于法律的我们自己都变成了强权和私利手中的不自觉工具。宽容的善常难敌恣意的恶，良好的初衷常遭意外的利用，也许只有承认基督教的善恶"无本质性"才能面对这样的无奈。但即使法律是现实，它依然是为理想服务的现实，于是打动了无数人，忍耐着法条的枯燥、现实的驳杂、理念的柔弱，而为法律研究与实践不懈地求索。而学术活动中的质料，又何尝不激烈地抵抗呢？学术活动难道不像法官审判活动吗？既困难重重，又责任巨大，在对与错的迷雾中艰难地搜寻真理；学术的认知就像判决的认知：尽可能充分地掌握难以穷尽的材料、迫于解决问题压力的决断、在目的与形式之间的纠葛。

放下书稿，如释重负，一种遗憾却涌上心头。我的路才刚刚开始。我深深地感到，人的时间与无穷的知识财富比起来是多么匮乏！我们每天努力地读书，可永远有太多必读的书来不及读；我们经常能感受到纠正错误找出真理的狂喜，但纠正别人的错误可能带来自己新的错误；我

后 记

们让自己做了许多事，虽然做对的不少，但做错的也多得吓人，何况大部分不为自己所觉察，何况无知比错误还要恐怖；我们时刻创造着新的美好，也酝酿着新的悔恨，在反复的对与错中过着劳碌的生活。有学术就难免有错误，就像有生活就难免有不幸；但正如生活的美好在于能够经常在不幸的间隙找到此在的幸福，学术的美好也正在于经常从错误中透射出真理的一道微光。认识到错误的不可避免而努力消除错误，认识到生命的贫乏残酷而永不放弃对理想的践行，既用理智，又用力地生活！

这正如拉德布鲁赫的二律背反式思维，宽容异议与追求真理、承认矛盾与趋向理想之间，又形成了无数新的矛盾。矛盾和选择伴随着人的一生。看到现实又超越现实，活在尘世又永远深情凝望彼岸；因为看到现实、承认矛盾而热切选择民主，因为坚信理想而选择绝不向不可宽容的纳粹暴虐屈服，却因为选择宽容而遭受身后的诟病和误解，这就是拉德布鲁赫的选择和生活。我们要怎样选择、怎样生活呢？

感谢西南交通大学出版社在本书初稿完成多年以后慷慨提供了出版的机会。感谢安徽科技学院人才引进资金对本书出版的资助。感谢北京大学法学院徐爱国教授引领我"认识"拉德布鲁赫其人以及在我撰写本书过程中给予大量的帮助指导。北大法学院图书馆订购的拉德布鲁赫德文全集、在日本留学的朋友寇鑫帮我购得的部分日文译本和北大图书馆购得的日文全集，为我的研究提供了根本前提。我的导师张建国先生严谨的学风和严格的教导给了我无声的支持。我的日语老师高宝兴、陈倩及德语老师蔡若筠则把珍贵的语言工具倾囊相赠。与李启成等老师及同学尤陈俊、王帅一、李燕、李任、赖骏楠等的交流让我在孤寂的学术路上找到方向和信心。我身边很多的朋友们在写作期间不断地给我精神鼓励和奋斗动力。此刻想起为我担忧、使我坚强、永远在背后支持我的父母，内心升起了一段柔情。

田 野
2019 年 5 月 30 日